PPP理论、实务与法律制度丛书

丛书主编／程天权

丛书副主编／李家福　赵仕坤

Public Private Partnership

政府与社会资本合作

PPP

理论、实务与展望

Theory Practice and Prospect

欧阳帆　／　著

中国法制出版社

CHINA LEGAL PUBLISHING HOUSE

序

　　人类是一种群居动物，人类社会因群居属性衍生出了独特的族群结构。在原始社会，因为社会生产力的低下，我们的先人结居成部落来共同应对生存安全和温饱问题，原始共产主义环境下集体利益和个人利益是高度一致的。随着生产力解放和社会分工的不断细化，私有制应运而生，不同个体之间的矛盾、个体与部落之间的矛盾逐渐凸显，矛盾的演变与激化推动了社会公权体（如古希腊罗马的城邦，也如古代中国的氏族部落）的诞生，这些公权体受让了个体基于一定社会契约让渡的部分公权力，相应的承担了协调个体矛盾、维护公权体利益最大公约数的责任。社会公权体是现代意义国家的起源，社会公权体的出现也标志着公、私作为矛盾的两大对立面开始以独立形式出现，公与私的矛盾既同一又斗争，成为推动社会进步和人类发展的源泉和动力。

　　政府与社会资本合作（PPP）本质上来说是一种公共部门与社会资本（抑或私人资本）利益共享、风险共担的组织方式，是公、私矛盾同一斗争的重要表现形式。在这个意义上来说，PPP并不是新事物，早在古希腊罗马文明时期的欧洲和中国的封建时代，便有公私合作的例证。两千多年前，伴随着罗马军团的公路系统迅速扩张，罗马帝国建立了一个邮政站网络，这些邮政站实际上是以大型马厩、仓库、作坊、酒店和军队营房为中心的一些小型社区，市政官颁发一个称为"manceps"的契约给中标的商人，这位商人将建设并运营某邮政站五年时间，有时候其职责还包括维护合营公路，这一称为"manceps"的契约框架暗含了现代意义上的PPP核心内涵。在漫长的中国封建时代，同样存在一些朝廷与民间资本合作的例子：宋代手工业中的

"招募制"及"二八抽分制"之所以可以称为中国古代 PPP 的萌芽，是因为其具有了 PPP 最重要的特征——公共部门与民营部门"利益共享"与"风险共担"；清后期的"官督商办"和"官商合办"企业亦体现了 PPP 公私合作的核心特质。

现代意义上的 PPP 起源于西欧（尤其是英国），这种模式推出的初衷是为了弥补公共财政在基础设施建设和社会公共服务提供中的不足。随着 PPP 各项制度建设的不断完善和政府的大力推崇，PPP 模式在英国、欧美和其他一些正在蓬勃发展的国家中不断推广开来，PPP 模式的运用为提高社会公共财政资金利用效率、提升社会基础设施和公共服务供给量和供给品质带来了积极的变化。20 世纪 80 年代，在我国改革开放的大潮中，PPP 作为一种创新性的融资模式被引入国内；进入 20 世纪 90 年代，伴随着社会主义市场经济体制确立和不断发展，以 BOT 为代表的 PPP 模式在国内以持续增长的态势发展；2013 年以来，在中央政府加大对地方政府债务规范力度的背景下，PPP 进入了蓬勃发展的新时期。根据财政部 PPP 项目中心库的统计，截至 2017 年 10 月末，全国入库项目（管理库）的总数量达 6808 个，总投资高达 10.2 万亿元，覆盖 31 个省（自治区、直辖市）及新疆兵团和 19 个行业领域。

在全党全民为决胜全面建成小康社会、夺取新时代中国特色社会主义伟大胜利、实现中华民族伟大复兴的中国梦、实现人民对美好生活的向往不懈奋斗的时代背景下，大力推广和创新 PPP 模式对于深化财税体制改革、推进供给侧改革、促进经济转型升级、加快转变政府职能、提升公共治理能力具有重要意义。因而，极有必要做好 PPP 的基础和特色研究。事实上，从 2014 年起，相关研究也出现了"井喷"现象，呈倍数增长，政治、法律、经济、管理、工程等多个学科领域的学者对其进行深入研究，大量的研讨会、国际国内大型学术会议召开，专门的 PPP 研究中心也纷纷成立，PPP 的有关书籍也多了起来。然已有的书籍中，多以"实操手册"与"操作指引"为主，意在全流程指导 PPP 项目运作与实务，而深入、系统地对 PPP 进行理论分析及发展预测的研究则相对罕见。

本丛书主题为"经济新常态下的公私合作",第一期出版的两本为:《政府与社会资本合作(PPP):理论、实务与展望》与《全球化视野下的PPP:政策、法律和制度框架》。前者面向PPP的研究者与实施者、以及有意愿深入了解PPP的普通读者,溯本清源,探寻了PPP的起源、产生与发展,对国际国内的相关研究进行了系统的梳理和归纳,深入浅出地剖析了PPP的理论基础与实施框架,并以"善治"为PPP发展的路径和目标,对PPP的未来进行了展望。后者则主要介绍国外PPP制度经验以及梳理中国PPP制度发展沿革和现状,是在"借鉴发达国家和新兴国家经验,构建中国特色PPP制度体系"这样一个主旨下展开的,通过对国内和国外PPP制度发展演变的研究,探求PPP制度发展的规律性和可借鉴性。

此两本书均是在大量收集、研究国内外PPP最新资料、法律文件的基础上精心写成,体现了作者的专注态度与严谨的学术素养。丛书的出版,对于PPP的全新视角解读具有较大的意义。然而,目前很多PPP项目正在发生、发展,可能还有更多PPP项目即将发生、发展,因此,还需要作者对PPP继续进行长期的、追踪式的研究,进而不断深化对这一课题的认识。

本丛书由北京中泽融信管理咨询有限公司资助,特此致谢!

程天权
2018 年于北京

CONTENTS 目录

第一部分 政府与社会资本合作（PPP）理论

第一章 ▌ 导论 / 5

 一、PPP 的产生 / 5

 二、PPP 的发生与演进 / 34

第二章 ▌ 界定 PPP / 54

 一、PPP 的代表性定义 / 54

 二、PPP 与其他相关概念 / 58

 三、PPP 的优势与意义 / 63

 四、PPP 模式的挑战 / 71

第三章 ▌ PPP 的典型模式 / 79

 一、BOT（承建—运营—移交模式）/ 79

 二、合同外包（Contracting）/ 86

 三、PPP 的其他常见形式 / 95

第二部分 政府与社会资本合作（PPP）实务

第四章 ▌PPP 的框架设定 / 101

一、PPP 的政策基础 / 102

二、PPP 的法律基础 / 110

三、PPP 的规范流程与机构职责 / 122

四、PPP 项目投资规划 / 133

五、PPP 项目的多元共治 / 141

第五章 ▌PPP 项目的实施 / 144

一、PPP 项目规划 / 144

二、PPP 项目风险管理 / 158

三、PPP 项目合同设计 / 165

四、PPP 项目采购 / 177

五、PPP 项目合同管理 / 189

第三部分 政府与社会资本合作（PPP）展望

第六章 ▌PPP 展望——善治 / 201

一、PPP 善治的必要性和内涵 / 201

二、PPP 善治的实现 / 214

三、PPP 中的政府能力建设 / 238

参考文献 / 249

CHAPTER

1

第一部分

政府与社会资本合作
（PPP）理论

Public Private Partnership

第一章　导论

第二章　界定 PPP

第三章　PPP 的典型模式

内容摘要

　　第一部分试图对政府与社会资本合作（PPP）在理论上进行系统和全面的分析、总结和梳理。第一章分析了PPP的产生背景，认为它与新公共管理运动存在着密不可分的关系，PPP的产生早于新公共管理运动，但新公共管理运动将其作为一个重要组成部分，促进了它的复苏和发展，新公共管理运动的理论基础也同样为PPP的实践和发展提供了智力支持和理论支撑；在世界范围和中国大陆，PPP实践都经历了一个逐渐演进的过程，呈现出阶段性态势。第二章对PPP进行了界定，在定义方面，目前全球尚未形成对PPP的统一认识，在PPP的定义上也尚未达成一致，因此本文仅列出了目前使用较广泛、较具有代表性的一些定义，为了进一步厘清其内涵，将PPP与其他相关概念进行了对比，并分析了PPP与其他模式相比所具有的独特优势及意义以及它所面临的挑战。第三章主要分析与探索PPP的模式，事实上PPP实践中主要有两种典型模式——BOT与合同外包，其他的很多模式都是这两种的变体，同时，由于各个国家在新的领域、新的工程方面出现了新的情况、新的需求，具体的PPP模式的数量也在不断增加。

第一章 ▌ 导 论

　　PPP，即 Public – Private Partnership，是指政府和社会资本合作模式，根据我国财政部《关于推广运用政府和社会资本合作模式有关问题的通知》的内容，政府和社会资本合作模式是"在基础设施及公共服务领域建立的一种长期合作关系。通常模式是由社会资本承担设计、建设、运营、维护基础设施的大部分工作，并通过"使用者付费"及必要的"政府付费"获得合理投资回报；政府部门负责基础设施及公共服务价格和质量监管，以保证"公共利益最大化"。"当前，我国正在实施新型城镇化发展战略。城镇化是现代化的要求，也是稳增长、促改革、调结构、惠民生的重要抓手。立足国内实践，借鉴国际成功经验，推广运用政府和社会资本合作模式，是国家确定的重大经济改革任务，对于加快新型城镇化建设、提升国家治理能力、构建现代财政制度具有重要意义"。[①] 本章将对 PPP 的产生背景、在世界范围内的发展历程、在中国的发生与演进、以及它在全球范围内面临的挑战与机遇进行考察和反思。

一、PPP 的产生

　　在过去的几十年间，PPP 模式对全球各个国家公共基础设施服务的提供产生了革命性的影响，而综观现代意义上的 PPP 模式之兴起与发展的历史进程，它与新公共管理运动的逻辑进程呈现出了一致性，即市场与政府、政府与官僚制组织、政府与公民以及官僚制组织与公民之间的关系应当转变，主张管理的自由化和管理的市场化，强调公共管理者去寻找新的创新途径来取得成果或者将先前由政府履行的职能民营化，尽可能地通过承包或其他类似的安排来确定由别的主体来实施具体的项目。新公共管理破除了公共服务供给的政府垄断状况，主张充分发挥政府公共部门与私营部门各自优势、进行

[①] 《关于推广运用政府和社会资本合作模式有关问题的通知》（财金〔2014〕76号）。

相互合作以提供公共服务和公共产品，通过竞争来提高公共服务供给的效率，在新公共管理全球浪潮的推动下，大量 PPP 项目得以产生、发展。

（一）PPP 的产生背景

作为一项发生在基础设施领域的制度创新，PPP 在全世界的发生和发展适应了各国经济迅速发展带来的对公共服务和基础设施提供方面提出的新要求，适应了全球化给公共部门和私营部门所带来的挑战，可见，它的发生并非一个偶然的现象，相反，它有着深刻的经济、政治、社会、思潮等方面的原因及背景。

1. 经济方面

第二次世界大战后初期，西欧和世界大部分地方一样，经历了一个长期的困难时期，一方面，长期的战争压制了消费者对基本生活用品、住房、耐用消费品、半奢侈品、奢侈品的消费需求，这些消费需求在和平得以恢复以后，出现了迅速膨胀的状况；另一方面，在交战国内，大多数生产设备被毁掉或者被挪为军用，各国大多仍然沿用了战时的控制短缺商品的措施。由此就出现了对消费性和投资性商品及劳务的需求与供给有限之间的巨大矛盾。[①]在矛盾面前，各国都努力探求各自的改革方案以求解决当时的困难：联邦德国形成了社会市场经济，日本形成了以政府为主导的市场经济，英国采取了国有化措施，法国大力实施经济计划，美国沿袭罗斯福新政时期的一些经济干预措施形成了混合经济。

二十世纪五六十年代是世界经济发展的黄金时期，无论是市场经济国家还是计划经济国家的经济都以前所未有的速度增长，这一时期的经济繁荣表现在高经济增长率、技术革命、管理革命、经济周期不明显、国际贸易与国际投资的增长等方面。这一时代的世界经济增长速度超过了历史上任何时代，根据统计，1948～1971 年，世界工业年平均增长率为 5.6%。经济的高速增长大大提高了劳动者的收入水平，收入的增长进而带来了消费水平的提高、消费结构的变化和消费观念的更新，从而引发了一场"消费革命"，这

---

① 参见高德步、王钰：《世界经济史》，中国人民大学出版社 2001 年版，第 371 页。

场消费革命集中体现在住宅、耐用消费品和服务性消费的增加上。凯恩斯主义将这一时期的成功在很大程度上归功于政府对经济的干预，认为这一时期经济发展导致的经济结构的迅速调整和改变、基础工业部门对技术改造的迫切需要、公共设施的建立和扩展、需要投入巨额经费的重大科技研究、社会各生产部门之间的宏观协调、环境的恢复和改善等等问题，单纯依靠市场的力量难以解决，应当由政府通过经济计划、财政政策、货币政策、收入政策以及福利政策等手段，对经济进行宏观调节。

然而，20 世纪 70 年代的中东十月战争导致的石油危机冲击了全球看似繁荣的经济，导致生产资料和生活资料价格猛涨，从而进入了经济滞胀阶段：经济停滞、高失业率、高物价上涨率并存。这一时期内，无论在再生产周期发展的哪一个阶段，也无论资本主义国家的政府采取哪种干预措施，通货膨胀和物价上涨始终保持在一个相当高的水平上，一些国家的消费物价总水平上涨率达到两位数，例如，1975 年英国和日本的物价总水平上涨率分别为 24.2% 和 23.2%。① 面对滞胀，凯恩斯主义经济学陷入困境，新自由主义经济学开始流行，以弗里德曼为代表的货币学派认为政府干预在长期内不会对经济发展和充分就业产生影响，甚至会由于理性预期和滞后效应而加大经济的波幅，政府的财政政策只是在短期内对国民收入发生影响，而在长期内，政府的支出对私人投资具有挤出效应而不是刺激作用，结果只能是引起通货膨胀、降低国民经济增长率，因此政府只需要执行单一的货币规则，尽量避免国家干预；而供给学派则认为需求扩大不一定造成实际产量的增加，很有可能只是单纯增加了货币量，反而引起了物价上涨，储蓄率下降，从而引起利率上升，影响投资和设备更新，技术变革迟缓，因此，政府应当从提高供给着手，采用降低税率的方法来刺激储蓄，提高私营部门的投资，从而达到经济增长的目的。

2. 政治方面

二战使世界政治中的欧洲中心体系彻底崩溃，欧洲丧失了对世界的影响

---

① 参见高德步、王钰：《世界经济史》，中国人民大学出版社 2001 年版，第 394～396 页。

与控制，取而代之的是美国与苏联两个超级大国，二战后期，美苏通过一系列国际会议开始设想与规划新的世界政治秩序，逐步建立了美苏共同主宰世界的雅尔塔体系。

1944 年 8 月敦巴顿橡树园会议公布的《关于建立普遍性的国际组织的建议案》，正式建议建立一个普遍性国际安全组织，将其命名为联合国；1945 年 2 月雅尔塔会议决定召开旧金山制宪会议，讨论制定联合国宪章；1945 年 4 月 25 日，旧金山制宪会议正式召开，通过三个阶段的会议；6 月 26 日，50 个国家的 153 名全权代表在宪章上签字；10 月 24 日，《联合国宪章》正式生效，联合国宣布成立。这是一个真正意义上的遵循了普遍和广泛原则的国际组织，但因其产生的历史背景，有着大国强权的政治色彩。

1944 年，美国在新罕布什尔州的布雷顿森林组织召开了国际货币金融会议，会议通过了《联合国家货币金融会议最后决议书》《国际货币基金组织协定》《国际复兴开发银行协定》，总称为《布雷顿森林协定》，旨在建立以美元为支柱的国际货币制度。

1945 年 12 月 27 日，28 个国家政府的代表签署了《国际复兴开发银行协定》，宣布国际复兴开发银行（International Bank for Reconstruction and Development – IBRD）成立，通称"世界银行"（World Bank），其于 1946 年 6 月 25 日开始营业，1947 年 11 月 5 日起成为联合国专门机构之一，是世界上最大的政府间金融机构之一。世界银行成立的初衷是帮助战后欧洲复兴，法国是第一个从世界银行得到贷款的国家。1958 年以后，世界银行转向世界性的经济援助，通过向生产性项目提供贷款和对改革计划提供指导，帮助欠发达成员国实现经济恢复和发展，并促进国际贸易的发展。由于美国是世界银行资本和贷款的主要提供者，对世界银行的活动拥有支配权。①

1946 年 3 月，基于《国际货币基金协定》，国际货币基金组织正式成立，其宗旨是讨论和促进国际货币合作，提供中短期资金解决成员国国际收支中出现的暂时不平衡，消除各国外汇管制，促进国际汇兑的稳定，以利于

---

① 参见刘德斌主编：《国际关系史》，高等教育出版社 2003 年版，第 329～334 页。

国际贸易的发展。该组织的基金来源于各成员国认缴份额，该份额根据成员国的进出口贸易额、国民收入、黄金外汇储备等几项指标提出，而后与成员国磋商确定。因此成员国所占份额越大，则在该基金组织内享有的权利就越大。

1947 年 10 月，由美国倡议的关税和贸易总协定（以下简称关贸总协定）在日内瓦签字，这是一项多边协定，承认最惠国待遇的普遍性和消除贸易壁垒的必要性，消除国际商业上的差别对待。由于欧洲国家的反对，关贸总协定保留了一些关于特惠制和关税同盟的项目，允许发展中国家采取保护本国工业的必要措施。

从 20 世纪 50 年代后期起，美苏为争夺世界霸权展开了激烈的角逐，双方之间的对峙和冲突始终不断，但从未发生过直接的军事对抗，从而称其为"冷战"。1947 年 3 月杜鲁门主义的提出，标志着冷战的正式爆发，以美苏为首的东西方阵营对抗激烈。20 世纪 50 年代中期起到 60 年代末，在经历了第一次短暂的缓和与第二次柏林危机、古巴导弹危机以后，美苏两国关系呈现出既对话又对抗的特点。与此同时，东西方阵营内部发生了激烈的动荡与分化，西欧国家在冷战背景下开始了一体化的探索，欧共体于 1958 年成立，其成立的宗旨是：消除成员国之间的关税壁垒，在成员国之间废除阻止人员、服务和资本自由流通的各种障碍；建立共同体统一的经济政策；实现资本、人员、商品和劳务在共同体内自由流动；设立欧洲投资银行；设立一笔欧洲社会基金以便增进工人就业的机会、并促进工人生活水平的提高。①

此外，二战后，亚非拉广大殖民地、半殖民地地区民族解放运动蓬勃发展，并出现了大量新兴国家，为战后国际政治的发展注入了新的活力，这些国家不约而同地有着大规模发展基础设施、提高公共物品供应水平的内在需求。

20 世纪 70 ~ 80 年代，国际政治的发展中出现了新的变革因素：新技术革命的兴起和发展，改变了大国间实力的对比；日本和欧共体的国际地位上

---

① 参见刘德斌主编：《国际关系史》，高等教育出版社 2003 年版，第 360 ~ 363 页

升，对美苏两极格局形成了巨大冲击；跨国公司和国际组织的迅速发展，改变了传统的以民族国家为行为主体的国际关系体系，国际关系行为体日益多元化；在 20 世纪 60 年代蓬勃兴起的民族独立和民族解放运动基础上，第三世界开展了建立国际政治新秩序的斗争。苏联开始采取缓和政策，以为其创造有利条件解决战后遗留问题，巩固苏联在东欧取得的成果，延缓美国军备扩充进程，同时借此从西方获得资金、技术以缓解其遇到的经济困难。勃列日涅夫访美以后，美苏两国开始了在农业、商业、航空等诸多领域的合作。在福特总统的两年任期内，美苏两国经贸关系有一定的发展，签署了 10 项经济技术协定，涉及民航运输、渔业和其他海洋事项。

3. 社会方面

在社会因素方面，战后最显著的一个特征可以概括为福利国家的兴起。福利国家是指国家通过立法而建立的一种政府形式，该政府负有保护并提高全体公民的基本福利的责任。其基本内容包括通过立法保障最低收入，并对个人和家庭因工伤事故、疾病、年迈、失业提供救助。[①] 二战强化了欧洲各国社会的团结，使各国更加关注如何更有效地管理公民的社会生活，集合公众之力来降低个人处于产业转型带来的不确定性风险，维持公民基本生存条件。以此为动力，他们设计并实施了一系列社会保障制度，探索建立福利国家。福利国家的主要理念包括以下内容：第一，足够的工作收入是福利的根本基础；第二，国家有责任遵照民主社会的公共愿望，通过财政系统争取提供比市场系统更公平的收入分配；第三，国家应当对失业、疾病、残疾和老年等社会风险进行主要担保；第四，可以采取各种方式救济社会上的贫困弱势群体：国家、省、市直接救济，或给予消费者价格补贴，以及各种形式的私人团体救济等。[②]

英国于 1941 年通过了《贝弗里奇报告》，这正是与法西斯交战激烈的年代。正如贝弗里奇所说："在战争最为残酷的时期制定社会服务重建计划，

① ［德］斯坦因·库勒：《福利社会与发展中的斯堪的纳维亚福利国家》，载《南京师大学报：社科版》2007 年第 5 期。
② 参见经济合作与发展组织秘书处：《危机中的福利国家》，华夏出版社 1990 年版，第 1~6 页。

尽管会有重重困难，但却又有诸多有利因素。社会服务政策的根本目的是满足人们的基本生活需要、减轻或解除人们疾病的痛苦，这实际上代表和符合了所有公民的共同利益。由于战争能凝聚民心，所以在战争期间比在和平时期更有可能使人们就保障基本生活需要和解除生病的后顾之忧问题达成一致意见。由于战争使得国家空前团结，使民众能够为了共同利益而牺牲个人利益，所以在这个时候出台社会保障改革政策就有可能为社会各方所普遍接受，而在和平时期恐怕难以做到。"①英国工党在战后大选中胜过保守党，很大一部分原因是因为工党在建设社会保障制度上的力度和决心比保守党更大，工党提出的竞选纲领是《让我们面向未来》，以"民主社会主义"作为理论支撑，正式采用"福利国家"的提法。强调通过国家调节达到充分就业的目标，宣称要采取高额工资、社会保险、征税等政策措施来提高居民的购买力。从1946年工党执政开始，政府即通过建立全民医疗保健制度、囊括生活各个方面的补助金制度、食品价格补贴制度以及社会救济制度等，建立了范围较广、内涵丰富的福利制度。1948年，英国首相艾德礼宣布英国已建成"福利国家"。

早在1883年，俾斯麦就进行了社会立法，他将全面的社会保险计划引入了社会改革，开始了"福利国家"的构想和建设。二战后，联邦德国各政党达成共识，即确保经过战争而能够存活下来的人们不再忍受饥饿且逐步获得一定的保障，因此，联邦德国迅速根据之前所确立的法律依据对社会保险制度进行了恢复，1947年通过的基本法，确立了"为每一个公民提供基本生活保障是国家的重要任务"这一基本原则，随后，在20世纪50年代和60年代，特别是在1957年和1969年进行了重大的改革，扩大了社会保险范围，改善了社会保险的待遇，并且使年金同时与生活费用和工资增长联系起来。②

1945年10月4日，法国临时政府颁布了《关于社会保障组织的法令》，

---

① ［英］贝弗里奇：《贝弗里奇报告：社会保险和相关服务》，中国劳动社会保障出版社2008年版，第163页。

② 参见黄素阁：《西欧福利国家面面观》，世界知识出版社1985年版，第91页。

宣布建立社会保障组织的目的在于"保证工人及其家属不发生削弱或丧失其维持生活的能力的任何危险",以"保证他们能够负担自己养育子女和维持家庭的义务"。社会保障组织的职能是负责管理"社会保险、年老工人补贴、工伤事故和职业病、家庭补贴和单一工资补贴"。同年,法国将限于部分雇员和农民的年金制及社会保险,发展为面向全民的社会保险体制。

北欧国家在这一时期则发展了更为全面综合的社会福利制度,学界通常称之为"北欧模式"或"斯堪的纳维亚模式"。其主要方式是把市场经济"按劳付酬"的原则和社会福利国家"按需要得福利"的原则相结合,又把充分就业和收入的平等分配作为福利国家的主要准则。[①] 北欧模式的突出特征是,通过财富积累以加强福利国家建设,政府承担更大的责任,通过各种法定的福利保障计划建设综合的社会福利制度,实行从"摇篮到坟墓"的高度社会福利,涵盖社会保障、社会福利、社会服务和社会辅助等方面,使个人不因生、老、病、残等原因而影响正常的生活。库勒列举了北欧福利制度的十一个要素,这些要素使得北欧各国的福利社会与其他福利社会有所不同,其中包括:政府提供福利的相对条件,福利就业的相对范畴,公共就业与总体就业的比例,再分配制度,提供公共福利的高度的法律依据,以及普遍的赋予公民的社会权利。他认为这些要素的普遍包容性构成了斯堪的纳维亚各国福利国家的特殊地位。[②]

福利国家的建立和推广是凯恩斯主义在社会领域所取得的成就,政府在建立"凯恩斯福利国家(Keynesian Welfare State)"的过程中施行强势政府的运作模式,通过运用公共权力,直接参与公共建设,实现公共服务的公有化和加大公共福利支出等目标,的确对促进经济富裕、社会稳定、人民安居乐业起到了重要作用。[③] 在《后福特制:当代资本主义经济新的发展阶段》

---

① 参见杨伟民:《社会政策导论》,中国人民大学出版社 2004 年版,第 172 页。
② See Baldwin, P. The Politics of Social Solidarity: Class Bases of the European Welfare States 1875—1975, Cambridge: Cambridge University Press, 1990. pp. 51 – 52.
③ 参见刘刚等:《后福特制:当代资本主义经济新的发展阶段》,中国财政经济出版社 2010 年版,第 299 ~ 300 页。

一书中，作者提出，"福利国家是福特制生产组织方式建立和发展的内在要求和必然结果……福利国家政策的核心是通过政府的干预，缓解大规模生产和大规模消费的失衡。但是福利国家同样也带来了经济活动的低效率和政府边界的过度扩张，尤其不利于强调自由竞争的高新技术产业的发展。20 世纪70 年代之后，随着后福特制生产方式的兴起，福利国家政策开始出现危机"。① 各个福利国家的福利支出和以国家为中介的"集体消费"的扩大，导致了福利国家整体出现了巨大的财政危机，尤其是 20 世纪 70 年代执政的西欧社会民主党依据凯恩斯主义赤字财政政策，在资本增殖日益困难和利润下降的境况之下，仍然设法稳定福利国家体系下的社会力量对比、组织结构和调节模式，从而造成了更为严重的国家债务和通货膨胀。按照 Mark Elam的看法，福利国家政策出现危机并非因其政策本身，而在于其所赖以产生的福特制生产方式出现了危机。② 随着后福特制的兴起和发展，与之相适应的创新国家政策逐渐替代了福利国家政策，成为以美国为代表的西方发达资本主义国家政府干预政策的立足点，不再以公共福利支出和增加有效需求为政策重点，强调通过有效促进新知识的创造及其商业化，实现产业的持续创新和柔性生产，因此，放松产业管制、培育劳动者创业精神、构建国家创新体系，是创新国家的政策重点。③ 根据经济合作与发展组织（OECD）在《国家创新体系》报告中的定义，国家创新体系就是公共和私营部门所组成的网络。在国家创新体系下，政府通过引入私人资本缓解福利国家所带来的巨大财政压力，就成为了一个自然的现实选择。

4. 思潮方面

"从 20 世纪 20 年代前后至 70 年代早期，公共行政处于其黄金时代，这一时期的公共行政是受人仰慕和令人满意的事业，政府和公共部门提供了改

---

① 刘刚等：《后福特制：当代资本主义经济新的发展阶段》，中国财政经济出版社 2010 年版，第301 页。

② See Mark Elam. Puzzling out the Post – Fordist Debate: Technology, Markets and Institutions, in Ash Amin（eds）Post – Fordism: a reader, Maiden: Blackwell Publishers, 1994. pp. 43～71.

③ 参见刘刚等：《后福特制：当代资本主义经济新的发展阶段》，中国财政经济出版社 2010 年版，第306～312 页。

善社会的希望。在这一时期，公共行政成为实现某些重要成就——从实施新政到建立大坝、管理发达国家新生的福利系统，以及调控二战期间的整个经济的促进因素。"① 然而，从 20 世纪 70 年代起，公共服务在绝大多数发达国家遭到人们的非难，人们对公共部门的规模和能力也进行了激烈的抨击：公共部门的规模过于庞大以致于浪费了过多的稀缺资源、政府本身介入活动过多而实际上其中许多活动可以通过其他替代性方法来进行、政府通过官僚制方法提供服务必定会造成工作无起色和效率低下。在这样的背景之下，逐渐崭露头角的"新古典主义经济学"提出了较小规模的政府通过提高经济效率来提高社会总体福利、采用市场的"自由"或"选择"等概念来激励人们从事各种活动等等主张，得到了政策顾问、政治官员、政府工作人员们的认可和接受，认为在政府内外，应该更多地应用市场机制来制定政策和提供服务。由此，一种新的管理主义方法在公共部门崭露头角，公共部门对一组包括"收入与分配的变化、后工业主义、后福特主义、新机械型政治以及白领员工数量增长的变化"等因素的特殊社会条件作出了积极的回应，进行了一场可以成为革命的变革，这场变革在全球被称为"新公共管理运动"。"新公共管理不像旧有的公共管理那样，在公共行政内部实行技术的专业化，其目标在于完全地取代传统的行政模式。新公共管理并不只是对公共部门进行改革，它代表了公共部门以及公共部门与政府和社会关系的某种转变"。②

作为一种理论，新公共管理是"管理主义"或"新管理主义"运用于公共部门的成果。所谓"管理主义"，是工商管理领域长期流行的一套管理哲学，其核心理念是：社会进步的主要途径在于实现经济学意义上的生产力持续增长；生产力持续增长以"管理"功能对劳动力要素和复杂的信息技术、组织技术、物质形态商品的生产技术实施有效组织为前提；管理是组织内一项重要的、独立的、特殊的职能，在计划、执行等方面发挥关键作用；

① ［澳］欧文·E. 休斯：《公共管理导论》，中国人民大学出版社 2007 年版，第 36 页。
② ［澳］欧文·E. 休斯：《公共管理导论》，中国人民大学出版社 2007 年版，第 60 页。

为了确保关键作用的发挥，管理者必须被赋予合理的管理权限。① "管理主义"的信条就是，"让管理者来管理"才是良好管理的基本准则。② 20 世纪 80 年代以来，管理主义与公共选择理论、交易成本经济学、委托－代理理论进行了吸纳与整合，构成了"新管理主义"，其标准范本就是新公共管理理论。学者对这一理论的研究有着不同的观点，其中较具代表性的是经济合作与发展组织、克里斯托弗·胡德、霍尔姆斯与桑德、以及波利特的观点，澳大利亚学者欧文·E. 休斯对这几种观点进行了整合，认为新公共管理的内涵包括如下要素③：

（1）一种战略方法。即政府需要确定组织的目标并确保目标得以实现，需要通过分析组织的优势、缺陷、机会和威胁得以明确如何使组织适应其所处的系统环境，需要通过成本－收益分析，确保组织能够较好地利用资源、执行预算计划。

（2）管理而非行政。"公共管理现在需要专业化的管理，而过去公共行政则不需要"。④ 政府清楚地知道管理人员们在做什么、做得如何、谁在负责、如何问责，管理被看做是一门兼具"艺术"和"科学"特性的专业，而非技术型专家一学就会的东西，因此，政府更愿意聘请一些有丰富经验的、更有可能取得预期结果的管理者来担任某一特定职位。

（3）关注结果。按照胡德的观点，"需要重视的是结果而非过程"，确定组织目标并设定绩效标准，委以责任时需明确描述目标，欲提高效率则需紧紧聚焦目标，通过绩效管理在实现目标的进程中对员工和机构的工作进行监控并不断加以改进。

（4）改善的财政管理。用项目预算制度代替原有的线性项目预算和会计制度，根据机构的特定项目来进行资金分配，将所有有关该项目、子项目甚

---

① See Christopher Pollitt. Managerialism and the Public Service: The Anglo American Experience, Oxford: Basil Blackwell, 1990. pp. 5 - 49.

② See Donald F. kettl. The Global Revolution in Public Management: Driving themes, Missing links, Journal of Policy Analysis and Management, 1997, 16 (3). pp. 446 - 462.

③ 参见 [澳] 欧文·E. 休斯：《公共管理导论》，中国人民大学出版社 2007 年版，第 61~72 页。

④ [澳] 欧文·E. 休斯：《公共管理导论》，中国人民大学出版社 2007 年版，第 64 页。

至次级项目的成本都列举出来，并将人员调配纳入项目预算中，重视资源的利用效率，将资源直接配置给那些最有利于战略目标实现的项目，在获取足够信息的基础之上更好地控制经费支出。

（5）人员调配的弹性。政府部门的高级管理者可以很容易地在职位与部门之间进行转换，通过高级管理者普遍具有的政策咨询、一般管理和专业技能来改善政府部门的管理能力，进而提高整体效率。进一步提高人事管理的弹性，以绩效作为标准实施人员的调配甚至解雇。

（6）组织的弹性。撒切尔政府1988年实施的"Next Steps Initiative"确定的一种新的组织模式，即建立一种以准合同为基础的独立机构，专门为相关政策部门提供服务。这种做法将一些较大的部门划分为若干个不同的部分，然后将这些提供服务的机构排除在了政府系统之外，从而减小了政府部门的规模以及政府公务员的数量。这种做法也移植到了其他一些国家。

（7）更激烈的竞争。Michael Keating 指出，"通过在公共部门组织内部和公共部门组织与非政府组织之间创造竞争环境而对消费者予以更多的关注，为他们提供更多的选择"。① 这个过程的一个重要部分就是大规模的民营化，通过签订合同来提供竞争性的产品和服务，竞争是降低成本和提高标准的关键。

（8）新合同主义。根据"合同主义"的理论，任何想象得到的政府服务都可以通过签订合同来提供——或者通过外部的私营部门或者非营利组织，或者通过政府内部的其他部门。在新公共管理浪潮中的许多国家内，签订合同覆盖了公共服务的各个领域，在这种模式下，私营部门、非营利组织是生产者，而政府扮演了安排者的角色，它付费给生产者。E. S. 萨瓦斯认为，在合同承包安排中，政府的理想角色是：公共物品和服务需求的确认者；精明的购买者；对所购物品和服务有经验的检查者和评估者；公平税赋

① Michael Keating（1998）. Public Management Reform and Economic and Social Development. *OECD Journal on Budgeting*, Paris：OECD. p. 146. Retrieved from https：//www. oecd. org/gov/budgeting/43515306. pdf.

的有效征收者；谨慎的支出者，适时适量对承包商进行支付。①

（9）吸收和运用私营部门管理的实践方式。包括有计划地进行人事变革，确保员工能更好地适应其职位，且组织能对员工的绩效进行有效的测量，并根据绩效结果进行奖惩，鼓励合同制的短期任命方式，据此淘汰那些业绩不佳的人员。

（10）行政与政治关系的变化。公共管理承认政府基本的政治特性，公务员与政治官员共事于称为管理的互动过程之中，公共管理者参与政策事务，也参与严格意义上的政治事务，但政治官员对政策制定仍具有最终的决定权。公共管理者需要学习如何与政治官员以及外部环境进行良好的互动。

（11）政府与公众关系的变化。新公共管理把政府服务的接受者视为消费者或"顾客"，与私营企业一样，强调"以顾客为中心"，以顾客需求为导向提供公共服务，积极回应顾客的需求和要求。

（12）将公共物品或服务提供中的参与者角色区别开来。公共服务中包括三个基本的参与者：消费者、生产者、提供者。消费者直接获得或接受服务，可以是公民个人、特定的组织等；生产者直接组织生产，或直接向消费者提供服务，可以是政府，也可以是私营机构、非营利组织；提供者则为生产者指定消费者，或为消费者指定生产者，或选择服务的生产者，一般而言，公共服务的提供者只能由政府来担任。公共服务的提供者与生产者之间的区别十分明显，这个区别也是政府与其他机构进行合作以提供公共服务的前提与基础。对许多公共物品和服务来说，政府本质上就是一个提供者，是一种社会工具，用以决定什么应该通过集体去做，为谁而做，以什么标准来做，如何付费等问题。政府可以作出用公共开支来提供某种服务的决定，但并不意味着该服务必须依靠政府自己来提供。当公共服务的提供者和生产者不同的时候，交易成本就产生了。②

---

① 参见 E. S. 萨瓦斯：《民营化与公私部门的伙伴关系》，中国人民大学出版社 2002 年版，第 73 页。

② 参见 E. S. 萨瓦斯：《民营化与公私部门的伙伴关系》，中国人民大学出版社 2002 年版，第 68 ~ 69 页。

（13）缩小政府规模。新公共管理的倡导者们以经济学理论为武器，认为"小即是美"，政府越大，则腐败和寻租几率越大，主张政府应当从某些领域撤离出来。因此，在实践中，多国政府都对政府规模和职能进行了详细的考察，厘清其在经济和社会发展中所处的角色，实施严格的政府职能评估程序，以确定在某些领域政府是否应该进行干预。加拿大在20年代90年代中期就采用以下几个测试对政府所有的活动进行了评估：公共利益测试（这项活动是否仍对社会有所助益？）、政府角色测试（是否任何政府都应参与这项活动）、联邦主义测试（联邦政府是不是参与这项活动的合适层级？另一层级的政府是否更为适合？）、伙伴关系测试（这项活动是否能够全部或部分地由社会中其他部门来承担？）、效率测试（这项活动是否能够以较低的成本实施？）、承受能力测试（即使上述测试都满足条件，社会能够为这一规划付费？）。① 其他一些国家也会用类似的方式对政府每一项规划和行为的价值进行评估。

在萨瓦斯看来，"民营化显然属于新公共管理的主流，体现了新公共管理的所有特征"，而在实践中，虽然世界各国在寻求公共部门的管理改革时并未遵循同一种模式，改革必然受制于国际国内的系统环境，然而，在大部分国家的改革中，民营化或者公私部门的伙伴关系在其中扮演了非常重要的角色。例如新西兰的改革中尽可能地对各种项目进行民营化，澳大利亚在改革中对民营化、政府改组以及项目绩效评估等方面进行了全方位的努力，英国政府则大量地削减那些可以由私营部门更好地完成的职能且进行了一系列激进的非国有化运动，美国政府则从20世纪90年代中期开始，将民营化作为一个基本政策。②

（二）PPP的理论渊源

管理主义和经济学为新公共管理提供了主要的理论基础，同样，它们也为在新公共管理浪潮中大量涌现的PPP实践提供了智力支持和理论支撑。

---

① 参见［澳］欧文·E. 休斯：《公共管理导论》，中国人民大学出版社2007年版，第70~71页。
② 参见E. S. 萨瓦斯：《民营化与公私部门的伙伴关系》，中国人民大学出版社2002年版，第13~15页。

1. 公共物品理论

公共物品理论认为，界定政府和私营部门的恰当角色的基点是考察现代社会所需要的物品和服务。

人类的存续和发展需要许多不同种类的物品和服务，以两个特性——"排他性"和"消费性"为标准可以对这些物品进行整理和分类，分类的结果就确定了政府和社会中的其他机构在物品和服务提供中所扮演的角色。物品和服务的"排他性"是指如果物品和服务的潜在使用者没有达到潜在供给者给出的条件，他们就可能被拒绝使用该物品或者被排除在该物品的使用者之外，那么，这些物品就具有排他性。排他性的实质是成本问题，可行或者不可行取决于执行成本的相对高低，因此，排他性具有不同的程度。而物品和服务的"消费性"则是指物品和服务是否可以被消费者共同和同时使用，其数量和质量并不会因此减少或降低。以排他和消费作为变量，可以将物品和服务划分为四种形式：排他完全可行的纯个人消费品（即个人物品，individual goods）；排他完全可行的纯共同消费品（即可收费物品，tool goods）；排他完全不可行的纯个人消费品（即共用资源，common-pool goods）；排他完全不可行的纯共同消费品（即集体物品，collective goods，通常也被称为公共物品，public goods）。①

物品的性质决定了在提供物品的过程中，集体干预是否有必要：

个人物品和服务的提供上不存在悬念，即由市场来提供，企业确认顾客的需求并生产产品，然后以双方都能接受的价格卖给愿意购买的个体。在个人物品和服务的提供上，集体行动主要限于防范或者解决市场失灵的范围之内。

可收费物品和服务也能够通过市场来供给，企业对物品和服务的提供基于使用者的付费。然而，有些可收费物品和服务需要集体行动来供给，通常这类物品和服务被称为自然垄断物品，随着使用者数目的增加，每个使用者

---

① 参见 E. S. 萨瓦斯：《民营化与公私部门的伙伴关系》，中国人民大学出版社 2002 年版，第 45～52 页。

的使用成本则自然下降，因此，供给者越少，则对该物品的供给就越经济，如有线电视、通信网络、自来水供应等等。传统理论认为在这类物品和服务的供给中政府干预很有必要，以防止所有者利用其垄断权谋取暴利。但新古典经济学者认为即使是自然垄断行业也可以引入竞争，由此，集体行动的作用仅限于引进并管理潜在供给者之间的竞争过程。

共用资源存在供给上的难题，由于消费共用资源不需要付费，也无法阻止消费，例如，如果一块土地被视为共用资源，它就会被过度使用，从而出现公地悲剧（Tragedy of the commons）。理性的供给者不会提供这种物品，因此，唯有集体行动以对其进行保护，为了保护这些共用资源而建立的机制、协议等，又是一种新的物品或者服务，具有集体物品的性质。当然，现在也有一种趋势，是将共用资源转变为个人物品，以确保对它的维护和有效管理。

集体物品和服务被许多人同时享用且无法排除，在这个过程中，每个人都得到一种激励去"搭便车"，因此，市场在提供这类物品时缺少积极性，通常它们由自愿或强制性的行动来提供，为了保证公共物品和服务的供给，集体行动是必须的。集体行动并不一定意味着政府行动，社会团体也能够就集体决策和公众集资达成志愿一致。当纯粹志愿行动无法保证公共物品和服务的供应时，就有必要由政府以强制力获取需要的经费或资产来确保公共物品或服务的供应。①

在公共物品和服务提供的过程中，有三个基本的参与者：消费者、生产者、安排者或提供者。消费者直接获得或接受服务，可以是个人、特定地理区域的所有人、政府机构、私人组织、拥有共同特征的社会阶层或团体（穷人、学生、出口商、农民等）或者获得辅助性服务的政府机构；生产者直接组织生产，或者直接向消费者提供服务，可以是政府、市民志愿组织、私人企业、非营利机构，甚至还可以是消费者自己；安排者或提供者指派生产者

---

① 参见 E. S. 萨瓦斯：《民营化与公私部门的伙伴关系》，中国人民大学出版社 2002 年版，第 48～67 页。

给消费者，指派消费者给生产者，或选择服务的生产者。提供者通常是政府，但也存在例外。^①

服务提供与服务生产之间的区别带来了不同的制度安排，根据它们的区别，可以把制度安排分为四种类型，即：公共部门提供——公共部门生产（政府服务、政府间协议）、公共部门生产——私营部门提供（政府出售）、私营部门生产——公共部门提供（合同承包、特许经营、补助）、私营部门生产——私营部门提供（自由市场、志愿服务、自我服务、凭单制）。不同类型的物品或服务可以采用不同的服务机制，而且不同的服务机制也可以有效地进行整合、混合。在特定物品和服务的提供上选用哪种特定机制，并没有特定的答案，需要在考虑几个重要因素的基础之上综合权衡：服务的具体性；生产者的可得性；效率和效益；服务规模；成本收益的关联度；对消费者的回应；对欺骗行为的免疫能力；经济公平；种族公平；对政府指导的回应性；政府规模。

2. 公共选择理论

公共选择理论（Public Choice Theory）在英文文献中通常也称为"公共选择"（public choice）、集体选择（collective choice）、公共选择经济学（economics of public choice）、新政治经济学（the new political economy）、政治的经济学（economics of politics）或政治的经济理论（economic theory of politics）等，学界通常认为它是一门建立于经济学和政治学基础之上的新兴交叉学科，它以新古典经济学的基本假设（尤其是理性人假设）、原理和方法作为分析工具，来研究和刻画政治市场上的主体如选民、利益集团、政党、官员、政治家等，以及研究政治市场的运行。萨缪尔森和诺德豪斯认为公共选择理论"是一种研究政府决策方式的经济学和政治学。公共选择理论的基本行为假定是：人是一个自私的、理性的、效用最大化者。基于该假定，学者们考察了不同选举机制运作的方式，指出没有理想的机制能够将所有的个

---

① 参见 E. S. 萨瓦斯：《民营化与公私部门的伙伴关系》，中国人民大学出版社 2002 年版，第 68～69 页。

人偏好综合为社会选择；研究了当国家干预不能提高经济效率或收入分配不公平时所产生的政府失灵；还研究了国会议员的短视，缺乏严格预算，为竞选提供资金所导致的政府失灵等问题"。①

在公共选择理论看来，人类社会由两个市场组成——经济市场和政治市场，经济学不是选择科学，而是交易科学。政治市场上的基本活动是交易，是个人、集团之间出于自利动机而进行的一系列交易过程，政治过程与经济过程一样，是利益交换。经济学的核心在于寻求自动秩序原理，即在最低限度的政府干预下不同的个人利益怎样通过自愿的交易过程得到协调，因此，集体选择的制度结构和程序是关键。在政治市场上，各种行为主体，如选民、利益集团、官员和政治家，都要进行复杂的博弈，博弈的结果就是各种政策的产出，确定公共物品和服务生产的内容、方式和目的。② 根据皮科克（Peacock）的观点，公共选择理论的研究范围可以划分为三个大的政治市场：初级政治市场、政策供给市场和政策执行市场。在初级政治市场上，政治家把政策卖给选民，选民则为政治家支付选票，在该市场上的供求分析构成了公共选择理论的基本原理，如一致同意规则、多数投票规则、中间投票人定理等；在政策供给市场上，官员们为了实现当选政府的政策目标将提供不同的行政手段，对这些行政手段的供求分析构成了官员经济理论、政府增长理论和政府失灵理论等；在政策执行市场上，每一项政策的执行都会给一些人带来影响，如纳税人、弱势群体、为政府提供公共物品和服务的人，他们会调整自己的行为以适应法律的要求。③

为了弥补市场的缺陷和纠正市场失灵，各国政府纷纷采取了一系列的措施来干预经济，然而，20 世纪 70 年代普遍出现的"滞涨"现象，又引起了学界对政府失灵问题的关注和研究。公共选择理论对这个问题主要围绕改革

---

① ［美］保罗·萨缪尔森、威廉·诺德豪斯：《经济学》（第十六版），华夏出版社 1999 年版，第 232 页。

② 参见方福前：《公共选择理论：政治的经济学》，中国人民大学出版社 2000 年版，第 2～16 页。

③ See Alan Peacock, Public Choice Analysis in Historical Perspective, Cambridge University Press, 1992. pp. 13 – 16.

公共决策体制及政治制度、引入竞争机制（用市场力量改进政府效率）两个方面来加以分析。

改革公共决策体制及政治制度。在《自由的限度：在无政府状态和利维坦之间》一书中，詹姆斯·布坎南提出需要从根本上改造现有的西方民主政体，具体的措施有：进行立宪改革，用宪法来确定政府行为的规则和程序；审视政府的财政过程，约束公共支出；完善表达民主的方式且发明新的政治技术。

引入竞争机制。公共选择理论主张用市场的力量来改善政府的管理，通过在政府管理中注入一些市场的因素，以达到缩小"政府失败"的影响范围、降低发生几率。具体的措施有：在政府内部机构之间恢复竞争，缩小政府机构的平均规模；在高层管理者中激励其充分发挥个人积极性，以降低成本、提高效益；经常地采用私营企业承担公用事业的政策，依赖于市场机制来生产某些公共物品或公共服务。

3. 供给（supply-side）理论

20 世纪 70 年代，在西方国家普遍陷入滞涨危机的形势下，西方经济学也出现了重大危机，在此背景下，供给学派（suppliy-side）理论应运而生。他们在对凯恩斯主义的有效需求理论及其政策主张进行批判和否定的基础上，复兴古典经济学、推崇萨伊定律，形成了别具一格的理论体系。供给理论推崇 19 世纪上半期法国的经济学家萨伊所提出的"萨伊定律"，即供给决定需求。他们认为供给是实际需求得以维持的唯一源泉，没有供给，就没有需求，没有出售产品得到的收入，就没有可以用来购买商品的支出。在市场机制充分发挥作用的前提下，利率的下降会使储蓄全部转化为投资，而投资的增加会使劳动生产率和产量都得到提高，从而促进经济增长。因此，他们主张政府不应该运用财政和货币政策去增加需求，而是应该向供给方面（supply-side）倾斜，提高企业的竞争活力，激发企业的投资积极性。[1]

供给学派的主要观点如下：

---

① 参见武康平：《高级宏观经济学》，清华大学出版社 2005 年版，第 45～49 页。

第一，产出取决于要素激励。经济中的产出是劳动与资本等各种生产要素投入的结果，生产的增长取决于生产要素投入的增长和要素生产率的提高。个人提供生产要素和企业从事生产经营都是为了谋取报酬，正是报酬激励着人们的经济活动。经济行为会随着各种激励的变动而变动，趋利避害。因此，政府应当通过发挥政府职能去改变激励，影响人们的经济行为，进而促进经济增长。[1]

第二，减税可以刺激供给。激励经济主体活动的主要因素有政府税收、规章条例、政府支出、货币政策等，其中税收是最重要的激励因素，尤其是税后报酬和税后利润。因此，政府通过改变税率，尤其是改变边际税率（即增加以单位报酬或利润所增加的税额），就能改变人们的经济行为：高边际税率会降低人们的工作积极性，而低边际税率则会提高工作积极性；高边际税率阻碍投资，降低资本存量，而低边际税率鼓励投资，增加资本存量；边际税率与政府税收收入并非正相关关系。

第三，税楔（tax wedge）模型。"税收楔子"（tax wedge）是指政府税收在供求关系曲线之间打入一个"楔子"使得供应和需求曲线的交点偏移导致无谓的社会总收益减少。提高税率则税收楔子增大，减少了工人实际得到的工资收入，同时增加了企业雇佣工人的成本，进而使得劳动力的投入减少，最终减少劳动力总供给，此外，税收楔子越大则企业会减少对资本的需求量和资本的供给量，减少资本投入，降低资本总供给；降低税率则使税收楔子降低，增加劳动力供给和需求，从而增加劳动力总供给，此外，会增加企业对资本的需求量和资本借出者对资本的供给量，达到增加资本供给的效果。

第四，经济自由主义。供给学派认为企业家的创业精神和自由经营活动是促进生产、增加供给的关键因素，而自由竞争的市场经济是企业家施展才能的最佳经济体制。在市场机制的充分作用下，各种经济力量都能自动趋于均衡，使经济实现稳定、长期的发展。[2]

---

① 参见武康平：《高级宏观经济学》，清华大学出版社 2005 年版，第 49 页。
② 参见武康平：《高级宏观经济学》，清华大学出版社 2005 年版，第 52 页。

第五，通货膨胀与供给不足的恶性循环。供给学派认为需求膨胀、货币量过多是相对于商务和劳务的供给过少而言的，根源在于政府干预的需求管理和膨胀性政策，导致需求被人为加大，妨碍了生产供给，扩大供求矛盾，引起物价上涨，从而又反过来伤害供给因素。供给不足与物价上涨互相推动，最终导致滞涨局面。

里根政府大量采纳了供给学派提出的政策主张，对当时提高美国经济的竞争力起到了显著作用。他们的政策主张和建议主要有：

第一，减税。减少边际税率，是供给学派政策主张的核心内容。他们主张以以下实际方案来减少边际税率：降低个人所得税率，降低利息、股息税率，以刺激民众工作和储蓄的积极性；降低公司所得税率和金融资产的收益税率，以提高投资积极性，促进资本积累；免除企业研究开发税收费用，以鼓励技术创新。

第二，削减政府在福利方面的支出。供给学派认为战后各国的社会福利制度增加了政府支出，加重财政负担，还削弱了民众的工作积极性，扼杀了竞争性和创新意识，阻碍了生产的发展。因此，应大量削减社会福利支出，停办不必要的社会保险和福利计划，提高领受标准和条件。此外，他们认为政府的一切支出都具有排挤私人生产性支出的效应，应当减少政府对经济的干预，充分发挥市场机制的作用，提高资源配置效率。

第三，精简规章制度。供给学派相信，政府对经济的干预和管制越少，经济运行就越有效率。政府为了管制经济而制定的一系列规章制度，加重了企业负担，增加了企业生产成本和大量非生产性支出，扼杀了企业家的创业精神，进而减弱了企业的国际竞争能力。因此，这些规章制度应该减少，包括取消价格限制、取消最低工资法令、放宽标准等。①

4. 治理理论

1989 年，世界银行在其研究报告中首次使用了"治理危机"的概念来概括当时非洲的状况。自此以后，"治理"一词频频出现在联合国的诸多文

---

① 参见武康平：《高级宏观经济学》，清华大学出版社 2005 年版，第 55～57 页。

件中，并逐渐被各个学科领域的学者们所接受，广泛应用于对经济、社会和公共管理有关的理论和实践研究中。① 1992 年联合国教科文组织专门成立了"全球治理委员会"（Commission on Global Governance），对"治理"的概念、内涵进行深入研究，协调全球治理相关事务。"治理"来源于拉丁文和古希腊语，原意是控制、引导和操纵。1986 年的《韦伯斯特新国际辞典第三版》把"治理"（Governance）首先定义为"由管理一个城市、或者公司等等的人们控制它们的那种方式"。② 治理同样也意味着"统治的官员、权力或功能"、"被统治的状态"、"统治的方式或方法"或"统治制度"。

20 世纪 90 年代以后，随着理论研究和实践的深入，"治理"一词被注入了许多新的内涵。皮埃尔·德·赛纳克伦斯（Pierre de Senarclens）认为，治理反映的就是这样一种观念：各国政府并不完全垄断一切合法的权利，除了政府之外，社会上还有一些其他机构和单位负责维持秩序，参加经济和社会调节。③ 全球治理理论的专家詹姆斯·N. 罗西瑙（James N. Rosenau）将治理定义为一系列活动领域里的管理机制，它们虽未得到正式授权，却能有效发挥作用。与统治不同，治理指的是一种由共同的目标支持的活动，这些管理活动的主体未必是政府，也无须依靠国家的强制力量来实现。④ 世界银行对"治理"的定义是：治理是指行使政治权力来管理一个国家的事务，建立有效的公共服务、可靠的法律制度以及对公众负责的行政当局。⑤ 联合国计划开发署将治理定义为"行使经济、政治和行政权力，管理国家各级的事务，治理包括一些机制、过程和机构，使公民和群体能够借以表达他们的利

---

① 参见俞可平：《中国公民社会的兴起及其对治理的意义》，载俞可平等：《中国公民社会的兴起与治理的变迁》，社会科学文献出版社 2002 年版，第 191 页。

② See Merriam-Webster's Learner's Dictionary. Retrieved June 6, 2010, from http://www. learnersdictionary. com/search/ governance.

③ 皮埃尔·德·赛纳克伦斯：《治理与国际调节机制的危机》，载《国际社会科学》1998 年第 3 期。

④ 俞可平：《全球治理引论》，载《马克思主义与现实》2002 年第 1 期。

⑤ World Bank (1992), *Governance and Development*, Retrieved June 10, 2010, from the electronic library of Victoria University of Wellington.

益、行使他们的法律权利、履行他们的义务和调解他们之间的分歧"。① 联合国全球治理委员会对"治理"的定义是：各种公共的或私人的个人和机构管理其共同事务的诸多方式的总和。它是使相互冲突的或不同的利益得以调和并且采取联合行动的持续的过程。它既包括有权迫使人们服从的正式制度和规则，也包括各种人们同意或以为符合其利益的非正式的制度安排。它具有四个特征："治理不是一整套规则，也不是一种活动，而是一个过程；治理过程的基础不是控制，而是协调；治理既涉及公共部门，也涉及私营部门；治理不是一种正式的制度，而是持续的互动。"②

弗雷德里克森认为，"作为公共行政的治理的第一个和最明确的含义是：它包括了参与公共活动的各种类型的组织和机构。例如，用公共管理和公共行政来描述大都市的交通运输系统便不恰当，但是，用治理来描述这一系统就很恰当"③。他对治理提出了四种定义：第一种是指在治理中，行动的网络包括了全部的公共组织——政府的、非政府的、营利的、非营利的、国家的、超国家的的组织，这样，公共行政的领域就大大地扩展了；第二种是指当代的多元主义和超多元主义，在多元主义的体制中，治理包括了所有有利害关系的利益主体：政党、立法机关及其分支机构、利益集团、中间人、组织、顾客、媒体、卖主等等；第三种解释了多元制度—组织环境存在的原因，当代的领导者和政策企业家正是在这种多元的环境中执行政策的，在治理的环境下，他们的工作更是随心所欲，更具有政治性，要承担更大的风险，更具有创造性，而更少具有组织性，更少受层级的控制，更少受规则的限制，更少具有管理性；第四种认为治理意味着重要性，意味着合法性，意味着一种为达成公共的目的而作出的崇高而积极的贡献。④

① United Nation Development Programme, Retrieved June 10, 2010, from http：//ch. undp. org. cn/modules. php? op = modload&name = News&file = article&catid = 10&sid = 7.
② 俞可平：《中国公民社会的兴起及其对治理的意义》，载俞可平等：《中国公民社会的兴起与治理的变迁》，社会科学文献出版社 2002 年版，第 193 页。
③ ［美］乔治·弗雷德里克森：《公共行政的精神》，中国人民大学出版社 2003 年版，第 75 页。
④ 参见［美］乔治·弗雷德里克森：《公共行政的精神》，中国人民大学出版社 2003 年版，第 76～78 页。

从上述定义中，我们可以找出"治理"的共同特征：即主体的多元化、多中心、网络化，以协调为基础，强调互动和回应，以公共利益最大化为目标。因此，我们可以将"治理"定义为：以政府为主的、包括私营机构、非营利组织以及公民在内的多元主体在各种制度安排下通过协调与有效合作来管理共同事务、从而实现公共利益最大化的过程和机制。治理代表着四种公共部门形态发展变化的集合："逐渐出现利用私人公司和非营利机构从事政府工作的模式；从顾客——公民的角度考虑，采取横向'协同'政府、纵向减少程序的做法；技术上的突破大大减少了伙伴之间的合作成本；公民希望增加公共服务选择权的要求在不断提高。"① 在治理过程中，政府、私营机构、非营利组织以及公民之间的联系越来越网络化，跨政府关系、甚至跨国关系变得日益突出；治理要求更大的协调性、互动性和回应性。

俞可平从治理（governance）和统治（government）二者的区别对治理的概念进行了厘定，他认为治理作为一种政治管理过程，也像政府统治一样需要权威和权力，最终目的也是为了维持正常的社会秩序，这是两者的共同之处，但两者的区别有至少四点：

首先，治理与统治的本质性区别在于，治理需要权威，但该权威未必一定是政府；但统治的权威必定是政府。统治的主体一定是社会的公共机构，而治理的主体既可以是公共机构，也可以是私人机构，还可以是公共机构和私人机构的合作。治理是政治国家与公民社会的合作、政府与非政府的合作、公共机构与私人机构的合作、强制与自愿的合作。治理的主要特征"不再是监督，而是合同包工；不再是中央集权，而是权力分散；不再是由国家进行再分配，而是国家只负责管理；不再是行政部门的管理，而是根据市场原则的管理；不再是由国家'指导'，而是由国家和私营部门合作"。所以，治理是一个比政府更宽泛的概念，从现代的公司到大学以及基层的社区，如

---

① ［美］斯蒂芬·戈德史密斯、威廉·D. 埃格斯：《网络化治理：公共部门的新形态》，孙迎春译，北京大学出版社2008年版，第21页。

果要高效而有序地运行，可以没有政府的统治，但却不能没有治理。①

其次，管理过程中权力运行的向度不一样。政府统治的权力运行方向总是自上而下的，它运用政府的政治权威，通过发号施令、制定政策和实施政策，对社会公共事务实行单一向度的管理。与此不同，治理则是一个上下互动的管理过程，它主要通过合作、协商、伙伴关系、确立认同和共同的目标等方式实施对公共事务的管理。治理的实质在于建立在市场原则、公共利益和认同之上的合作。它所拥有的管理机制主要不依靠政府的权威，而是合作网络的权威。其权力向度是多元的、相互的，而不是单一的和自上而下的。②

再次，管理的范围不同。政府统治所涉及的范围就是以领土为界的民族国家，一个国家的政府统治如果超越了自己的领土，而延伸到其他国家，那就是对其他国家主权的侵犯，为国际法所不允许。人类迄今还没有产生凌驾于主权国家之上的、对各国政府和公民具有强制性约束力的世界政府，因而也没有世界范围内的政府统治。与此不同，治理所涉及的对象则要宽泛得多。由于治理的权威主体既可以是政府，也可以是非政府的、跨国界的民间组织，所以，治理的范围既可以是特定领土界限内的民族国家，也可以是超越国家领土界限的国际领域。③

最后，权威的基础和性质不同。统治的权威主要源于政府的法规命令，治理的权威则主要源于公民的认同和共识。前者以强制为主，后者以自愿为主。即使没有多数人的认可，政府统治照样可以发挥其作用；治理则必须建立在多数人的共识和认可之上，没有多数人的同意，治理就很难发挥真正的效用。④罗西瑙也特别强调治理与政府统治的这一区别，他说："更明确地说，治理

① 参见俞可平：《全球化背景下的治理、善治和全球治理》（2001 年 3 月），载夏潮基金会网站，http：//www. chinatide. org/study/Report/03. pdf，最后访问日期：2016 年 11 月 20 日。
② 俞可平：《全球化背景下的治理、善治和全球治理》（2001 年 3 月），载夏潮基金会网站，ht-tp：//www. chinatide. org/study/Report/03. pdf，最后访问日期：2016 年 11 月 20 日。
③ 俞可平：《全球化背景下的治理、善治和全球治理》（2001 年 3 月），载夏潮基金会网站，ht-tp：//www. chinatide. org/study/Report/03. pdf，最后访问日期：2016 年 11 月 20 日。
④ 俞可平：《全球化背景下的治理、善治和全球治理》（2001 年 3 月），载夏潮基金会网站，ht-tp：//www. chinatide. org/study/Report/03. pdf，最后访问日期：2016 年 11 月 20 日。

是只有被多数人接受（或者至少被它所影响的那些最有权势的人接受）才会生效的规则体系；然而，政府的政策即使受到普遍的反对，仍然能够付诸实施。……因此，没有政府的治理是可能的，即我们可以设想这样一种规章机制：尽管它们未被赋予正式的权力，但在其活动领域内也能够有效地发挥功能"。①

格里·斯托克通过对治理理论及其实践进行梳理，发现治理理论的价值在于"它是一种组织框架，可以据以求得对变化中的统治过程的了解"，"有助于辨识重大问题"，认为治理理论主要持有五个论点，如下：

第一，治理指出自政府、但又不限于政府的一套社会公共机构和行为者。治理理论指出了在实践中政府体制的复杂现状，也使得人们关注私营和志愿机构越来越多地提供公共服务、参与战略性决策的事实，然而其中很多模型被认为不合法，因此，治理需要获得更大的合法性。②

第二，治理理论明确指出了在为社会和经济问题寻求解答的过程中存在的界线和责任方面的模糊点。私营部门和非营利组织越来越多地参与到经济和社会问题的解决当中，在这种情况下，政策制定者和公众容易混淆某种事务到底由谁负责，治理结构为推卸责任、寻找替罪羊等行为增加了机会。③

第三，治理理论明确肯定涉及集体行为的各个社会公共机构之间存在着权力依赖。所谓权力依赖是指：致力于集体行动的组织必须依靠其他组织；为求达到目的，各个组织必须交换资源、谈判共同的目标；交换的结果不仅取决于各个参与者的资源，而且也取决于游戏规则以及进行交换的环境。权力依赖的结果之一就是治理体制的出现，这一体制涉及种种形式的伙伴关系。④

第四，治理指行为者网络的自主自治。行为者和机构把资源、技能和目

① ［美］詹姆斯·N. 罗西瑙主编：《没有政府的治理》，江西人民出版社 2006 年版，第 5 页。
② 参见［英］格里·斯托克：《作为理论的治理：五个论点》，社会科学文献出版社 2000 年版，第 33～38 页。
③ 参见［英］格里·斯托克：《作为理论的治理：五个论点》，社会科学文献出版社 2000 年版，第 38～40 页。
④ 参见［英］格里·斯托克：《作为理论的治理：五个论点》，社会科学文献出版社 2000 年版，第 41～42 页。

标混合起来，成为一个长期的联合体——体系，用协调的方式以解决目前面临的关键问题，一般而言，这种自我建立的体制比政府施加的管理更为有效。然而，这种自我管理网络的困难在于：对谁负责？由于个体的自我利益驱动和体系本身存在的排他性，因此，对谁负责的问题只有通过由具有权威的政府间接地、部分地左右这些体系来得以解决。①

第五，治理理论认定，办好事情的能力并不在于政府的权力，不在于政府下命令或运用其权威。政府可以动用新的工具和技术来控制和指引；而政府的能力和责任均在于此。在治理中，政府的任务主要是：解构与协调（包括界定局势，指定主要的持股者，然后在相关各方之间建立有效的联系）；施加影响和规定取向（以求达到预期的结果）；整合与管理（进行系统管理，建立必要的机制以保证协调和效率）。因此，治理环境下的政府必须学习相应的运作规范，进行必要的机构设计和变革。②

5. 善治（good governance）理论

善治（good governance）是一个近年来使用越发频繁的概念，政治学、公共行政、发展管理等等领域都在使用，这一概念通常与民主、公民社会、大众参与、人权、可持续发展等概念同时出现。公共管理的先驱们与来自学术界的理论家们从不同的视角对善治进行了分析，对善治内在蕴含的原则和假设作出了确认，也设计了各种用以实现善治的流程和程序，先驱们甚至还归纳出了将之应用于实践的最佳案例。在召开的以善治为主题的各种国际国内会议中，不同的视角、原则以及最佳实践模式都是争论的话题。

在界定善治概念的过程中，多边组织或机构发挥了关键作用。世界银行列出了各个领域开始使用善治概念的几个特征，在其1992年的《治理与发展》报告中，他们提出了"治理"的定义，同时强调了"治理"的三个要素：一种政治体制；行使权力以管理经济、社会资源来谋求发展的过程；政

---

① 参见［英］格里·斯托克：《作为理论的治理：五个论点》，社会科学文献出版社2000年版，第43～45页。

② 参见［英］格里·斯托克：《作为理论的治理：五个论点》，社会科学文献出版社2000年版，第45～49页。

府制定政策且保证其有效实施的能力。① 在这以后，很多双边或多边合作机构都对"善治"作出了界定，整体来看，各个机构的定义都不相同，虽然其主要观点和关键要素类似，每个机构的定义都有其侧重点。例如世界银行的定义偏重发展中的经济和社会资源，非洲发展银行在宏观、中观和微观经济层面使用了这一概念，OECD 的定义偏重人权、民主和政府合法性，而联合国的定义则强调人类发展、消除贫穷、以及公共行政。这种关于"善治"内涵的模糊不清的状况诚然为研究者提供了大量的选项、且允许他们设定自己的研究参数，但是，也正是这种在定义上存在的分歧，使得西方债权国政府以及国际金融机构有机会向许多发展中国家的改革施加压力。从 20 世纪 80 年代起，他们开始在债务免除和新贷款的条款中强加上严格的经济条件，然后将制约条件扩大到透明行政、保护人权、重建民主以及政府改革方面。②

从其内在属性来看，"善治"既是手段、又是目标，如果所有的关键要素都实施得当，则"善治"最终就成为了目标。这就是说，社会对解决问题的程序和过程大体上满意，即便他们并不一定认可具体的方法和结果。因此，"善治"就是一个国家发展和国家事务管理的最优状态，若民主政府形成，公民有效参与到决策制定过程，公共物品和服务高效生产和提供，人权得到尊重，政府运转透明、负责且高效，那就是"善"的。③ 这一概念同样也被看作是实现目标的手段，它有利于经济增长、人类发展和社会公平。在行政改革的范畴内，它被用于解决制度发展、能力建设、分权、政治家与公务员之间的关系、协作等当代议题。

在所有的关于"善治"的定义当中，被最多人引用的定义出自联合国，该定义指出了"善治"所包含的最基本要素。联合国亚太经济社会委员会认

032

---

① See World Bank (1992), *Governance and Development*, Retrieved June 10, 2010, from the electronic library of Victoria University of Wellington.

② See Sam Agere, Promoting good governance: Principles, Practices and Perspectives, Commonwealth Secretariat, 2000. pp. 3–4.

③ See Sam Agere, Promoting good governance: Principles, Practices and Perspectives, Commonwealth Secretariat, 2000. p. 5.

为善治就是：参与、法治、透明性、回应性、共识取向、公平包容、有效能和效率、问责。① 如图 1.1 所示：

图 1.1　"善治"的特征

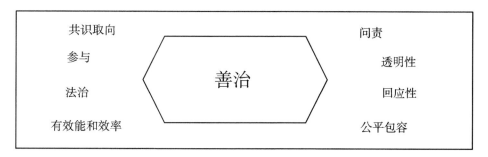

（来源：UNESCAP（2009），What is Good Governance? Retrieved September 1，2012，from http：//www. unescap. org/pdd/prs/ProjectActivities/Ongoing/gg/governance. asp. ）

"参与"是善治的基石，参与可以是直接的，也可以通过合法的中间机构或代表。

"法治"要求有一个公正的法律框架且该框架可以得到公正的执行，它要求对人权的全面保护，尤其是少数民族。公正的执法要求独立的审判机构以及公正的、廉洁的警力。

"透明性"指的是决策的制定及实施是以遵循法制法规的方式来实现的，它也指那些会被某些决策及其施行影响到的群体可以自由且直接获取到相关信息，它还指政府提供了足够的、形式和媒介简单的信息。

"回应性"是指制度及过程应在合理的时间框架内努力为所有的利益相关者服务。

"共识取向"要求考量社会中的各种利益集团，从而在什么是全社群的最佳利益以及如何实现这些利益的问题上达成广泛的共识。这种共识的达成需要对社会的历史、文化、以及社会背景的理解。

"公平包容"是指社会的福利应确保该社会所有成员感觉到他们与社会

033

福利有关，他们没感觉到被排除在社会主流之外，这就要求所有群体，尤其是最弱势的群体都有改善或保持他们福利水平的机会。

"有效能且有效率"要求治理的过程和制度在满足社会需要的同时，最大化地利用可支配的资源。善治背景下效能的概念也同样包括对自然资源的可持续化使用及对环境的保护。

"问责"是善治的关键条件，无论是政府机构、还是私营部门以及公民社会组织都必须对公众以及他们制度上的利益相关者负责。谁对谁负责，因决策或行动在组织或机构的内部还是外部来施行而不同。简言之，组织或机构对那些会受到其决策及行动影响的人们负责。没有透明性和法治，问责就无法实现。[1]

此外，按照英联邦秘书处的观点，"善治"的要素还包括反腐败（Combating Corruption），认为反腐败是确保"善治"的一个关键因素，因为腐败极大地妨碍了经济发展，例如贿赂提高政府发展规划的成本，导致发展项目成效甚微，腐败降低了税收能力，导致财政疲弱以及宏观经济的困境等等；腐败也削弱了公共机构的权威和效益。因此，应当通过改进效益、提高经济政策透明度、加快行政改革来有力打击腐败行为，提高"善治"水平。[2]

二、PPP 的发生与演进

（一）PPP 在世界范围的发生与演进

在历史的长河中，PPP 模式并非一个新鲜事物，据学者估计，PPP 模式最原始的雏形开始于两千多年前的欧洲大陆，随着世界历史的发展，PPP 模式逐渐演进而形成当代的格局，其间经历了自发产生、螺旋上升和稳步发展的发展阶段。

---

[1] See UNESCAP（2009），What is Good Governance? Retrieved September 1, 2012, from http：//www. unescap. org/pdd/prs/ProjectActivities/Ongoing/gg/governance. asp.

[2] See Sam Agere, Promoting good governance：Principles, Practices and Perspectives, Commonwealth Secretariat, 2000. pp. 7 - 9.

1. 自发产生阶段

早在两千多年前的欧洲大陆，伴随着罗马军团的公路系统的迅速扩张，罗马帝国建立了一个邮政站网络，这些邮政站实际上就是以大型马厩、仓库、作坊、酒店和军队营房为中心的一些小型社区，通常由私营合伙人建设并运营五年时间，且处于一个经过竞争性竞标后由市政官颁发的叫做"manceps"的契约框架之下，有时候其职责还包括维护合营公路，罗马人还将港口和内河港口特许修建并运营。这一称为"manceps"的契约运行框架与现代意义上的PPP模式相似。

随着罗马帝国的衰落，这一方式也逐渐消失，只是在中世纪时修建新的设防城以及12、13世纪时期法国西南部"新大陆"的居住时重新出现过。设防城的占领合同将整个村庄特许给集体永借合同下的居民来修建，集体永借合同强迫居民改善他们的村庄。此外，在社区内（磨坊、印刷厂、面包房、桥梁等）的垄断下的特许经营实践、以及他们通常用于桥梁和快速公路的合营费用（即特许经营者将其收入的一部分支付给社区以资助新工程），在中世纪传统下得以确立。1438年，法国的一位贵族 Luis de Bernam 得到了一条河流的特许经营权，可以对莱茵河上的货品运输征收费用。

16、17世纪，欧洲各国尤其是法国，在运河修建、道路铺设、垃圾收集、公共照明、信件分拣以及公共交通等领域大规模兴起、扩张特许经营项目。19世纪的欧洲工业革命带来了城市化的快速发展以及公共交通网络（铁路、有轨电车、大都市）、水供应、污水处理和能源的飞速发展。这一次的扩张，大部分正是由私营企业家完成的，在欧洲，这被称为"特许经营的黄金时代"。法国大革命带来的自由主义思潮、尤其是自由市场原则在这一系统化的特许经营选择中扮演了重要的角色。从行政管理的视角来看，这一时期是一种在公共行动所有领域都授权的弱行政结构。在17世纪初的英国，政府授予私人以特许经营权来提供灯塔服务。正如科斯在《企业、市场与法律》一书中所描述的那样，官方背景的领港公会逐渐丧失了建造灯塔的积极性，对当时船长、船主和渔民的请求充耳不闻，从而变相地邀请私人投机者进入这一有赢利前景的领域，在1610年~1675年间，领港公会没有建造一座灯塔，而私人建造的至少有 10 座。私人为了避免侵犯领港公会法定权威权力，他们通常会从国王那里申请获得特许权，最初由国王来授权他们建造灯塔，并向受益于灯塔的船只收取使用费，后来，由国会通过法令将经营灯塔和征收使用费的权力授予私人。① 在法国，到 17 世纪，大部分铁路网络、供水设施和街道照明等基础设施和服务都以特许经营的模式提供给公众，1792 年法国政府向 Perrier 兄弟授予了特许经营权，在巴黎提供供水管网，法国的法律实践迅速地将其称为公共工程特许经营（concession de travaux publics）。在美国，1654 年，马萨诸塞州的 Richard Thurley 在 Mystic 河上修建了一座新的桥梁，法院授权他可以对通过该桥梁的动物征收通行费，该桥梁通常被看作是英国统治时期北美的第一个 PPP 实践。1792 年，美国特许第一条收费公路的修建，即后来知名的宾夕法尼亚州"Philadelphia and Lancaster Turnpike"，该公路的建成导致了 100 多家私营公司与政府合作修建收费公路，截止到 19 世纪 40 年代，美国联邦及各州政府批准了 1600 多家收费公路公司。②

036

在这一阶段，各个国家所实施的 PPP 模式相对比较集中、单一，无论是英国、法国、德国，还是美国等国家，特许经营制度的使用最为广泛，而应用该模式的领域则主要集中在交通、水务等领域，应用该模式的动机则大多数出于解决当时政府财政不足的问题，因此很少对其进行系统的规划，理论研究也相对欠缺。

2. 螺旋上升阶段

两次世界大战给世界政治经济格局带来了颠覆性的变化，也加快全球化的进程，然而，这一阶段的 PPP 模式的发展，并非像最初那样迅速扩张和发展，而是经历了一个螺旋式的发展阶段，时起时伏。

由于经济动荡、合同搁置以及战争期间所造成的损失等原因，许多领域

---

① 参见［美］罗纳德·哈里·科斯：《企业、市场与法律》，三联书店 1990 年版，第 155～159 页。
② See United States Department of Transportation（2004）：《Report to Congress on Public – Private Partnerships》，Retrieved September 1，2016，from http：//www.fhwa.dot.gov/reports/pppdec2004/ppp-dec2004.pdf.

的特许经营在这一时期都被取消、且很少有再提上日程的。国有企业的概念由此而生，以避免传统上长时期的契约带来的财政脆弱，这一趋势兴起于战后的欧洲，带来了公共部门的迅速扩张。另外，受到共产主义意识形态的影响，人们认为集体主义可以作为自由市场原则的一个可行的而且可取的替代方案。所以一战以后，新的公共基础设施主要依靠公共基金来设计、建造和支付。在1982年以前，发展中或者转型国家中的交通基础设施建设中很少有私人融资。然而，20世纪60年代法国和西班牙的收费高速公路建设项目是由私人财团融资修建的，主要来自建筑商和银行。但20世纪70年代的石油危机又给这些特许经营的公司带来了财务困境，很多公司因此而国有化：在西班牙，每12个公司中有5个被国有化；在法国，每4个公司中有3个被国有化。

20世纪初开始，美国在战争中逐渐崛起，欧洲各国强烈意识到国家的分裂、经济体的瓦解对长期契约的破坏，1914年以前还罕见的通货膨胀及其对契约的影响在1929年的经济大萧条中表现得越发明显，随后"福利国家"的创设又在实质上强化了战后美国的角色、也为其增加了资源。在美国快速崛起发展的这一阶段，PPP在美国的交通基础设施发展中所发挥的作用并不那么突出，但到了20世纪30、40年代，现代高速公路却是由联邦和州政府所拥有的公共企业修建的。

从20世纪60年代末70年代初开始，由于现实压力、经济、意识形态、商业等方面的动力和平民主义的影响，在主要发达国家内兴起了一股基础设施民营化的浪潮。

英国的撒切尔夫人和美国的里根总统分别于1979年和1980年当选，他们的施政给业已成型的民营化浪潮注入了巨大的推动力。撒切尔夫人当政期间，用渐进的方式推进了民营化的进程，第一阶段为"部分民营化"阶段，其战略中包括电信、煤气、电力、水务、铁路、煤炭等各个传统意义上的国有公用事业，早期的步伐较为适度，把注意力集中在有竞争对手的企业上，且出售股权的比例很小，但这一比例逐渐增大。第二阶段为"民营化"阶段，民营化改革涉及到的部门更多，出售的国有企业资产的金额也日益增大。如 1981 年撒切尔政府出售了英国宇航公司 51.6% 的股份，总收益为 1.49 亿英磅，1982 年出售了阿默沙姆国际公司的全部股份和布里托尔石油公司 51% 的股份。1983 年出售了英国联合港口公司 1.5% 的股份和国际航空无线电公司的全部股份。1988 年，撒切尔夫人在保守党年会上第一次向公众明确表示，"民营化无禁区"，并分别于 1989 年和 1990 年实行了自来水和电力等"自然垄断"行业的民营化。[①]

里根政府于 1988 年提出了一系列民营化政策，但以出售企业为主要形式的民营化在联邦政府很少出现，这部分地是由于美国政府企业的规模普遍较小，但里根政府出售了政府拥有的铁路货运公司——联合铁路运输公司，其出售美国浓缩铀公司的计划被民主党国会否决了，但 10 年后，克林顿政府在共和党国会的支持下使该计划成为事实。里根政府时期的民营化主要是以"外包"的形式实施的，联邦机构的辅助性服务如数据处理、饮食服务、房屋维护、保安等内容中的很大部分通过合同外包出去，在地方政府层次，合同外包不仅涉及到辅助性服务，还涉及到垃圾清理、街道清扫、救护车服务、公园的维护等直接公共服务。美国政府 1987 年的一项调查显示，99% 的人口超过 5000 的市镇以及人口超过 25000 的县的政府实施过合同外包，美国国内至少有 200 种服务是由承包商向政府提供。[②]

从英美开始，这股民营化的浪潮席卷了全球，无论是发达国家，还是发展中国家，都依靠民营化和市场导向取得了成绩，从 80 年代末开始，拉美各国新当选的政府都无一例外地选择了强硬的民营化政策。

这一阶段内，在经历了短暂的下降期之后，PPP 的发展在整体上仍然呈螺旋上升趋势。从范围来看，无论是发达国家还是发展中国家，实施公私伙伴关系的国家越来越多，全球有超过 100 个国家的政府都选择实施这一政策；从合作方式来看，呈现多元化增长的趋势，除了特许经营，还有合同外

① 参见 E. S. 萨瓦斯：《民营化与公私部门的伙伴关系》，中国人民大学出版社 2002 年版，第 13 ~ 14 页。
② 参见 E. S. 萨瓦斯：《民营化与公私部门的伙伴关系》，中国人民大学出版社 2002 年版，第 14 ~ 15 页。

包、出售、补助、凭单制等等方式；从深度来看，公私伙伴关系不仅限于传统的供水、交通等领域，还涉及到了几乎所有曾经的政府垄断部门如钢铁、汽车、邮电、铁路、航空部门，即使在供水、交通等领域，其涉及的程度也得到了深化。PPP 在这一时期的发展与理论研究的支持密切相关，管理大师彼得·德鲁克于 1969 年提出"再民营化"（reprivatize）的建议，此后美国的萨瓦斯（Savas）、普尔（Poole）、斯潘（Spann）、罗思巴德（Rothbard）、菲斯克（Fisk）等人也对此进行了较为深入的研究，普尔更是于 1976 年创建了《民营化观察》（Privatization Watch）刊物，此外，英国的亚当·斯密研究所（Adam Smith Institute）也鼓励对民营化的理论进行研究。民营化的实践极大地激发了相关的理论研究，同时这些理论研究成果又对民营化的实践起到了极大的推动作用。

3. 稳步发展阶段

萨瓦斯通过对竞争性合同和撤资的大量研究为民营化的有效性提供了无可辩驳的证据，他认为民营化能大大改善公共物品和服务提供的效益，前提是实施得当。然而，现实并非如此，激进的、大刀阔斧的民营化改革以后，民营化的弊端逐渐显现：虽然民营化在一定程度上缓解了政府的财政压力，优化了市场结构，但并非所有的民营化都能实现预期目标，私营部门提供产品和服务的效率未必高于公共部门，民营化并不是万能药。于是曾经大力推广民营化的国家放慢了脚步，开始总结正反两方面的经验，进行了更为系统和理性的思考，在实践上也使得 PPP 模式进入了成熟发展的阶段。

在英国，从 1992 年开始，财政部长宣布财政部正在探索从总体上拓宽私人资本筹措项目范围的路径，这个目标将会通过与私营部门合资经营以及租赁协议来实现，在这种模式下，风险得以清楚转移，财政部长将之命名为"私人融资计划"（Private Finance Initiative，PFI），财政部将 PFI 项目界定为PPP，项目中私营部门负责建设项目资产以及筹措所需经费，筹资方式通常是项目融资，许多采购主体都可以购买 PFI，例如中央政府部门、行政机构、地方政府以及医院等。为了大力推进该计划，英国政府还在 1993 年成立了私人融资专家组（Private Finance Panel，PFP），由主要来自于私营部门的高级管理人员组成，该专家组的职责就是提高公共和私营部门在"私人融资计划"中的参与度、激发新思路、识别私营部门可以进入的公共部门活动、解决阻碍进程的难题。① 此外，英国政府还颁布了新的法案，规定财政部不得批准投资项目，除非对该项目实施私人融资方式进行过考察和测试。1995年，专家组又公布了一批"优先"项目的名单，从而促进了大批项目进入政府采购。1997年，因为政府的更迭，新政府对 PFI 计划进行了审查，审查的结果是在财政部设立了"PFI 特别工作组"，由从公共部门与私营部门挑选出来的专家组成，目的是培养政府自己的 PFI 专家，该工作组在第二次审查时升级为常设机构，并将名称改为"英国伙伴关系工作组（Partnership UK，PUK）"。这些审查使得 PFI 的使用得以稳步增长。到 2012 年 6 月，英国国内共有价值 460 亿英磅的 550 多个 PFI 项目，在许多部门都取得了极大成功。在 PFI 迅速发展的过程中，英国政府也意识到 PFI 结构并不适用于公私部门建立伙伴关系以提供公共服务的所有状况，他们因此开发了许多其他的结构来建立这样的伙伴关系，并将这些结构广泛应用于许多政策领域，例如信息和通讯技术、学校、废物处理、卫生、住房改造、能源工程、供水项目等。② 2010 年开始，英国政府对 PFI 进行改革，推出 PF2 模式，即由市场投资人"设计－建设－融资－维护"（DBFM）基础设施，市场投资人不再参与基础设施运营，与此同时，英国财政部对负责 PFI 事务的相关机构进行了整合，成立了"英国基础设施局（Infrastructure UK，IUK）"，统一负责 PPP 工作，2011 年又成立了"重大工程管理局（Major Projects Authority，MPA）"以监管最大型的政府工程，2016 年 1 月 1 日，IUK 与 MPA 进行了合并，成立了新的机构，名为"基础设施与工程管理局（Infrastructure and Projects Authority）"。

---

① See European PPP Expertise Centre (2012)：《UK (England) – PPP Units and Related Institutional Framework》, Retrieved September 1, 2016, from http：//www.eib.org/epec/resources/publications/epec_ uk_ england_ public_ en.pdf.

② See European PPP Expertise Centre (2012)：《UK (England) – PPP Units and Related Institutional Framework》, Retrieved September 1, 2016, from http：//www.eib.org/epec/resources/publications/epec_ uk_ england_ public_ en.pdf.

澳大利亚在基础设施建设方面大量使用 PPP 模式，很多的大型收费公路、医院、监狱、学校、公共设施、健身设施等都以 PPP 模式进行建设和管理。澳大利亚学者将 PPP 在澳大利亚的发展阶段分为两个，因为 2000 年为分水岭，分为"前 – 2000 年"和"后 – 2000 年"两个阶段，以 2000 年在维多利亚州财政部内设的"维多利亚州伙伴关系（Partnership Victoria）"是 PPP 发展完善过程中的关键性、标志性事件，在这个伙伴关系下，"公共 – 私营伙伴关系（public private partnership）"这个名词得到了官方的正式许可，且覆盖了实践中各种独立冠名的 PPP 模式，而且在 PPP 框架下，不再由私营部门交付提供核心的政府补贴医院以及预防部门的服务，此外，以英国的 PFI 模式为模板，维多利亚州制定了一整套关于 PPP 的系统指导机制。而以维多利亚州的 PPP 政策为蓝本，澳大利亚其他辖区也制定了相应的 PPP 政策，直到 2005 年，澳大利亚联邦和各州政府终于达成了一致，同意统一 PPP 发展和实施路径。① 关于 PPP 模式，维多利亚州政府总结了两种模式：第一种从 2000 年起就开始使用，与英国的 PFI 模式非常相似，新南威尔士州的"社会私人融资计划（Social Privately Funded Projects）"就是这种模式。在这种模式下，政府部门负责提供关键的公共服务，例如卫生、预防、教育等，合作的私营企业则提供其他的辅助性设施，例如维修、五金、家具、设备、地面等。双方签订的合同通常会在第五年的时候暂时间隔一下进行重新签订，以帮助政府和联营企业对服务进行微调，确保该项目符合当前市场状况的成本收益指标。第二种模式是将收入风险转移给联营企业，在这种框架下，政府不会作出直接的收入保证，私营方直接面对市场风险。在 PPP 的管理方面，澳大利亚政府于 2004 年成立了全国 PPP 工作组，由联邦政府、州政府、地方政府的在 PPP 政策和实施方面的专家们组成，2005 年发布了《全国公私伙伴关系政策与指南》（The National Public Private Partnership (PPP) Policy and Guidelines），为 PPP 的发展和完善提供了系统全面的指导。

---

① See Linda M English (2006)：Public Private Partnership in Australia：An Overview of Their Nature, Purpose, Incidence and Oversight, UNSW Law Journal, Volume 29 (3) .

从 2005 年开始，澳大利亚的 PPP 项目持续增长，2010 年~2012 年略有下滑，2013 年开始回暖，2015 年达到了历史高峰，PPP 交易总额达到了 120 亿澳元。

加拿大的 PPP 模式被看作是世界上最成功的模式。[1] 从 20 世纪 90 年代起，加拿大政府在许多基础设施项目中采用了 PPP 模式，截至 2016 年，签订的 PPP 项目超过 200 个，已经完成财政收尾的项目收入超过 700 亿加元。PPP 模式的大量使用产生了实质性的经济效益，根据统计，从 2003 年到 2012 年，加拿大全国采用 PPP 模式的基础设施项目提供了 51.7 万个全职岗位，322 亿加元工资收入，482 亿生产总值，以及 921 亿经济产出总量。与英国相比，加拿大的 PPP 项目效益十分惊人，根据统计，大约有 90% 的 PPP 项目按时完成、甚至提前完成。对加拿大 55 个 PPP 项目进行的物有所值评估显示，PPP 模式比传统采购模式节约了 0.8%~61.2% 的成本。[2] 加拿大 PPP 委员会认为加拿大成功的经验在于以下几个因素：第一，政治环境的支持因素。加拿大公众对由 PPP 提供基础设施和服务的接受程度越来越高，支持率从 2004 年的 60% 提高到 2011 年的 70%。第二，政府支持。加拿大所有层级的政府对 PPP 模式都非常支持，且大力推广促进。2009 年，加拿大政府设立了一个联邦政府公司——PPP Canada，该公司成立的宗旨就是通过 PPP 模式为纳税人提供价值更高、更加及时、更加负责的公共基础设施和服务，该公司通过住房和建设部部长对国会报告。随后又设立了加拿大 PPP 基金会（P3 Canada Fund），支持加拿大国内任何地方采用 PPP 模式的基础设施建设项目。第三，公共部门和私营部门之间良好的信任关系。PPP 项目的稳定性使得潜在的投资者可以更好地预测项目的未来、合理分配其资源，法

---

① See The Canadian Council for Public – Private Partnerships（CCPPP）（2015）：《Public – Private Partnerships – What the World can Learn from Canada》, Retrieved September 2, 2016, from http：//www. pppcouncil. ca/web/pdf/canada_ p3_ white_ paper_ swg. pdf.

② See Carter Casady（2016）：《PPP Procurement in Canada：An Analysis of Tendering Periods》, Retrieved September 2, 2016, from https：//gpc. stanford. edu/sites/default/files/canadianppptenderingperiodsthesis – final. pdf.

律框架的设定使得 PPP 项目的发展和实施更有保障。①

此外，在这一阶段，新兴的市场经济国家例如智利、巴西、中国、匈牙利以及印度等在将私营部门引入基础设施建设和维护方面的步伐甚至超过了传统发达国家。与此同时，非洲、亚洲、以及拉丁美洲的一些国家开始实施将设施维护外包给私营公司的各种举措。发展到目前，虽然在大部分国家 PPP 项目主要仍然集中于道路工程方面，但许多国家都形成了其特定的 PPP 模式。总体而言，这一阶段的 PPP 呈现稳步上升的阶段，PPP 的发展和实施都更趋于成熟，各个国家、尤其是走在前沿的国家都从建立专门的 PPP 管理机构、制定相关的法律规章、制定清晰的 PPP 项目指南等方面完善其 PPP 模式，多个国际组织、跨国机构对 PPP 进行了广泛的研究，比如 OECD 在组织广泛的理论和实践研究的基础之上设立了 PPP 实验室，联合国发布了很多关于 PPP 发展和前景的报告，世界银行建立了基础设施建设的 PPP 资源中心……此外，学术界对 PPP 的研究深度和广度也都有很大发展，大量的专门研究中心成立，例如日内瓦 PPP 研究中心（Geneva PPP Research Center）、欧洲 PPP 专家中心（European PPP Expertise Centre）、日本东洋大学成立了亚洲 PPP 研究中心（Asia Public/Private Partnership Institute）……大量的研究成果涌现，理论研究上的重大发展与突破为 PPP 在实践中的发展以及进一步发展提供了良好的支持和指导，因此在实践中，各国都大胆创新发展各种各样的合作方式，探索在新的领域、采用新的机制进行合作，PPP 的适用领域从最初的供水、交通等发展至今，在许多国家已进入了除政策制定以外的所有政府服务的领域，而 PPP 模式的类型也从单一的特许经营逐渐发展到现在的 BOT、BOO、JV、O&M 等等几十种类型。

（二）PPP 在中国大陆的发生与演进

在漫长的中国历史中，同样存在着一些朝廷与民间资本合作的例子，例如清朝雍正年间，天津修城工程中就鼓励"民间出资修城"，又如 1903 年开

---

① See The Canadian Council for Public – Private Partnerships（CCPPP）（2015）：《Public – Private Part-nerships – What the World can Learn from Canada》, Retrieved September 2, 2016, from http：//www. pppcouncil. ca/web/pdf/canada_ p3_ white_ paper_ swg. pdf.

始筹备、1904 年动工修建、1906 年 11 月正式通车的潮（州）汕（头）铁路是中国近代史上第一条由华侨投资的纯商办铁路。

1949 年以后的很长一段时间里，我国基础设施建设及其服务完全依赖政府的能力，由此导致的结果是"资金来源单一，建设投入不足，而且由于价格不能补偿成本，亏损严重，随时威胁着经营的可持续性；准政府事业垄断经营，政企不分、政事不分，承担大量的政府义务。不仅社会负担重，运营效率差，而且由于长期的行政垄断，服务意识淡薄，并滥用垄断权力，霸王条款屡屡出现"。① 改革开放成为历史的必然选择。改革开放以后，各地政府对 PPP 模式或者与 PPP 模式相近的模式进行了大胆的尝试，根据世界银行基础设施数据库的统计，从 1990 年到 2015 年，中国私营部门参与的基础设施工程涉及到机场、电力、信息与通讯、天然气、港口、铁路、公路、水和污水处理等领域，共有 1326 个工程实现了财务结算，总投资额达到了 1449.09 亿美元，其中有 36 个项目被取消或处于困境之中，占投资项目总数的 3%。从整体上来看，PPP 模式在我国的发展与演进经历了五个阶段。

1. 探索阶段（1978 年 ~1992 年）

从 1978 年改革开放开始，到 1992 年党的十四大正式确立"我国经济体制改革的目标是建立社会主义市场经济体制"为止，中国的 PPP 模式在这一阶段的发展处于"摸着石头过河"的阶段，与改革开放的整体节奏保持基本一致。从 20 世纪 80 年代起，中国政府就开始在公共物品和服务提供的模式上进行了大量的探索和实践，并开始大胆地引入社会资本提供公共物品和服务，以适应人民群众日益扩大的物质文化需要。在萨瓦斯看来，1978 年以后中国政府允许实质上的私营农业取代国有和集体农场，从而实现了粮食生产量的大幅提高、终结了之间长期困扰政府与人民群众的饥荒问题。② 研究者

---

① ［英］达霖·格里姆赛（Darrin Grimsey）、［澳］莫文·K. 刘易斯（Mervyn K. Lewis）：《PPP 革命：公共服务中的政府和社会资本合作》，济邦咨询公司译，中国人民大学出版社 2016 年版，第 11 页。

② 参见 E. S. 萨瓦斯：《民营化与公私部门的伙伴关系》，中国人民大学出版社 2002 年版，第 15 页。

们通常把 1984 年的深圳沙角 B 电厂项目看作是我国第一个按照 BOT 模式概念组织起来的项目融资，当时深圳经济特区处于初创时期，电力短缺的问题非常突出，深圳市所需用电完全依靠广东省的供给，尽管广东省对深圳市在用电方面给予了特殊照顾，但在当时只能满足其用电需要的 70%，更不论其用电量正以 50% 到 60% 的年增长速度增长。在这样的背景下，香港合和实业有限公司总经理胡应湘和副总经理何炳章提出用 BOT 模式与深圳市合作建立火力发电厂。为了合作该项目，深圳市于 1984 年成立了深圳经济特区电力开发公司，合和成立了香港合和电力（中国）有限公司，双方共同成立了深圳沙头角火力发电厂有限公司，负责经营沙角 B 电厂这一项目。1984 年 3 月双方开始洽谈：这个项目是契约式合作经营性质，双方合作期 10 年，电厂规模是建成两台各 35 万千瓦（共 70 万千瓦）的燃煤发电机组，每年额定发电总量为 60 亿度。① 按照协议，双方的任务和责任是：

合和方：1. 负责筹集相当于 32 亿港元的建厂资金并负责偿还；2. 负责在 36 个月内，以商定的工程承包价，完成具有世界先进水平的电厂建造（Build）；3. 负责在合作期内电厂的经营管理（Operate）；4. 负责在合同期满后，电厂设备仍安全满发、稳定高效运行的情况下，无偿地移交（Transfer）给深圳方。

深圳方：1. 负责购买不低于 60% 的电力，每度电价格按静态预算为 1 角 1 分 4 厘 8 人民币，超过 60% 以上的用电按优惠价付款；2. 负责按商定的数量（每年 120 万吨）、商定的质量（6 千大卡）、商定的价格按时供应煤炭；3. 电费 50% 用人民币支付，50% 用外汇支付，外汇平衡和外汇风险由深圳方负责；4. 合作期满后，合和方无偿移交过来的电厂，由深圳方继续经营管理，经济收益全部归深圳方所有（当时估计这个电厂收归深圳后还可以用 10 到 20 年）。

此外，深圳方还要负责提供 25 公顷建厂用地的使用权，土地使用费由

---

① 参见周溪舞：《深圳文史第八辑——七、沙角 B 电厂的建厂模式》，载深圳政协网，http://www1.szzx.gov.cn/content/2013–04/23/content_ 8987013.htm，最后访问日期：2016 年 8 月 20 日。

合和方支付；负责为合和方向内地银行贷款2.5亿千万人民币；负责办理享受深圳经济特区税收等优惠待遇的手续。

经过3个月的洽谈后，双方于1984年6月18日在深圳签订了协议书，第一次报批结果是重开谈判，谈判结果是由香港中国银行集团成立一个投资公司，与合和集团共同投资，最后股份比例定为：香港合和占50%、香港中银集团占40%、日本兼松江商社占5%、广州和深圳的驻港企业占5%股份。经过多次谈判，于1985年3月8日签字，1985年3月27日广东省政府正式批准该合同。① 这一项目为中国未来使用PPP模式铺下了重要的基石。1992年，中法水务与坦洲镇经济发展总公司合资成立中国首家中外合资供水企业，并于同年11月正式成立，这是中法水务在中国第一个投资项目，主要为坦洲镇的工商企业和居民提供全方位供水服务，包括饮用水的生产、销售、供水管网的建设、维护以及相关的客户服务。中法水务公司宣称，合资公司的成立不仅为坦洲镇的居民提供达到欧盟标准的饮用水服务，同时还为中国整个供水行业起了一个示范和带头的作用。

对这一阶段PPP项目的发展和实施进行总结，可以看出，这一阶段的PPP项目完全处于自发、摸索的阶段，项目实施主要集中于能源与水务部门，采取的主要形式是BOT，全国范围内缺少相关的法律法规，中央政府没有相关的指导性文件和规范，直接实施PPP项目的地方政府虽然出于改革开放和地方经济发展的需要对PPP项目表现出一定兴趣，但又缺乏相关的理论知识和经验来保证项目的发展和实施。

2. 初期发展阶段（1992年~2002年）

这一阶段可称为初期发展阶段。1992年，十四大确立了建立社会主义市场经济体制的改革目标，提出以公有制为主体、多种经济成分共同发展的基本方针，从而为PPP模式的发展提供了制度上的基础和保障。沙角B电厂投产以后，增加了电力供应，推动了经济发展，电厂在兴建、运行过程中，整

① 参见周溪舞：《深圳文史第八辑——七、沙角B电厂的建厂模式》，载深圳政协网，http：//www1.szzx.gov.cn/content/2013-04/23/content_8987013.htm，最后访问日期：2016年8月20日。

合了合和方的先进工程管理方法和中方管理人员的聪明才智，使原计划 36 个月建成的 B 电厂，实际上只用了 22 个月就使第一台机组并网发电，且仅过 3 个月后第二台机组又相继投入运行，速度之快创世界纪录。此外，B 电厂投入运行以来，以其卓越管理和良好业绩，引起国内外关注，根据国际银团评价，1992 年 B 电厂已经成为世界上运行得最好的发电厂之一。1993 年，国家计委一位负责地区经济发展的官员说，"BOT 方式是发展中国家吸引外国资本的有效途径，在发达国家也广为采用。中国将在能源、交通等基础设施项目上积极采用这种投资方式"。① 制度和政策上的支持、成功案例的鼓励、经济发展的现实需求推动了中国 PPP 进入第一波发展浪潮。

1993 年起国家计委开始组织推动基础设施建设领域的投融资体制改革，其中就包括 BOT 的可行性问题。1994 年，国家计委选择了广西来宾 B 电厂、成都第六水厂、广东电白高速公路、武汉军山长江大桥和长沙望城电厂五个项目作为 BOT 模式的国家级试点。广西来宾 B 电厂是国家计委批准的第一个 BOT 试点项目，1995 年该项目被国际资本市场誉为世界十大 BOT 项目之一，1996 年 12 月《亚洲融资》（Asia Finance）评选来宾 B 电厂为 1996 年度最佳项目融资奖。1996 年 11 月 11 日，来宾 B 电厂项目在经过资格预审、投标、评标和确认谈判的流程以后，广西壮族自治区政府向法国电力联合体颁发了中标通知书，国家计委于 1997 年 3 月 25 日正式批复了项目特许权协议。基于协议，法国电力国际与通用电气阿尔斯通按照 6∶4 的比例组成了来宾 B 电厂的项目公司——广西来宾法资发电有限公司。项目特许期为 18 年，建设期为 2 年 9 个月，运营期为 15 年 3 个月，特许期满则项目将无偿移交给广西壮族自治区政府，在特许期内，项目公司有权运营电厂并拥有电厂的所有财产、设备和设施的所有权。2015 年 9 月，来宾 B 电厂结束特许经营期，如期移交广西壮族自治区政府。从投资收益看，项目总投资 51.3 亿元，法方获净利润约 45 亿元，而广西从上缴各类税费及 BOT 专项资金等方面获益达

---

① 参见周溪舞：《深圳文史第八辑——七、沙角 B 电厂的建厂模式》，载深圳政协网，http：//www1. szzx. gov. cn/content/2013 − 04/23/content_ 8987013. htm，最后访问日期：2016 年 8 月 20 日。

91.2 亿元。此次成功移交后，广西还收获了净值约为 12 亿元的 72 万千瓦机组火电厂，至少还能运营 15 年。从社会贡献看，按照电量每千瓦时拉动 GDP 增长 10 元计，项目累计 566.99 亿千瓦时的上网电量拉动了广西 GDP 增长共计 5669.9 亿元。[①]

这五个 BOT 国家级试点项目中的成都第六水厂项目于 2002 年竣工投产，按照协议，于 2017 年移交给成都市人民政府，但由于种种原因，其他三个 BOT 项目或撤销或改制，如武汉军山长江大桥项目于 1998 年确定为内资建设项目。

在国家计委推出这五个试点项目之后，各地政府也纷纷推出了一些 BOT 项目，比较典型的有沈阳水厂 TOT 项目、上海黄浦江大桥 BOT 项目、北京第十水厂 BOT 项目、北京西红门经济适用房 PPP 项目、新疆托克逊电厂项目、北京肖家河污水项目、北京房山大学城项目等。

随着 BOT 项目的增多，国家在法律法规领域也开展了制度性的探索。1994 年国家外经贸委下发了《以 BOT 方式吸引外商投资有关问题的通知》，1995 年，国家计委联合电力部、交通部下发《关于试办外商投资特许权项目审批管理有关问题的通知》，在前一通知基础上，进一步明确了该阶段 BOT 试点项目运作的法律依据，同时也为各地政府的仿效推行提供了政策支持。1997 年亚洲金融危机的爆发直观地暴露了外资引入的巨大风险，因此，从 1998 年起，国务院要求着手清理、修正含有保证外资固定回报率内容的 BOT 项目。2002 年，国务院继续下发通知，强势要求地方政府必须通过重新修订合同条款、收购外方股权、将外商投资转化为中方外债、按照法定程序终止合营合同等方式进一步纠正、解决项目的固定投资回报问题。

在各种因素的综合作用下，这一阶段的 PPP 项目数量大增，合作方式从单一的 BOT 发展到了有 TOT、PPP 等其他形式，所涉及的行业也更多，包括电力、自来水、污水、燃气、大桥、区域开发等。大部分 BOT 项目涉及到国

---

① 参见广西日报：《广西来宾 b 电厂项目融资案例》，载中国 PPP 服务平台，http://www. chinappp. cn/News/NewsDetail/1216. html，最后访问日期：2016 年 8 月 20 日。

外的公司，在项目的执行中，根据政府相关文件的指导，大多数项目都遵循了程序化、法制化、国际化的路径，为地方经济发展、吸引外资起到了积极的推动作用，通过项目实施吸收了西方先进的技术和管理，为国内培养了一批高素质的人才，进而为 PPP 在未来的发展提供了一定的人才保障。这一阶段有的项目成功，有的项目撤销或改制，为后来的发展提供了宝贵的经验或教训。当时有一批咨询公司应运而生，如 1993 年成立的博拓投资公司、1996 年成立的大岳咨询公司等，他们和国内的一些学者逐渐开始对 PPP 展开了理论研究。

3. 大力推广阶段（2002 年~2008 年）

2002 年对外资固定回报项目的清理风潮之后，各级政府对 PPP 模式的内涵与外延开始进行冷静的反思。2002 年 11 月召开的十六大进一步提出要使市场在国家宏观调控下对资源配置起基础性作用。2002 年底，建设部从十六大精神出发，出台《关于加快市政公用行业市场化进程的意见》，正式确立在市政公用行业推行特许经营制度。2003 年，十六届三中全会进一步明确了各类非公有制经济的"市场准入"和"同等待遇"的问题，允许它们进入法律法规并未禁入的公共建设与服务领域。2004 年，建设部出台《市政公用事业特许经营管理办法》，各地方政府纷纷制定本地的特许经营管理条例，各相关部委针对特许经营实践中的典型问题也及时出台了许多对策性文件，由此确保了这一时期 PPP 项目整体运作的规范化与优质化。从 2003 年开始，全国各主要城市掀起了市政公用市场化的高潮，很多地方政府为了完成当年的经济发展指标，临时推出了一批市政公用市场化项目，其中影响力最大、最为著名的项目就是中国官方第一次使用"PPP"概念的北京地铁 4 号线 PPP 项目。北京地铁 4 号线项目总投资约 153 亿元，按照建设责任主体，4 号线工程投资建设分为 A、B 两个相对独立的部分：A 部分为洞体、车站等土建工程，投资额约为 107 亿元，约占项目总投资的 70%，由北京市政府国有独资企业京投公司成立的全资子公司四号线公司负责；B 部分为车辆、信号等设备部分，投资额约为 46 亿元，约占项目总投资的 30%，由 PPP 项目公司北京京港地铁有限公司（简称"京港地铁"）负责。京港地铁由京投公司、香港地铁公司和首创集团按 2 : 49 : 49 的出资比例组建。4 号线项目竣工验收后，京港地铁通过租赁取得四号线公司的 A 部分资产的使用权。京港地铁负责 4 号线的运营管理、全部设施（包括 A 和 B 两部分）的维护和除洞体外的资产更新，以及站内的商业经营，通过地铁票款收入及站内商业经营收入回收投资并获得合理投资收益。30 年特许经营期结束后，京港地铁将 B 部分项目设施完好、无偿地移交给市政府指定部门，将 A 部分项目设施归还给四号线公司。4 号线 PPP 项目实施过程大致可分为两个阶段，第一阶段为由北京市发展改革委主导的实施方案编制和审批阶段；第二阶段为由北京市交通委主导的投资人竞争性谈判比选阶段。2006 年 4 月 12 日，北京市交通委在北京市政府的授权下，与京港地铁签署了特许经营协议，包括主协议、16 个附件协议以及后续的补充协议，涵盖了投资、建设、试运营、运营、移交各个阶段。值得一提的是，为使客流量的预测更加科学客观并能被市场部门认同，项目初始，港铁聘请了专业的客流预测机构（MVA）对地铁人流进行了测算，以此与政府约定，在 2010 年 ~ 2014 年期间，若地铁人流连续 3 年低于预测人流，政策就需要补贴相应的费用，若人流持续高于预测人流，则政府能够从中分享一定的超额收益。

在这一阶段，其他比较著名的 PPP 项目有合肥王小郢污水 TOT 项目、兰州自来水股权转让项目、北京亦庄燃气 BOT 项目、淮南新城项目、北京房山长阳新城项目等，PPP 项目的数量在全国范围内都增长很快。然而，PPP 模式的快速推进也带来了诸如国有资产流失、公共产品价格上涨过快、服务质量难以保障等普遍问题。

综观这一时期的 PPP 项目，可以发现政策的指引和鼓励对 PPP 模式的发展起到了极大的推动作用，不仅数量剧增，质量上也有较大提高，这一阶段各级政府在 PPP 项目的招投标中全面引入了市场竞争机制，竞标过程公开透明，从而客观上提高了 PPP 项目的建设和运营水平。恰好在这一时期，一些 PPP 项目尤其是市政公用行业的 PPP 项目出现了较大的问题和困难，引起了各方利益相关者的高度关注，使得新的 PPP 项目在运作过程中会专门聘请咨询公司进行全方位的科学分析，政府也注重听取公众的意见，鼓励公众参与，进而在很大程度上提高了政府施政水平。在理论研究方面，PPP 项目的成功与失败经验激起了学界对该领域的关注，这一阶段发表的相关论文数量激增，研讨会也频频召开。

4. 审慎发展阶段（2008 年 ~ 2013 年）

2008 年，世界金融危机爆发，为了应对金融危机，国务院提出用于应对国际经济危机、稳定经济的一系列财政、货币政策，总规模约 4 万亿元人民币，简称"四万亿"经济计划。根据该政策，各地仍然大力发展基础设施建设，但基础设施项目主要由地方政府投融资平台负责投融资，该平台可以通过信用贷款、土地出让收入、土地抵押获取贷款等融资方式，获得充足且成本相对较低的资金收入。这一政策使得主要基于资金缺口需求而采用 PPP 模式融资的原发动力受到极大的冲击。因此，在 2009 年一年内，不仅许多处于规划、准备阶段的 PPP 项目被取消，甚至一些正在执行的项目也被政府提前终止。

然而，2010 年《国务院关于鼓励和引导民间投资健康发展的若干意见》出台，各相关部委也陆续配套制定多项政策与实施细则。在多方作用下，PPP 模式的发展又呈现出上升势头，仅 2013 年，全国以 PPP 模式名义推进的公用建设项目就达到了近 8000 个，数量虽多，但代表性的项目并不多，有些项目经过了长期的招投标、审核、谈判过程，却始终无法签订正式协议。北京地铁 14 号线 PPP 项目作为第二批次国家示范项目于 2012 年 3 月启动，历经前期论证、实施方案和报批、竞争性招商实施、协议谈判等工作，于 2012 年 11 月草签了《北京地铁十四号线项目特许协议》，按照该协议，京港地铁将采用 PPP 模式参与 14 号线的投资、建设和运营，获得北京地铁 14 号线 30 年运营权。地铁 14 号线全部建设内容划分为 A、B 两部分。A 部分主要包括洞体和车站结构等土建工程，由北京市基础设施投资有限公司下属的全资子公司北京地铁十四号线投资有限公司作为业主单位委托北京市轨道交通建设管理有限公司（简称建管公司）负责建设管理。京港地铁公司负责 B 部分，主要包括车辆、信号及机电设备等，投资约为 150 亿元人民币。之后京港地铁公司开展特许经营项目申请报告编制报批等前期工作，直到

2014 年 11 月底，北京市交通委员会代表北京市政府与京港地铁公司正式签署了《北京地铁十四号线项目特许协议》，正式确定京港地铁公司取得地铁 14 号线的特许经营权，同时确定了其作为运营商的权利和义务。

总体而言，这一时期涌现的 PPP 项目数量较大，PPP 模式合作的社会资本方多数为国企、特别是央企，在与政府建立合作关系的过程中，它们利用自身特殊的政府资源背景与天然的行业垄断地位，形成了对 PPP 项目正常运作机制的干扰甚或扭曲，导致 PPP 项目运行的各类风险因素急剧提高。在上一阶段启动的一些 PPP 项目由于各方面原因在这一时期内纷纷并购整合，使 PPP 市场出现了新的变化。在理论研究方面，数量与之前相比变化不大，由于数据采集的困难等原因，大多数研究仍集中在纯理论分析上。

5. 全面推进阶段（2013 年至今）

2013 年，十八届三中全会公报以"决定性作用"的表述提升了以往市场在资源配置中的"基础性作用"定位，由此彰显出中国政府更加坚定、更加深入的市场化改革决心。随后，《中共中央关于全面深化改革若干重大问题的决定》出台，进一步明确了政府要以"购买服务"的方式，即 PPP 模式推动公共建设与服务提供领域内改革的深化。为了贯彻落实中央的政策精神与改革要求，2014 年，财政部出台《关于推广运用政府和社会资本合作模式有关问题的通知》，发展改革委发布《关于开展政府和社会资本合作的指导意见》，在对 PPP 模式的相关基础内容进行界定的基础上，共同发出了明确而强烈的 PPP 模式推广指令。而针对此前 PPP 项目运作"乱象渐生"的发展苗头，两大部委又分别出台《政府和社会资本合作模式操作指南（试行）》《政府和社会资本合作项目通用合同指南（2014）》，并辅之以大量政策文件以及法律规章，从而突出了当前 PPP 模式推广的"严格规范"特征，PPP 模式的中国发展进入到新规制下的普及推广阶段。2014 年 11 月，国务院颁发《国务院关于创新重点领域投融资机制鼓励社会投资的指导意见》，进一步对创新重点领域的 PPP 机制作出了明确的规定，PPP 的发展从此进入了稳定快速的增长阶段。根据财政部 PPP 项目中心库的统计，截至 2017 年 3 月末，纳入全国 PPP 综合信息平台项目库的 PPP 项目已达 12287 个，总投资高达 14.6 万亿元，覆盖 31 个省（自治区、直辖市）及新疆兵团和 19 个行业领域。其中，已签约落地项目 1729 个，投资额 2.9 万亿元，覆盖除天津、西藏以外的 29 个省（自治区、直辖市）及新疆兵团和 19 个领域，落地率 34.5%。行业领域方面，入库项目数前三位是市政工程、交通运输、旅游，合计占入库项目总数的 53.7%。

我们目前正处于这一阶段之中，很多 PPP 项目正在发生、发展，可能还有更多 PPP 项目即将发生、发展。这一时期的 PPP 项目的数量无法做出准确统计，但从已有的统计数量来看，与之前的四个阶段相比，可以称为是"井喷"式发展，所涉及的领域从传统的能源、水务、交通扩展到旅游、城镇开发、教育、文化、养老等多个领域。国家在制度上、政策上给予了高度和充分的保障，相关的职能部门也对其操作作出了明确具体的原则性指导，在理论研究方面，从 2014 年起，相关研究成果与实践一致，也出现了"井喷"现象，呈倍数增长，政治、法律、经济、管理、工程等多个学科领域的学者对其进行深入研究，大量的研讨会、国际国内大型学术会议召开，专门的 053 PPP 研究中心也纷纷成立，如 2015 年 12 月中国人民大学公共治理研究院"政府与社会资本合作（PPP）研究中心"成立，2016 年 4 月清华大学成立"清华 PPP 研究中心"，2016 年 6 月南开大学成立政府和社会资本合作（PPP）研究中心。这些研究中心的成立有助于对 PPP 理论的深入认识和研究，有助于培养人才、搭建平台，并开展国际合作与交流，进而更好地指导和服务中国 PPP 的实践。此外，政府层面也大力展开对 PPP 模式法律体系、PPP 模式运作环境等方面的研究。

所谓界定，是指准确描述对象的性质、范围和意义，且为其划定边界。对 PPP 的界定从四个方面着手：定义、相似概念、优势和意义、及其所面临的挑战。

一、PPP 的代表性定义

2004 年，国际货币基金组织提到："在 PPP 由什么构成、不由什么构成的问题上，没有清晰的共识……PPP 这个概念有时会被用于描述一系列非常宽泛的合同安排"。与之相似地，2012 年，OECD 指出："没有为大家所公认的 PPP 定义，也没有与之相关的核算框架。欧盟统计署（Eurostat）、国际会计准则委员会（ISAB）、国际货币基金组织（IMF）、国际财务报告准则（IFRS）以及其他机构采用的都是不同的定义。"事实上，不仅仅是各家推动 PPP 的机构所采用的 PPP 定义不同，各个国家也都在其全国性的法律法规或政策中使用不同的 PPP 定义，欧洲债务和发展网络（Eurodad）的 Romero 通过对大量文献进行研究后发现，在他所研究的文献中，就有至少 25 种关于 PPP 的不同定义，这种定义上的多样化根源于 PPP 模式发展实践中的多样化。

目前，对于 PPP 这一概念，公认的具有代表性的一些定义如下：

欧洲投资银行（European Investment Bank）：PPP 是对私营部门和公共实体之间形成的关系的一种通称，通常旨在引入私营部门的资源以及/或者专家，以协助提供和交付公共部门资产和服务。因此，PPP 这一名词，通常被用于描述多种工作安排，从宽松的、非正式的战略性的伙伴关系，到设计、建设、融资、运营模式的服务协议，再到正式的合营企业。以基础设施项目为例，公共部门的 PPP 通常具有这些特征：通过契约而不是采购资产来获得服务；依据产出而非投入来规定服务要求；将对私营部门的支付与其实际提供服务的水平和质量相关联；通常需要对项目资产实施设计、建设以及运营的"全流程"模式；遵循着应当由最擅长风险管理的交易方来管控相关风险的原则，寻求将风险转移至私营机构的最佳方式；要求私营合作方负责筹集部分或所有的项目投资所需资金；采用多种支付机制，例如市场收入、影子通行费（shadow tolls）、容量可容性支付（capacity availability payments）等等。①

欧盟委员会（European Commission）：PPP 这一名词整体上来看就是指公共机构与商业机构之间的合作形式，旨在保证某一公共基础设施提供过程中的融资、建设、改造、管理或者维护。PPP 通常包括如下一些要素：公共机构与私营机构在已经计划好的项目中的合作关系，该合作关系的期限相对较长；项目注资的一部分来自于私营机构，通常是通过各个主体之间复杂的协议安排的方式来实现，然而，有时公共资金会与私营资金融合；参与到该项目不同阶段（设计、竣工、实施、注资）的经济营运者发挥了重要作用，公共机构主要从公共利益、公共服务提供质量、价格政策等方面来界定项目应当达成的目标，而且它们也担负着监管这些项目的任务，使其实现与目标的一致性；在公共机构与私营机构之间分配风险，由此公共机构产生的风险就被转移到了私营机构，然而，PPP 也并非意味着私营机构承担该项目所有的风险、或者主要的风险，对风险的分担需要具体问题具体分析，依据各方资产方面的相应实力来控制和处理风险。②

国际货币基金组织（International Monetary Fund）：PPP 是指一种协议，在此协议框架下，私营部门提供基础设施资产以及以基础设施为基础的服务，而这些在传统上是由政府来提供的。PPP 被广泛用于经济和社会基础设施工程，但它们主要用于修建和运营道路、桥梁和隧道、轻轨网络、机场及

---

①　European Investment Bank（2004）：The EIB's role in Public – Private Partnerships（PPPs），Retrieved June 4，2016，from http：//www.eib.org/attachments/thematic/eib_ppp_en.pdf.

②　Commission of the European Communities（2004）：Green Paper on Public – private Partnerships and Community Law on Public Contracts and Concessions，Retrieved June 4，2016，from http：//www.uniroma2.it/didattica/linguaggiogiuridico/deposito/INGLESE_lezione11.pdf.

空中交通指挥系统、监狱、自来水和环卫设备厂、医院、学校、以及公共建筑。无论对政府还是对私营部门来说，PPP模式都很有意义。对政府来说，私人注资可以支持日渐增长的基础设施投资，而无需立即增加政府借贷与债务，还可以成为政府税收的一种来源。与此同时，私营部门更高的管理水平以及它们的创新能力，可以提高绩效，这就可以转化为一个"质量更高、费用更低"的服务提供的完美组合。对于私营部门来说，PPP模式意味着拥有它们以前被排除在外的很多领域的商业机会。典型的PPP形式采用"设计－修建－注资－运营（DBFO）"框架，政府在该框架下指定某种它们希望私营部门来提供的服务，而后私营合作方就专为此目的设计并建立资产，注资给修建过程，然后再运营这一资产。①

经合组织（Organisation for Economic Cooperation and Development, OECD）：PPP模式是利用资本资产的方式来为公共服务提供资金、并实现交付的方式，在该模式下，项目风险由公共和私营部门分担。一个PPP项目是指一个或多个私营合作方（包括运营方和注资方）与政府之间达成的长期协议，根据这一协议，私营合作方以一种实现了政府提供服务目标和私营方盈利目标一致的方式来提供服务，这种一致的有效性取决于风险是否充分正确地转移给了私营合作方。在PPP模式下，政府规定它们对私营机构所提供服务的数量和质量方面的要求，私营合作方可能肩负了资本资产的设计、建设、注资、运营和管理的任务，以及向政府交付服务或者向使用该服务的公众交付服务的任务。私营合作方要么从政府那里获得连续的付款，要么直接对最终使用者收费，也可以综合使用这两种方式。该定义不包括诸如非营利公民群体、信托基金、教堂组织等参与到公共或半公共服务的生产和交付的那些非政府组织。②

世界银行（World Bank Institute）：PPP是指某个私营方和某个政府机构

---

① International Monetary Fund (2004): Public – Private Partnerships, Retrieved June 4, 2016, from https://www.imf.org/external/np/fad/2004/pifp/eng/031204.pdf.

② OECD (2011): From Lessons to Principles for the use of Public – Private Partnerships, Retrieved May 4, 2016, from http://www.oecd.org/gov/budgeting/48144872.pdf.

之间签订的长期合同，以提供公共资产或服务，在该合同中，私营方承担了重大的风险和管理责任，报酬与绩效相关。典型的 PPP 不包括服务合同或"交钥匙（turnkey）"建筑合同，这些合同下，公共部门在其后续过程中的作用很有限，通常被归类为公共采购工程、或者归类到公用事业民营化。①

南非政府：PPP 是指公共机构与私营方之间的一个商业交易，在该交易中，私营方承担的责任有：代表公共机构履行机构职能；以及/或者为其自身商业目的而获得国有资产的使用权；承担与机构职能或使用国有资产相关的实质性的财务、技术和运营风险；以及通过履行机构职能或利用国有资产获得收益，获得收益的方式还有由政府机构从税收中支付款项，或者若该机构是全国性的政府企业或省级政府企业，则从该机构的收入中支付，此外，私营合作方也可以通过对使用者或顾客收费来获得收益。PPP 不是简单的职能外包，在那种情况中，实质的财务、技术和运营风险仍然由政府承担；PPP 不是私营合作方的公益捐赠；PPP 不是国有资产或债务的民营化或剥离（divesture）；PPP 不是通过创建一个国有企业而使公共职能商业化；PPP 不构成政府借贷。②

英国政府：PPP 是代表着公共和私营部门合作协议的典型模式，从最宽泛的意义来看，PPP 覆盖了涉及到公 – 私部门交集以协同工作以及共同分担风险来提供政策、服务和基础设施的所有合作形式。英国最常见的 PPP 类型就是 PFI，在 PFI 框架下，公共部门签订合同购买服务，通常从私营部门基于长期合同（大约 15 ~ 30 年）而进行的资产投资中获得。

标准普尔（Standard and Poor's）：PPP 是公共与私营部门之间长期合作关系的任何一种方式，PPP 包含了风险的分担，以跨部门技能、专家和资金作为回报来交付所需要的政策产出。③

---

① PPPIRC：What are Public Private Partnerships? Retrieved May 2, 2016, from http：//ppp. world-bank. org/public – private – partnership/overview/what – are – public – private – partnerships.

② National Treasury（2004）：South African Regulations for PPPs, Retrieved May 2, 2015, from http：//www. ppp. gov. za/Legal%20Aspects/PPP%20Manual/Module%2001. pdf.

③ OECD（2008）：Public – Private Partnerships：In Pursuit of Risk Sharing and Value for Money, OECD Publishing, 2008. p. 17.

中国国务院财政部、发展改革委、人民银行《关于在公共服务领域推广政府和社会资本合作模式的指导意见》：政府和社会资本合作模式是公共服务供给机制的重大创新，即政府采取竞争性方式择优选择具有投资、运营管理能力的社会资本，双方按照平等协商原则订立合同，明确责权利关系，由社会资本提供公共服务，政府依据公共服务绩效评价结果向社会资本支付相应对价，保证社会资本获得合理收益。

二、PPP 与其他相关概念

在实践中，存在着一种错误的趋势，即把 PPP 与其他几个相关概念混为一谈，然而，虽然 PPP 模式有许多不同的形式，而且与其他相关概念的确存在一些交叉部分，但它仍然是一个独立的、具有其自身特征的概念。

（一）PPP vs. 民营化

人们常常将 PPP 误解为民营化，或者是民营化的变体。的确，在民营化和 PPP 模式中，私营部门都参与了公共项目的建设或者提供公共服务，然而，在关键的特征和关键的操作流程上民营化和 PPP 之间仍然存在着很大的区别。

民营化的英文是 privatization，剑桥高级学习词典中对这一词语的解释是"如果政府要对其所拥有或控制的某个产业、某个公司或某项服务实施民营化，政府就将它们出售，使其变为私人拥有或私人控制"。民营化的初衷是政府引入和使用基于市场的竞争以由私营部门来提供公共服务或产品，它被公共机构广泛用为一种采购和服务交付的方式，包括签订合同、拨款、凭单、志愿服务、公私合作关系、私人捐赠、特许经营、服务撤出、放松管制以及资产出售。通常与工业企业或服务导向企业相关，包括电力、健康卫生、教育等，但也适用于任何国有资产，例如土地、公路，甚至取水权。如果民营化实施得当，它可以大幅提高公共利益、提高效益、促进创新、提供高质量的服务，还可以降低成本，提高政府运转效率。民营化最常见的方式就是出售资产，公共机构将公共资产出售或移交给私营部门，公共机构就不再需要对其履行注资、管理或监督的职责，而是成为了一个单一的规制主体。民营化可能导致的弊端是使得公共机构因为失去所有权而无法控制其收费体系的设置和安排，而且公共雇员也有可能因此而失去工作，或者有一部分可以直接转至私营机构工作。

美林公司（Merrill Lynch）通过对民营化进行分析，认为在确定一个收费公路或移交项目是否应该使用民营化的时候，应当符合以下几个特征：该资产或者企业不属于政府的核心职能；该公共机构的确处于严重的财政困境或者急需资金；在目前的所有权框架下，该资产或企业财务绩效不佳；该资产或企业有成熟的五年及以上的运营经验，在收入增长方面具备合理的弹性。[①]

PPP 与民营化在很多方面存在着相似性，例如二者都植根于一种管理哲学，即私营部门参与到公共项目或公共服务的交付有益于公共机构的运营以及财政状况。然而，PPP 与民营化存在着显著的区别，这些区别主要存在三个关键的领域：即所有权、结构、以及风险。

所有权在这里是指拥有和控制某个资产或服务企业的权利和利益。如果一个国有资产或设施被民营化，即意味着其所有权以及随之而来的一些内容例如运营和控制就被永久地、完全地转移到了私营部门。但在 PPP 模式下，公共机构保有该资产或企业的所有权，监督该资产的运营和管理，控制私营机构参与的总量。在 PPP 模式下，公共部门设置伙伴关系的范围和预期值，私营部门通过资本市场的方式来解决公共机构的需要。如果某个 PPP 项目无法达到伙伴关系建立时合同中所说的预期值，公共机构可以重新恢复对该企业或资产完全的控制。[②]

结构是指促进或推动民营化或 PPP 模式的最终合同安排。在民营化下，一旦一个资产或企业被出售，公共机构在其中就只能有限参与、甚至是不能

---

① Merrill Lynch: US Toll Road Privatization (2006): Uncovering Investment Opportunities in the Tax – exempt Market, New York: Merrill Lynch, p. 3.

② California Debt & Investment Advisory Commission (2007): Issue Brief Privatization vs. Public – Private Partnerships: A Comparative Analysis. Retrieved March 18, 2015, from http://www.treasurer.ca.gov/cdiac/publications/privatization.pdf.

再参与，最有可能的角色就是规制主体。但是在 PPP 模式下，合同安排的结构具有较大的弹性，公共部门和私营部门的合作方可以商议决定双方参与的程度，以既解决公共机构的需求，又保有公共机构的所有权。

风险是指财务或法律上的责任由恰当的主体来承担——公共机构、私营机构或双方根据合同条款分担。无论是民营化还是 PPP 模式，与资产或企业相关的一个主题就是与所有权、运营以及维护该资产或企业相关的风险，使之剩余寿命正常运转，或在合同期内正常运转。风险不只是指债务，还包括对民营化或 PPP 模式的概念上、运营中以及财务上的不确定性的责任分担，例如设计与建设费用、环保审批合规性、绩效以及顾客满意度等。公共机构所有并自己运营的基础设施工程使该机构担负了与该设施相关的所有风险。当一个资产或企业被民营化时，私人所有者就承担起所有相关的风险；而在 PPP 模式下，公共机构享有所有权，而私营机构拥有运营权，许多风险就可以转至私营部门，风险通常以可以最好地管理或防止风险发生的原则来分配给合作主体，共同承担。尤其是在资本改进项目中，私营合作方可能倾向于承担可以评估和控制的商业风险，而把其他的风险留给公共机构。[①]

此外，这二者之间还有一些区别，主要体现在以下几个方面：

在制度安排方面，民营化采取的形式是委托—代理关系；而 PPP 是基于相互信赖与配合的伙伴关系。

在目标方面，民营化的主要目标是改进效益，以提供更快更便宜的服务；而 PPP 关注的是效率、协力与产出质量。

在管理形式方面，民营化按照给定的项目规范进行项目管理，因此项目类的参数必须得以清晰界定；而 PPP 是一种过程管理的形式，强调共同的目标和以主体之间关系为导向的过程。如果处于一种对于解决方案、所需服务或者指定政策没有清晰认识的情况之下，人们会建议采用 PPP 模式，公共和私营部门会用其不同的认知来定义项目的参数。

---

① California Debt & Investment Advisory Commission (2007): Issue Brief Privatization vs. Public – Private Partnerships: A Comparative Analysis. Retrieved March 18, 2015, from http://www.treasurer.ca.gov/cdiac/publications/privatization.pdf.

在责任性方面，民营化下首先由公共部门出售资产以获得收益，并将公共服务提供的责任转移给了私营部门；而 PPP 模式下政府仍然需要向公民负责以提供公共服务，私营部门会因提供资产或设施而获得收益。

（二）PPP vs. 公共采购

公共采购是政府的一项主要经济活动，它所产生的巨额资金流在 GDP 中占有很大比例，从世界范围来看，大概平均占比 10% 到 15%。对政府而言，高效的公共采购体系能有效防止公共资金的滥用和浪费，然而公共采购也是一个最容易发生欺诈和腐败的领域，世界经济论坛曾经做过一个调查，结果显示在 OECD 国家中，公共采购领域发生腐败的频率远高于税务、公用事业、以及司法系统这些领域。与 PPP 模式的情况相似，公共采购也没有统一的一个定义，联合国国际贸易法委员会（United Nations Commission on International Trade Law）将其定义为购买实体对商品、工程或服务的获取。OECD 在其《OECD 公共采购建议书》（OECD Recommendation on Public Procurement）中指出采购的初衷就是以迅速、经济、高效的方式来交付实现政府使命所必需的物品和服务，公共采购是一个过程，这个过程包括识别什么物品和服务是必需的，确定哪个个体或组织是供应该需求的最佳选择，确保所需物品和服务得以在准确地点准时地交付、且价格最优以及全流程符合公正公开的要求。还指出公共采购涉及到一整套相关活动，从需求评估、竞争、授权，到支付与合同管理，还有相关的监管与审计。《中华人民共和国政府采购法》的定义则是"本法所称政府采购，是指各级国家机关、事业单位和团体组织，使用财政性资金采购依法制定的集中采购目录以内的或者采购限额标准以上的货物、工程和服务的行为"。根据定义，公共采购的主体具有公共性，代表公共利益，采购的资金来源于公共财政，采购的过程具有法定性。公共采购与 PPP 模式存在着以下一些区别：

在 PPP 模式下，一个项目的所有环节和阶段都由一个单一的合同方承担；然而在公共采购模式下，每个阶段的工程实施都有可能用合同外包给不同的合同方。因此在公共采购模式下，承包方缺少内在的动力去关注工程质量，而是把关注的重点放在降低成本方面。

在 PPP 模式下，工程的成本是提前决定的，政府仅仅在项目产出如约交付的时候才支付总额，而且在很多项目中，可能政府完全不需要支付任何的费用；但在公共采购模式下，政府需要根据最初的预算对采购的项目进行付费，而且一旦项目完成后政府需要承担该资产所有的相关费用，通常在项目进行中就开始按照规定价格付费。

采用 PPP 模式的项目大多需求非常复杂，难以用一个单一的采购文件来完整描述，通常最终的呈现形式是一个合同体系，囊括了该项目的全生命流程，因此对双方履行合同的法律要求较高，所需时间也较长；而公共采购在符合法律法规规定的前提下与承接主体签订合同即可，与 PPP 模式相比，程序及流程都较为简单，时间较短。

在我国，财政部于 2014 年发布实施的《政府和社会资本合作项目政府采购管理办法》财库〔2014〕215 号，将政府和社会资本合作项目（PPP 项目）纳入到政府采购的范畴，该管理办法第 2 条规定，"本办法所称 PPP 项目采购，是指政府为达成权利义务平衡、物有所值的 PPP 项目合同，遵循公开、公平、公正和诚实信用原则，按照相关法规要求完成 PPP 项目识别和准备等前期工作后，依法选择社会资本合作者的过程。PPP 项目实施机构（采购人）在项目实施过程中选择合作社会资本（供应商），适用本办法"。虽然 PPP 模式在我国被纳入政府采购范畴，属于政府采购的一种模式，其采购主体与公共采购一致，都是国家机关、事业单位和群团组织，但其项目资金并非全部来自于财政性资金，在 PPP 模式中，除了政府财政投入以外，还有社会资本，此外，在这些相关规定中，只是强调了 PPP 项目的采购过程，但与项目相关的项目执行、项目移交等却没有规定。

（三）其他与 PPP 相似的契约形式

除了 PPP 以外，政府与私营企业签订了很多种类的契约，这些不同形式的契约也具有 PPP 模式的典型特征——例如是长期性的、基于产出的、或绩效关联的，等等。这些契约形式包括以下几种：

管理协议。管理协议的绩效指标和要求与 PPP 模式非常相似，然而，这些管理协议的持续时间通常都比 PPP 协议时间短一些，也通常不会涉及到带有借着偿罚方案而设定的绩效激励的大规模私人资本投资。《世界银行关于水量调控的注释》（World Bank's explanatory notes on water regulation）详细阐述了水利部门如何使用管理协议的模式。此外，期限较短的运营和维护以及基于绩效的维护协议也不属于 PPP 模式。

融资租赁协议。这类协议主要用于提供公共资产。但是这类协议转移至私营方的风险大大少于 PPP 模式。

政社信息共享机制。例如在美国，"反医保欺诈公私伙伴关系"就涉及到联邦政府、各州官员、以及一些主要的医疗保险组织、以及其他的医保反欺诈集团。

私营公司实施的以公共利益为指向的志愿性活动，且与相关的政府机构合作，例如一些附加于大型外商直接投资项目的社区医疗或教育项目。

慈善性质的公共投资项目中的私人注资，其中可能也涉及到私营机构参与项目执行。

政府与私营部门联合实施的研究及创新项目，成立的目的是充分利用公私两个部门的技能和信息。

旨在促进私营部门整体发展的政府干涉行动，例如向那些纯私营且不参与提供公共服务的企业提供土地、资产、债务、资产净值或担保。

诚然，这些契约形式在某些方面与 PPP 模式具有相似性，但在实质上，它们并不是 PPP 模式，无论是在项目期限、项目目标还是法律地位，这些协议都不同于 PPP 模式下的协议。

三、PPP 的优势与意义

在全世界范围内都存在着逐渐增长的基础设施供给不足问题，尤其是在发展中国家中，基础服务无法满足需求，由此就导致了堵塞或者服务配给现象，此外基础服务中存在的问题还有低质量、不可靠，以及很多领域出现的无服务现象。这种现象反映出各国政府目前所面临的一些困境和挑战：首先，大多数国家都在提供所需的基础服务方面支出不足。第二，在基础服务工程方面，规划不足、合作不足、分析不足，追求政治目标，贪污腐败，有限的资源却被用到了错误的工程上去。第三，基础设施资产和服务的提供常常令人失望——新设施的修建花费更多、时间更长、服务交付不力。第四，基础设施资产没有得到良好的维护，花费逐渐增长，回报逐渐下降。

PPP 模式被看作是解决上述问题的一剂良方，它具有独特的优势，且为公共部门、私营部门以及公众提供了一种"三赢"的问题解决方案。

（一）PPP 模式的优势

作为一种发生在基础设施建设领域的制度创新，PPP 模式在全球产生了深刻的社会影响，达霖·格里姆赛（Darrin Grimsey）和莫文·K. 刘易斯（Mervyn K. Lewis）将之称为"基础设施领域的革命"，虽然 PPP 模式不能解决公共采购领域和基础设施领域的所有难题，然而，如果使用得当、管理得当，它的确为公共部门提供了许多宝贵的机会和资源，能够充分发挥其所具有的独特优势：

1. "物有所值"（Value for Money）

PPP 模式最显著的优势体现在创设、使用、强调"物有所值"的理念。物有所值就意味着，同样是交付一个公共项目，PPP 模式可以用比传统公共采购更低的价格提供同样质量的物品或服务，或者以同样的费用提供更高质量的物品或服务。PPP 模式具有"物有所值"所需的六个主要驱动因素，包括：

（1）风险转移。风险可以以最低成本来转移给最擅长管理风险的一方，风险转移确保参与的各方将会保守估算其收益与成本。因此，PPP 项目需要一个非常详尽的项目风险分析，以提高各方对于项目风险的共同认识。

（2）基于产出的说明。在传统的公共采购中，通常各方只详细说明投入，然后描述将要提供服务的某个项目。在 PPP 项目中，产出就是公共物品或服务，详细说明作为产出的项目结果要求不断的创新。公共部门认为很难精确表达它们的产出要求，事实上对于私营部门而言，公共部门只要付费，就可以得到任何它们想要的产出，但私营部门在竞价方面的技巧却使得以更低的价格获得同样合理的产出成为可能。

（3）合同的长期性（包括全生命周期成本）。资产资本投资通常用于购买最便宜的服务，在一个时期以后，需要花费大量的资本来维护该资产，在很多极端的案例中，最后不得不被取消。然而，PPP 项目合同的长期性为服务提供者提供了更长的时间来在允许服务生产者降低年费的前提下收回其投资成本，也为服务生产者提供了机会来深入运营该项目，使之成为效率增益的一个源泉；此外，通过让生产者对何时进行资产更新从而产生资本支出的问题作出更好的判断，使得政府可以更轻松地将技术风险转移给生产者。在 PPP 项目中，为了实现成本效益，合同中必须包括绩效机制和支付体系，如有一方违约、主动终止或不可抗力，则可以提前终止合同，合同必须能够应对未来的环境变化。当然，长期的合同也可能带来一些问题，例如它使得生产商没有太多的压力来降低成本和提高质量。

（4）绩效评估和激励机制。PPP 项目将绩效与支付联系起来，使得服务生产者有了按照产出说明中所要求的标准进行交付的终极动力，由支付机制所激励的绩效评估方式反映出转移给私营部门的风险。政府需要保留一些内部条款，以作为知识库来实现对合同的合理监管。如果私营部门没有按照合同来履行，则支付机制通常就意味着扣款，这导致了承包方会开出比他们应当开出的价格更高的价格，以确保它们可以承担偶尔的犯错，因此对于他们来说，目标成本方式可能更好，这样就可以以开放式成本的方式来协商所有的成本，当目标成本被超过的时候，承包商和顾客可以分担损失。

（5）私营部门的管理技巧。私营部门的管理技能使得该工程或项目可以提前或准时交付。通过使用 PPP 来进行基础设施投资，政府可以掌握到新的技能，可以在私营部门承担风险的前提下获得重要的研发途径，且对这些途径进行初期的测试。一个有效的 PPP 项目，能使政府获得更低的费用、水平相当或更高的服务质量、对公用事业更佳的认识、更低的税收以及更高的科技水平等收益，这些收益可以直接转移至消费者。

（6）竞争。在一个通常由公共部门垄断的领域引入竞争的优势包括价格更低、革新加快、投资增加和服务提高。政府可以选择多种方式来创建竞争性采购：服务合同、管理合同、租赁和特许经营。PPP 模式将所有的相关活动都整合起来，因此用一个单一的竞争取代了其他模式下的多个竞争。对于政府而言，在竞争以及协商长度和成本之间需要进行取舍，保证竞争的最好方法就是在过程中尽早阐明政府想要的产出，以避免在协商过程中发生太多的变化。

"物有所值"其他的驱动因素还包括：创新、政府与承包商的利益关系、公共部门项目管理能力、公共部门比较体（public sector comparator）[1]、对公共部门和竞标者的建议质量、过程的透明度、资本成本、交易流、公共部门执行、公布隐匿资产价值、项目捆绑、第三方金融家的参与等等。[2]

2. 减少财政负担

大规模基础设施建设以及由此带来的政府的财政负担使得 PPP 模式广受欢迎，而 PPP 模式也的确证明了它能够在很大程度上减少政府的财政负担，给政府更多的自由度来将财政支出分配在一些非基础设施项目的投资上。在 PPP 模式下，私营投资方为项目建设注资，然后从服务收费中得到回报，或直接从项目收益中得到回报，因此当公共机构不想或者不能增加其直接借贷金额的时候，PPP 模式就使得很多的基础设施建设项目成为可能。而因为一个个独立的项目成为可能，公共部门就能够用这种模式采购更多的项目，用较长时期来融资，这样政府就不再受限于短期的预算和财政束缚，而可以更多地考虑长期的发展目标。尤其是对于那些没有直接借贷权限、但有权签订长期协议的公共机构来说，PPP 模式是解决它们发展障碍的一个非常实际的路径。

根据统计，自 1994 年起，私营部门在欧洲、澳大利亚和加拿大投资了大约 2600 亿美元的资金，PPP 模式使得政府有机会得到大量的额外资金，

---

① 公共部门比较体——public sector comparator（PSC），是政府在选择合适的公共工程提供方的时候常用的一种工具，测量一个将要被注资、但由政府所有和执行的项目的假设性风险调整成本，"政府通过测试某个私人投资计划与最有效的公共采购形式相比是否实现了'物有所值'来作出决策。英国、澳大利亚、加拿大以及香港特别行政区政府常用该工具。See Wikipedia, "Public sector comparator". Retrieved June 5, 2014, from http: //en. wikipedia. org/wiki/Public_ sector_ comparator.

② See G. W. E. B. van Herpen (2002): Public Private Partnerships, the Advantages and Disadvantages Examined. Retrieved March 16, 2016, from http: //abstracts. aetransport. org/conference/index/id/8.

以股权融资和债务融资的形式。私营部门的资本所带来的收益不仅仅是现金流，还包括私营部门投资所带来的所有益处：

借贷方在某种程度上来说是为公共部门做了他们的工作，借贷方对交易提出严格的尽职要求，例如指定技术尽责咨询专家来确保所有的支出都表现强劲，这样所有的收益预测都确实实现，且为工程的维护和翻新而储备的资金都得到审慎保存；

借贷方将会要求定期汇报信息以识别和预防可能会发生的问题，采取预防措施，因此任何困难都应预先汇报；

项目公司的股权控制与对普通私营公司的股权控制是一样的，对业绩不佳的管理会很快被识别出来，然后被替代或增补；

PPP 模式的支付结构意味着借贷方及其投资回报率只有在项目成功地完成且顺利地运营的前提下才可以得到保证，因此所需动力也与公共部门负责的部分密切相关。[①]

3. 对私营部门技术的充分利用

在传统的公共采购模式下，私营部门只负责按照预算和时间安排来交付某项资产，然而，PPP 模式对私营部门提出的要求更高，包括：

（1）准时地在预算内交付资产；

（2）确保交付资产的服务水平达到了公共部门所要求的水平；

（3）私营部门要负责管理该项目的整体交付；

（4）私营部门应当确保已经采购的单个资产以及项目的其他要素密切合作以实现成功的服务交付。例如铁路部门的"系统集成风险"，要求确保信号系统、运行车辆以及铁轨无缝衔接，这对项目来说是一个关键的风险；

（5）私营部门需要在效益基础上维护和翻新项目资产，以确保所交付服务能够长期持续保持在顾客满意的水平上。

这些要求使得 PPP 项目能够极大地从私营部门的技术方面获益。在考虑

[①] See Pricewaterhouse Coopers (2005): Delivering the PPP Promise: A Review of PPP Issues and Activity. Retrieved March 12, 2016, from http://www.pwc.com/gx/en/government – infrastructure/pdf/prom-isereport.pdf.

到是否要采用 PPP 模式时，公共部门需要回顾其自身的服务交付记录，项目是否及时地在预算内得以交付？系统集成风险是否得到了合理的管控？是否引入了高效的项目管理工具？在引入私营部门的合作方以后，公共部门是否就具有了高效管理和维护资产的技能和资源？通常的情况是，公共部门机构内部本身不具备在较长期限内交付项目且合理维护的能力，这是由于其自身属性，而非故意不作为。可能是因为他们较少进行采购项目，因此缺少实施项目所必须的技巧和培训，也没有拥有这样的内部能力的必要。在这样的状况下，在项目周期内尽量地借用私营部门的外部能力是最有价值的，尤其是该私营合作方在这方面已具备丰富经验、且多次在全国乃至全球交付工程项目。

4. 成本效益和时间效益

PPP 模式可以产生成本效益，这是不断增长的竞争、风险转移的份额增加、某项工程的各个方面更密切的整合、全周期成本以及不断革新的自然结果。在 PPP 模式下，因为设计方与建筑方在项目全周期都担负着财务风险，它们在设计特征以及建筑标准方面就具备了内在的激励机制，从而使他们在长期维护成本和运营要求方面得到最佳利用。与传统的公共采购过程相比，它们显然具备了更强的激励因素。但如何得到最佳利用、以及最佳利用能达到何种程度，取决于一系列因素：例如公共机构对建筑方式、长期维护以及运营要求的认知程度，给予 PPP 联营企业更改设计和革新的范围等等。PPP 模式可以更好地进行成本估算，例如通常政府在进行成本估算时不会考虑到的沉没成本，在 PPP 项目中变得显而易见，它包含了公务员的人力成本、项目周期内的维护成本以及一些杂项开支。此外，还有一些内部管理费用、自我保险费用、未来的维护费用以及技术陈旧产生的成本。[①]

另外，PPP 模式可以减少交付时间，这一方面来自于私营方尽快获得收益、尽快地获得 PPP 项目的经验的强大动力，另一方面，是因为项目的参与

---

① See G. W. E. B. van Herpen (2002): Public Private Partnerships, the Advantages and Disadvantages Examined. Retrieved March 16, 2016, from http://abstracts.aetransport.org/conference/index/id/8.

各方的学习曲线（learning curve）的客观存在，在 PPP 项目实施的过程中，各方都在经验和教训中不断学习和成长，从而客观提高了效率。私营部门受利益驱动，且需要对其股东负责，确保收益不会因越来越高的利息费用和由延迟完成项目导致的收入减少而降低；而对公共部门而言，项目延迟完成也许不会产生同样直接的经济后果。

然而，与 PPP 项目的整体时间相比，交付时间的减少看起来不那么明显，PPP 合同的有效期通常都较长，前期的竞标、协商等流程将会花费大量的时间，可能会因为公众反对项目、各样的审查等等而不断推迟，因此，减少交付时间的优势主要涉及的是设计和建设阶段。①

此外，PPP 模式的优势还表现在其他一些方面，例如：

PPP 模式可以靠着更好的评估和市场参与来提高项目的市场利率和容量，它使得项目类型和数量与私营部门容量更为匹配，尤其是当单个项目可能规模太小或者市场上太少见而无法引起投资兴趣的时候，就显得更为有利了；

PPP 模式可以使得公共部门在其内部开始加强其部门专业性，更有效地沟通和管理项目。在公共部门的专业性非常有限的时候，这个优势非常重要，尤其是对采购部门一级、项目需要更优配置专业技能的时候；

PPP 模式有利于发展高效的以项目为中心的标准文件和方法，这些可以广泛用于各种项目，加快交易进度，因而可以极大地降低成本；

PPP 模式能更有效地进行议题管理，例如利益相关者参与以及获得资金来源，从而有益于项目整体；

PPP 模式可以更好地在项目中实现数据和经验共享，例如成本数据的收集和共享、风险分担问题上的市场反馈等等，从而帮助随后的那些项目得到更好的规划和设计，采购也更高效优质。

PPP 模式还可以促进跨政府的合作，PPP 项目能够将各个有着不同目标

---

① See G. W. E. B. van Herpen（2002）：Public Private Partnerships, the Advantages and Disadvantages Examined. Retrieved March 16, 2016, from http：//abstracts. aetransport. org/conference/index/id/8.

和优先次序的公共部门实体整合到一起，在共同的项目目标指导下形成一种更为有效的合作关系，各司其职、各负其责。

（二）PPP 模式的意义

如前所述，PPP 模式为公共部门、私营部门以及公众提供了一种"三赢"的问题解决方案，因此，对于这三方来说，它都具有深刻的意义和影响。

1. PPP 模式对公共部门的意义

对公共部门而言。PPP 使得公共部门能够在提供公共服务的过程中更好地实现"物有所值（value for money）"；将其角色从公共服务的提供者转变为公共服务的购买者以后，政府可以更集中精力来进行公共政策的制定和规制；此外，借着与私营部门的亲密合作，政府可以提高效益、收获其他的好处，例如：

私营部门的专业技能和竞争优势。PPP 使得政府得以充分利用私营部门的专业技能、创新和竞争优势来提供公共产品和服务。通过创新设计或商业连赢，可以提高质量、优化成本效率。政府还可以利用私营部门的商业网络来使得资产利用率以及商业潜力最大化。

生命周期最优化带来的成本效率。与提供方签订 PPP 协议，把设计、修建、维护和运营的功能综合在该 PPP 项目之下，使得提供方有强大的动力来确保项目设计中融入了对运行和其他生命周期成本的考量。PPP 也为私营部门提供了一个审视设计规格和商业模式的机会，看是否有可能以更低的成本得到更大的产出。

最优的风险分担。在 PPP 项目中，政府和私营部门分担提供服务的风险，风险可能根据各方在管理和降低服务提供过程中风险的专业水平来划分。通常划分给私营部门的风险包括设计、建筑和资金风险，公共部门应当承担政治和规制风险，其他的风险例如需求、税收风险可能会划分给最适合承担的那一方。通过将资金风险转移给私营部门，政府得以更好地保障其未来的现金流。

2. PPP 模式对私营部门的意义

PPP 模式无疑为私营部门提供了更多的商业机会，在 PPP 项目中，私营方有机会参与到全过程的服务提供中，而在过去，这通常是由公共机构或者多个私营企业共同来实施的。

PPP 模式也使得私营方从只是依据特定的计划进行建筑进化到设计且提供创新性的解决方案。在提供公共服务方面，私营方有了更多的革新和提供有效解决方案的空间。此外，私营方也可以最大限度地利用其专业技能和商业网络来最大化利用项目的资产、提升其商业潜力。

私营企业在 PPP 项目中的参与为私营方提供了许多有价值的专业技能与经验，有可能极大地促进他们在 PPP 领域内的发展，也有可能帮助他们赢得更多的海外市场。

3. PPP 模式对公众的意义

PPP 模式整合了政府部门和私营部门的专业技能，来高质高效地满足公众的需求，政府决定选择 PPP 模式的时候，需要确保将公共利益作为一个重要的考量因素，确保用 PPP 模式来采购该项目不会与公共利益相对，确保某项目以 PPP 模式进行采购以后，接下来的采购和交付流程也都以公共利益为重。然而，在 PPP 项目中，使用者所支付的费用可能会比该设施由政府运营和管理时支付的费用要高，因为私营方需要收回其为了特许经营权而支付的费用以实现盈利。

PPP 模式对政府信息公开和服务的透明性提出了要求，采用 PPP 模式不得成为公众要求阅读查阅相关信息的障碍，在项目合理性论证、项目过程和产出方面，必须确保信息公开透明。在 PPP 模式下，政府需要确保私营方可以有效地满足公众需求，在私营方提供服务时有清晰的问责路径且公众清楚知道向谁查询服务并进行反馈。政府也需要确保在 PPP 项目中，公共安全、公共健康等不会受到损害，个人信息不会被泄露。

四、PPP 模式的挑战

PPP 模式因其特殊的经济、社会效益而在全球范围内得到推广和发展，然而，它仍只是一种工具，只能在某些特定问题上提供暂时的解决方案，而非一劳永逸，在其发展过程当中，它也的确面临了许多的挑战，同时也为其未来的发展和革新提供了机遇。

PPP 从理论到现实需要经历一个长期的过程，然而，从全球范围来看，大部分国家仍然处于 PPP 发展的第一阶段，即主要聚焦于确定政策框架、测试法律变量、开始建立市场，因此 PPP 的实际项目在数量上仍然较小，只有发展到了第三阶段，即具有各个阶段都得到了清晰界定、法律障碍已被去除、PPP 模式已被提炼过等特征，国家才将其目标转移到了更为复杂的项目和注资协议上。大多数国家中存在的一个极大的风险就是在公共机构还没有来得及提供必要的监管之前就过早将资产流动至私营方，政府应当警惕，在没有完全明白 PPP 如何发挥有效作用的时候不要快速开发 PPP 项目，否则很容易将在其他国家已经发生过的灾难重演。

（一）在条件不具备时就轻率采用 PPP 模式

由于政治或财政上的压力所驱使，有些政府会选择"跟风"，在条件不具备的情况下就轻率采用 PPP 模式，其结果可能是障碍和所费成本完全掩盖了 PPP 模式可能产生的效益。在探索是否对某个工程或项目采用 PPP 模式的时候，公共部门需要谨慎考虑以下因素：

第一，公共部门是否有足够的能力和技能去采用 PPP。事实上，不同的公共机构成功实施 PPP 采购模式的能力、技能可能相差甚远，新的交易所能查询的先例以及交易所依靠的法律框架在各个国家和地区之间也存在很大差别，就算是在一个国家内部的不同区域，也存在着较大的差别，尤其是在实施传统的公共采购都存在一定问题的时候，PPP 模式本身的复杂性更加重了这些问题。如果公共部门想要成功实施 PPP 项目、获取 PPP 模式本身的各种优势，那么在决定实施 PPP 模式之前，公共机构应当开发进入并实施"物有所值"所必需的能力，无论是在考虑何种特殊的公共物品或服务应当用这种方式采购的阶段还是在竞标阶段，都应具备这样的能力，以确保竞标比其他的公共采购替代方式能实现更大的价值。公共机构必须能够清楚地知道它们在 PPP 模式和传统公共采购模式之间做出了一个正确的选择。

第二，私营部门是否拥有足够的专业人士来确保 PPP 模式的实施。私营部门必须要能够提供符合效益和效率的服务，要证明私营部门拥有更高的管理水平来提供比现有的公共机构服务水平更高且收益更高的服务；存在数量足够多的私营部门竞标者，以确保有效竞争；在特定领域有对生命周期成本报价的相关经验；有足够的经验来管理和吸纳项目风险，以减少在他们的报价中存在大规模的风险溢价的可能性。然而，在公共部门发起某个 PPP 项目的初期，可能不太关注私营部门缺少专业人才的问题，一是因为为了该 PPP 项目，私营部门可能会大力发展和培养专业人才，二是因为国外或者其他部门的专业人才可能会因此被吸引进来。

第三，公共部门并不一定能将生命周期成本的风险转移给私营部门。生命周期成本风险的转移是 PPP 模式的一个主要优势，也是 PPP 项目实施中的关键一环，为了确保公共部门的最优价值，PPP 模式将生命周期成本的风险转移给私营部门，私营部门将因此得到授权来管理和维护相关资产，来保证以一定的价格交付服务。然而，在实际操作中，例如某项采购的资产无法分离或者它本身隶属于某个范围更广的体系，有可能就不太容易将生命周期风险转移给 PPP 项目的运营者，因为该资产隶属于一个更大的新体系，该体系又通常是由某个公共事业机构来维护，那么私营部门的竞标者就无法承担生命周期风险，而是由现有的公共事业机构来负责实施维护更符合成本效益的原则。

第四，PPP 模式并不一定能实现完全的风险转移。通常情况下 PPP 项目都由会选用高杠杆比率的特殊目的实体（Special Purpose Vehicle，SPV①）公司来建设，有高负债且资产净值较低的公司无法处理各种各样的风险。项目公司的架构设计就是为了解决一系列可能的不利变化，以不间断地筹集银行资金，然而额外的不利事件的发生对这种资本结构提出了挑战，由于这个因素的存在，没人敢保证一个特殊目的实体公司（SPV）就不会遇到财务困

---

① 特殊目的实体（Special Purpose Vehicle，SPV）是指带有负债结构和法律地位的附属子公司，这样即使其母公司破产了，该公司仍然需要承担法律义务。一般而言是专门作为置换以及其他的信用敏感衍生工具的相对方而设立的。

境。事实上特殊目的工具的财政稳健状况是以一系列的固定价格分包合同为基础的，但这些合同在风险转移以及分包合同默认支付的违约金方面都存在一定的局限，总是存在一些情况导致私营部门无法完成交付服务，而公共部门则不得不进行一个失败项目，以保证项目最终得以完成。在有些极端情况下，公共部门可能得到一个完成了一部分的项目或资产，无法按照要求交付服务，除非追加必要的开支。由此可见，在 PPP 项目中，虽然风险号称被转移出去了，但这个转移并不是彻底的、绝对的，在极端案例中，未完成的或绩效不佳的项目最终还是将风险转回给政府一方。当然，在 PPP 模式下，政府不应当试图把所有的风险都转移给私营部门，而只是将那些私营部门最善于管控的风险转移出去，对于项目中的一般风险、普通通货膨胀、GDP 的影响等风险，事实上政府的管控更为有效。[①]

（二）PPP 模式自身存在的缺陷

第一，PPP 模式的实施可能就意味着政府丧失了管理控制权。在 PPP 模式下，对产出的管理控制也移交给了私营部门，只要私营部门交付特定的服务项目，公共部门干涉项目管理以及交付方式的能力和途径就应当被严格地限制。虽然在 PPP 项目合约中，变通机制是一个重要的组成部分，所以公共部门仍可以干预项目进程，然而，要对合同内容进行任何变更需要得到所有相关参与方的同意，对于公共部门来说，这可能又导致了一笔可观的财政支出。这种责任的转移是刻意而审慎的，非常富有成效，它使得 PPP 项目的运营免受政治或行政的干扰，这些干扰常常会导致成本超支和时间延迟。

限制公共部门干涉的权限也有利于整体提高成本效益，因为任何对于项目的更改都会要求成本的增加，这就使得公共部门在想要干涉的时候，必须从成本要素来进行考虑这种更改是不是绝对必要的。这就意味着公共部门对公共部门服务的管理失去了日常控制，公共部门机构管理或更改某个项目以适应更大范围的公共部门服务的能力被削弱，公共部门自身在某一领域的专

074

---

① See Pricewaterhouse Coopers (2005): Delivering the PPP Promise: A Review of PPP Issues and Activity. Retrieved March 12, 2016, from http://www.pwc.com/gx/en/government - infrastructure/pdf/promisereport.pdf.

业技能得不到施展。

第二，PPP 模式可能耗时较长又费用较高。PPP 项目在很大程度上都得益于它在启动招标之前就有了结构合理且细节清晰的产出说明，在达到项目目标方面，这的确意义重大，尤其是与传统采购模式若过于仓促、则从一开始这一采购项目就界定不清、最终也会导致时间和资金都超出预算的情况相比，然而，从启动阶段到财务结算，它所耗费的时间相对较长，成本也相对较高。这里采用相对一词，是因为具体情况因国家和地区、以及不同领域的项目而不同。

（三）公共部门将需要增加财务成本

私营部门的加权融资成本，包括股权融资和债务融资在内，通常要比公共部门在未经风险调整的基础之上的债务成本高出 1 到 3 个百分点。[①] 与传统的公共采购相比，PPP 项目的总体财务成本有所增加，处于私营部门所带来的成本效益高于这一边际成本。如此就有正反两方面的观点需要思考。

支持的观点。支持的一方试图证明增加财务成本的合理性：一方面私营部门的财务反映出项目的特定风险，其成本所反映的是股权融资和债务融资的集合将会被要求承担项目的许多风险，因此通过这个边际成本就可以简单地识别出项目的固有风险。与之相对应的是，公共部门的财务成本是政府的整体可借贷率，因此无法反映出项目的风险。在风险发生的时候，没有足够的资产净值来承担风险，公共部门只能再拨款或者再借款来为项目完成提供足够资金。另一方面，过于关注财务的相对成本则失去了采用 PPP 模式的初衷。PPP 的初衷是为了确保项目在其生命周期内可以以最有效益的方式得以交付，私营部门受到激励来在预算内如期交付项目。私营部门的注资强化了对项目的约束，在这种情况下，PPP 模式所实现的成本效益将会大于任何的边际成本。

反对的观点。反对的一方对财务成本提出了质疑。他们认为公共部门的

---

① See Pricewaterhouse Coopers (2005): Delivering the PPP Promise: A Review of PPP Issues and Activity. Retrieved March 12, 2016, from http://www.pwc.com/gx/en/government - infrastructure/pdf/promisereport.pdf.

债务融资成本比率恰当，因为公共部门要负责项目的整体，所以其借贷率应当反映出该项目整体的风险，而非某个特定项目的风险；另外，私营部门的财务成本包含着针对与公共部门签订长期合同所产生风险的额外费用，如果公共部门自己对项目注资的话，这个费用就不会发生。

这两方所提出的观点都是基于对 PPP 项目本身的考量，都是对 PPP 某一个特征的阐述。我们所需要关注的是，事实上私营部门的财务成本的确高于公共部门的财务成本，问题的关键在于，它们的成本效益是否可以大于这些边际成本，公共部门也需要考虑到底私营部门的财务成本高多少是合适的，如果在项目风险上所支付的额外费用数额过于巨大，"物有所值"会受到极大折损。[1]

（四）PPP 模式在较长时期内相对缺乏弹性

在衡量由 PPP 模式相对严格的产出规定而产生的成本效益时，也应当一并衡量作出长期产出规定就代表着相对缺乏弹性。对于公共服务的许多领域而言，长期规划以及支出是恰当的，服务应当更改、费用应当变动的程度都相对有限，与特定的产出水平及规定挂钩的成本效益十分清晰。举例来说，交通规划都需要较长时间，与 GDP、城市发展、经济周期内的区域就业状况都密切相关。因此，对有的公共部门来说，在产出规定方面应当限制其频繁的变动，但是，在有些领域，却应当要求较大的弹性，在这种情况下一个作出长期产出规定的模式很难推行，或适得其反、影响效率，尤其是在市场变化很快的领域，例如医疗服务市场、电信电讯服务的提供。此外，PPP 项目采购必须通过竞争实现，考虑到相对于资产净值来说较低的债务成本，私营部门将会关注拥有尽可能高的债务水平。这又导致了高杠杆比率和相对缺乏弹性的 PPP 企业很难接受产出规定方面的较大变动，即使这样的变动很有必要。

---

[1] See Pricewaterhouse Coopers（2005）；Delivering the PPP Promise：A Review of PPP Issues and Activity. Retrieved March 12, 2016, from http：//www. pwc. com/gx/en/government – infrastructure/pdf/prom-isereport. pdf.

（五）其他的一些挑战

制度方面的挑战。在许多国家，PPP 项目很难实施，主要的原因就是需要确立制度、流程、程序来发展 PPP 项目，然而许多国家的确缺少有效运转的制度，例如公共和私营合作方之间持久的谈判期、达到项目目标的缓慢、风险分担中缺少弹性以及因为不必要的浪费而取消的许多项目等等。PPP 模式需要来自于政治领域的强有力的且稳定可见的支持。对于 PPP 模式中的任何一方来说，PPP 意味着一个长期的承诺，需要耗费大量的时间与资本去投资和实施一些工程或项目，如果没有来自于政治领域的强有力的、稳定的支持，没有一方敢随意进行这样的承诺。

专业技能方面的挑战，PPP 项目要求强而有力的公共部门可以以新的能力履行新的角色。稳定的 PPP 系统特别需要管理者不仅有能力建立合作关系、管理不同合作方的关系网，还要有能力进行谈判、合同管理和风险分析。从实际来看，要求私营方提供公共服务对政府官员提出了更高的要求，需要担负更多的责任。

此外，PPP 项目的实施中普遍存在着一些弊端和风险，例如：

高昂的交易费用，确定某个特定项目是否适合采用 PPP 模式的过程耗时、耗费较多，此外，沟通协商和起草 PPP 项目文件的费用也颇大。然而，这些费用都可以通过标准化的 PPP 过程和协议来减少。

更高的注资成本。在很多案例中，公共机构可能以比私营方更低的利率获得其他的注资。但是这个问题可以借由 PPP 结构本身的优势而解决，例如从项目整体的角度来看是获得了更低的成本和更高的效益。此外，PPP 项目本身也可以被有效构造，使得公共机构在获得注资的同时又将许多其他的风险分给了私营方。

政府丧失对运营过程的控制。在许多 PPP 结构中，政府将重大的控制权授予了项目中的私营方，然而，PPP 协议通常都给予政府机构外部监控和审计的权力以保证项目得以正确运营和管理。

政府失去长期稳定的税收来源。在这种依靠项目支付的安排中，政府会在签订 PPP 协议的时候得到一次性的支付，但却失去了与过去一样长期的、稳定的税收来源。然而，失去的税收来源无法在真空状态下进行估算，因为政府也因为 PPP 项目的实施不再支付该设施或服务的运营和维护费用。①

---

① 参见［英］达霖·格里姆赛（Darrin Grimsey）、［澳］莫文·K. 刘易斯（Mervyn K. Lewis）：《PPP 革命：公共服务中的政府和社会资本合作》，济邦咨询公司译，中国人民大学出版社 2016 年版，第 14～18 页。

第三章 ▌ PPP 的典型模式

PPP 在实践中有很多种模式，而且这个数量呈不断增长趋势，因为各个国家、地区对 PPP 有不同的理解和定义，会按照其自身的系统环境设计出具有不同特征的 PPP 项目，并根据现实状况的改变和发展而不断进行改进和创新，从而出现很多种新的模式，每种模式在责任和风险的分配上都采取了不同的方式。综观世界各国、各地区的 PPP 实践，最为常见和典型的有以下一些模式。

一、BOT（承建—运营—移交模式）

1984 年，土耳其总理奥扎尔率先提出 BOT 的概念，其出发点是将某些公共设施项目私营化，以解决当时土耳其政府兴建电厂资金不足的难题。随后，许多发展中国家都效仿土耳其，开始采用 BOT 模式，以加快其发展过程中的基础设施建设，大部分取得了良好的社会经济效益，进而引起了发达国家以及一些国际组织的重视。20 世纪 90 年代，国外资本和国内民营资本参与中国基础设施建设第一轮热潮中应用最多的、最常见的也是 BOT 模式。

（一）BOT 的定义与特征

1. BOT 的定义

BOT 即 Build – Operate – Transfer，中文为承建—运营—移交模式，总的来说，是指在签订了长期的特许合同以后，私营方设计、注资、承建新的公共设施，在合同规定的特许期限内，项目公司拥有公共设施项目的所有权，被允许向公共设施的使用者收取适当的费用，由此回收项目投资、经营和维护成本，并获得合理的回报，特许期满后，项目公司将设施无偿地或以较低的名义价格移交给公共部门。在 BOT 出现以后，一些权威组织也对其分别作出过定义。如：

联合国工业发展组织（United Nations Industrial Development Organization）

在其《基础设施发展中的 BOT 项目指南》（Guidelines for Infrastructure Development through Build – Operate – Transfer（BOT）Projects）中将 BOT 定义为"若缔约机构选择一个特权经营权获得者对某个基础设施进行注资和修建，并授权使该实体在一定时期内对其进行商业运营，到了合同期满时，将该设施移交给缔约机构。"

世界银行 PPP 资源中心将 BOT 定义为"这种模式常用于开发独立的而非整体的工程，通常是全新的或本来未开发过的（虽然也有可能涉及到翻新工程）。在 BOT 项目中，项目公司或运营商主要通过对公用设施或政府收费的途径来获得收入，并不是通过对消费者收费的途径。在英美法系国家，许多例如收费公路的项目被称为特许经营，这种项目也以新建为主，且与 BOT 模式具有很多的相似之处。"

我国《关于试办外商投资特许权项目审批管理有关问题的通知》中对 BOT 的定义是："本通知所称外商投资特许权项目，是指外商建设——运营——移交的基础设施项目。政府部门通过特许权协议，在规定的时间内，将项目授予外商为特许权项目成立的项目公司，由项目公司负责该项目的投融资、建设、运营和维护。特许期满，项目公司将特许权项目的设施无偿移交给政府部门。"

2. BOT 的特征

BOT 模式具有以下几个特征：

第一，BOT 项目所涉及的项目一般都是关系到国计民生的大型公共设施，其中又以水利、电力和交通等基础设施为主，按照 OECD 的观点都属于核心的物质基础设施，由此使得 BOT 模式得以运作的前提是政府的特许，BOT 的投资者与政府签订的特许合同是 BOT 系列合同的主要内容，一般通过这个特许合同规定 BOT 的投资者对 BOT 项目具有建设权和一定期限的运营权。

第二，BOT 项目参与主体广泛。包括政府、项目发起人、项目投资人、贷款方、原材料供应商、融资担保方和保险公司等，因此经济关系与法律关系都较为复杂。

第三，BOT 模式也是一种合同安排，即在政府与项目公司之间签订特许经营合同，在 BOT 模式下，虽然政府对项目的建设、运营都有监管的权力，但是在特许经营合同中，政府也同时是合同的一方当事人，与项目公司在法律上的地位与权利义务是平等的。[①]

第四，项目公司在项目建设完成以后的运营期内，其运营活动通常会受到特许权授予机构的直接支配与控制，例如经营体系、折扣计划、经营范围、营业时间、甚至包括定价等方面。

（二）BOT 的参与主体

BOT 模式下项目的实施会因组织结构的类型、项目的具体情况、所在国的政治经济法律框架以及项目承包商等诸多因素的影响而有所不同，但无论框架如何变化，一个 BOT 项目中都包括了以下几个参与主体。

1. 政府

这里所称的政府，包括中央或地方政府主管部门和相关职能部门，前者行使对项目的批准、监督职能，而后者则更多地涉及具体项目。政府在 BOT 项目中具有三重身份：既是公共基础设施的管理者，又是很多合同的一方当事人，此外，政府还是 BOT 项目的最终所有者。政府的相关部门批准 BOT 项目，进行公开招标和评标，授予私营机构以特许权，通常在特许权协议中，政府需承担相应的义务，如承诺将相关场地长期租赁给项目公司，并承担一定的风险，还提供一定的政策保证，当现有的政治经济法律框架与 BOT 的规则存在冲突的时候，或者当回报率无法满足成本收益的时候，政府须提供进一步的政策支持以保证项目实施。因此，政府对 BOT 模式的态度直接影响到项目的成败：政府决定是否发起某个项目、政府决定是否在该项目中采用 BOT 模式、政府对 BOT 工程的建设完成后的运营等进行监管，因此，对于投资人来说，政府提供的支持越多，投资人的风险就越小。[②]

---

① 参见余群舟：《基于风险分担的垃圾焚烧 BOT 项目特许期政府决策》，华中科技大学 2012 年博士学位论文。

② 参见刘省平：《BOT 项目融资理论与实务》，西安交通大学出版社 2002 年版，第 19～20 页。

2. 项目发起人

项目发起人可以是公司、实体或个人，他们首先向政府提出项目建议，取得项目特许权，并将各方参与者联系在一起，组建项目公司。由于 BOT 项目大多关系重大，因此常见的项目发起人有资信水平很高的跨国机构、项目所在国政府指定的机构、政府指定的企业或者多个与项目相关的公司组成的投资集团。在 BOT 模式中，由于特许经营的合同占据了关键性地位，所以也有人将 BOT 模式称为"特许权融资"模式。

在 BOT 融资期间，项目发起人在法律上既不拥有项目，也不经营项目，而是通过给予项目某些特许经营权和给予项目一定数额的从属性贷款或贷款担保作为项目建设、开发和融资安排的支持，项目发起人作为股东，应分担一定的项目开发费用，在制定 BOT 项目方案时，就应该明确债务与股本的比例，并作出一定的股本承诺，确保一旦工程建设资金不足时垫付不足资金，以避免建设因资金问题暂停以致延误。项目发起人拥有股东大会的投票权，以及特许协议中列出的资产转让条款所表明的权利。

3. 项目公司

项目公司是 BOT 项目的直接承办者和执行主体，是项目发起人为建设、经营某个基础设施项目而联络有关方面建立的自主经营、自负盈亏的公司或合营企业。在 BOT 项目中，项目公司处于中心地位，在项目准备阶段，项目公司负责选择各参与公司，签订合同；在项目建设阶段，项目公司选择总承包商，并委托咨询监理公司对总承包商的工作进行全面的监理；在项目经营阶段，项目公司组建综合性开发公司，按照原定协议对股东分红，向金融机构归还贷款；在项目移交阶段，项目公司负责向政府移交项目与其他开发的固定资产。项目公司是一个独立的法律实体，具有独立的法人资格，可采用契约式合营或股权式合资经营的形式来设立，但究竟采用何种方式设立，在很大程度上取决于所在国家或地区的制度框架。①

以深圳沙角 B 电厂 BOT 项目为例，香港合和电力（中国）有限公司作

---

① 参见刘省平：《BOT 项目融资理论与实务》，西安交通大学出版社 2002 年版，第 21 页。

为项目公司，负责筹集建厂资金并负责偿还，负责以商定的工程承包价完成世界先进水平的电厂建造，负责建成后的经营管理，也负责在合同期满后，电厂设备仍安全满发、稳定高效运行的情况下，无偿地移交给深圳方。

4. 债权人

BOT 项目的债权人主要是指项目融资过程中为项目提供资金的商业银行、金融机构、国际基金机构以及一些出口信贷机构，它可以是一家或几家商业银行，也可以是由几十家银行组成的银团。数量的多少主要取决于贷款风险和规模两个因素，如果贷款风险较高，例如政治局势动荡，通常也会导致多个债权人参与的局面，以分散风险；此外，BOT 项目越大，所需贷款越多，可能参与的债权人数量就越多，例如沙角 B 电厂的建设资金，是由香港万国宝通银行牵头的 36 家外国银行组成的银团贷款给香港合和公司的。

债权人应提供项目公司所需的所有贷款，并按照合同规定的时间、方式支付，当政府转让资产或进行资产抵押时，债权人拥有获取资产和抵押权的第一优先权；项目公司若想举新债必须先征得债权人的同意；债权人应获得合理的利息。债权人根据项目规模、项目公司的经营管理能力和资金状况、特许权合同的具体内容、以及政府支持程度进行分析，确定项目贷款方式和分期投入方案、以及是否需要发行债券，签订融资抵押担保协议。

5. 其他参与者

建筑承包商。在 BOT 模式的实践中，建筑承包商通常也是项目公司的股东之一，以便保证其能成为项目的总承包商，若项目公司股东中并没有建筑承包商，则由项目公司招标选择总承包商，负责项目的设计、施工、设备和采购等。BOT 建筑的承包商必须拥有很强的建设队伍和先进的技术，以确保其能按照合同规定的期限完成建设任务。通常为了保证建设进度，要求总承包商有良好的历史工程业绩，有强有力的担保人提供担保。项目建设过程中，项目公司委派咨询监理公司对总承包商的工作进行全面的监理，以保证项目的顺利实施以及竣工后的验收和性能测试，总承包商若因其自身原因未按照合同规定期限完成任务，或者虽然完成任务但未能通过竣工验收，则按照合同规定承担相应责任。

运营企业。在 BOT 项目中，项目企业可能会通过合同委托其他企业负责项目建成后的管理、收费、维修、保养等工作，或者负责特许合同中特许的其他开发，例如房地产、文娱体育、商业网点等。为保持项目运营管理的连续性，项目公司与运营商应签订长期合同，期限至少应等于还款期。运营商应当有较强的管理技术和管理水平，最好在 BOT 类项目方面有较丰富的管理经验。在运营过程中，项目公司每年都应对项目的运营成本进行预算，列出成本计划，限制运营商的总成本支出。对于成本超支或效益提高，应有相应的罚款和奖励制度。[①]

供应商。供应商负责供应项目公司所需的设备、燃料、原材料等。在特许期内，项目公司对于原材料的需求处于长期稳定的状态，因此在选择供应商的时候应该确保其具有良好的信誉和稳定的盈利能力，能提供至少不短于还贷期的一段时间内的燃料（原料），同时供应价格应在供应协议中明确注明，并由政府和金融机构对供应商进行担保。

保险公司。保险公司的责任是对项目运行中各参与方提供担保，提供特许合同中无法预计风险的保险，例如意外造成的建筑承包商风险、政治风险、整体责任风险等，由于这些风险不可预见性很强，因此对保险公司的财力、信用要求较高。

此外，还有负责 BOT 项目中的各类咨询的咨询公司，负责实际办理融资、债务、清偿、抵押等各项工作的代理银行等参与者。

在一个 BOT 项目中，众多的参与者以多个合同的方式彼此连接，最终形成一个庞大的法律合同体系，在这个体系下各方参与者都明确自己享有的权利、应当履行的义务，从而进行有效的合作，以最终实现 BOT 项目的总体目标，在项目实施过程中出现矛盾和争端则主要通过法律的途径去解决。

（三）BOT 的变体（variation）

在具体的实践中，BOT 模式因许多项目的内外部环境不同而从最初的"承建—运营—移交"模式衍生出多种变体，它们与标准的 BOT 模式在本质

---

① 参见刘省平：《BOT 项目融资理论与实务》，西安交通大学出版社 2002 年版，第 22 页。

上是一样的，同时也拥有其自身的特性。

1. BOOT

BOOT，即 Build – Own – Operate – Transfer（承建—所有—运营—移交模式），是指私营方获得一段时间的特许经营权以对某项公共设施注资、承建、运营，在该模式下，私营方向使用者收费，特许经营权的期限到期以后，所有权会转回至公共部门。BOOT 与 BOT 的区别体现为两方面：一是所有权的区别。BOOT 模式下，项目建成以后，私营方既拥有经营权、也拥有所有权，而 BOT 模式下只有经营权；二是时间期限上存在一定的差别，通常 BOOT 模式的特许合同期比标准 BOT 模式下的期限更长。

2. BOO

BOO，即 Build – Own – Operate（承建—所有—运营模式），是指私营方注资、承建、所有且永久性地运营某个公共设施或服务，在该模式下，最初的协议中即阐明了政府的约束和限制，政府通过持续的监管手段对该项目进行监督。

3. BLOT

BLOT，即 Build – Lease – Operate – Transfer（承建—出租—运营—移交模式），是指私营方获得了注资、设计、承建和运营某租赁设施的特许经营权，在交付租赁费用后，私营方可以在租赁期限内向使用者收费。

4. DBFO

DBFO，即 Design – Build – Finance – Operate（设计—承建—注资—运营模式），是指私营方在长期租赁合同之下来设计、注资且承建某个新的公共设施，且在合同期内运营该设施，在合同期结束后，私营方将该新的公共设施移交给公共部门。

5. BBO

BBO，即 Buy – Build – Operate（购买—承建—运营模式），是指将已有的公共资产转移给私营或者准公共实体，签订合同，确认该公共资产将在一个限定时期内得到更新换代和有效的运行，在转移期间，政府对该合同履行监管职责。例如 John. D. Finnerty 认为，很多公共设施建造质量欠佳的、拥堵的、损耗的道路、桥梁、机场都非常适合采用这种模式，他还认为 BBO 模式在未来将会越来越盛行，因为许多现在已有的或正在建设的公共设施将需要翻新或者扩大面积。①

6. DB

DB，即 Design – Build（设计—承建模式），是指私营方向公共机构提供项目的设计和承建部分，以节约时间、费用，也为项目质量提供了更有力的保障，且将项目的附加风险分散至私营方。与向公众负责的单一实体对其进行设计和承建的模式相比，设计—承建模式也减少了冲突的可能性，公共机构方拥有该公共资产，负责运营和维护。

7. FBOOT

FBOOT，即 Finance – Build – Own – Operate – Transfer（注资—承建—所有—运营—移交模式），与 BOOT 相比多了一个注资环节，即以注资为第一步，然后才考虑是否授予特许经营权。

此外，还有 BOOS（Build – Own – Operate – Sale，承建—所有—运营—出售模式），BOD（Build – Operate – Deliver，承建—运营—交付模式），BRT（Build – Rent – Transfer，承建—出租—移交模式），BOOST（Build – Own – Operate – Subsidize – Transfer，承建—所有—运营—补贴—移交模式）等等多种变体，在操作上存在一定的差异，但在实际运作中与典型的 BOT 模式并无本质差异，因此通常都将其看作是 BOT 的一种具体形式。

二、合同外包（Contracting）

20 世纪末开始，在私营部门的带动下，公共部门开始尝试并逐渐大量使用合同外包，从最初的楼道清扫、垃圾处理扩大到环境保护、社会保障、医疗服务等领域，在美国，99% 的政府实施过合同外包，据粗略计算，美国至少有 200 种服务是由承包商向政府提供的。政府青睐合同外包的模式，因为

---

① See John. D. Finnerty, Project Financing：Asset – Based Financial Engineering. Wiley & Sons, Inc. , Hoboken, New Jersey, 2006. p. 281.

在这种模式下，政府对公共物品和服务仍然保有完全的所有权与监管权，只是雇佣了私营供应商来实际地提供这些物品和服务。

（一）合同外包的定义与特征

1. 合同外包的定义

外包作为一种经济活动和经营方式，很早就被运用于企业的生产经营之中，在18世纪和19世纪的英格兰，一定数量的公共服务由私营部门签约承包，但是从19世纪中期开始到20世纪的最后20年，组织间交易的内在化成为主流，交易内在化强调企业通过内部组织体系以较低成本，在内部转移该优势的能力，并把这种能力当作企业对外直接投资的真正动因，从而导致向外部组织购买服务的行为逐渐被组织的内部生产所代替。[①] 然而，从20世纪八九十年代开始，在新的国际竞争中，之前所建立的大型综合企业无法证明它比结构上支离破碎但却相互合作、优势整合的企业网络更有效率，无论企业规模多么庞大，其内部资源都是有限的，都需要进行优化利用以提升整体竞争力，因此，外包模式出现复苏，并蔓延到公共部门。

从本质上来说，外包是企业的一种经营战略，是企业在内部资源稀缺有限的情况下，为了获得更大的竞争优势，集中精力做自己最擅长、对企业的战略地位最重要的业务，而将非核心业务交给其他在该领域更专业的企业去做，以实现资源利用的效益最大化。

根据萨瓦斯的观点，政府合同外包是指"政府和企业、非营利组织签订关于物品和服务的合同，在这些安排中，私营企业是生产者，政府是安排者，它付费给生产者"。经合组织（OECD）对政府合同外包的定义则是"当购买者（政府）向第三方（非政府组织）支付费用，要求它们完成在一个正式的、具有法律强制效力的协议（合同）中设定的任务"，"是指从外部购买产品和服务而不是在政府机构内部提供这种产品和服务，外包代表了在公共服务的管理和供应过程中，特别是直接民营化（例如所有权的变更）

---

① 参见句华：《公共服务中的市场机制 理论、方式与技术》，北京大学出版社2006年版，第74～76页。

不可能的时候，模仿市场的努力，其基本要理是要在服务供应商之间促进竞争。"①

合同外包的本质是将竞争和其他私营部门的制度安排引入公共服务部门，将原有的政府与消费者之间的直接关系转变为政府、承包商与消费者之间的三重委托代理关系，用一个拨款、采购和生产功能界限分明的体系来取代传统的公共服务供应体系。②

2. 合同外包的特征

概括地说，政府合同外包主要具有以下几方面的特征：

第一，购买者与提供者分离。在公共服务的传统提供方式中，政府既是公共服务的购买者又是生产者，这两种角色天然的矛盾性使得政府常常陷入两难境地：作为购买者，它必须反映被代理人也就是公民的需求；作为生产者，它一定会努力维护其自身的经济利益。然而在合同外包模式下，政府从提供者角色中剥离出来。在合同外包模式下，政府的理想角色是：公共物品和服务需求的确认者；精明的购买者；对所购物品和服务有经验的检查者和评估者；公平税赋的有效征收者；谨慎的支出者，适时适量对承包商进行支付。③

第二，政府管制下的市场竞争。在合同外包的过程中，政府履行其政策制定和公共管理的职能，有权依据法律法规对合同外包的全过程进行监督和管理，并在必要时施加直接的行政干预。合同外包的核心是把竞争机制引入公共物品和服务的供给过程中，用公共服务提供者多元化的方式打破先前的垄断格局，提升公共物品和服务提供的整体效益。此外，合同外包的合理实施将创造竞争并使其制度化，因此，在考虑实施合同外包的时候，政府需要确定几个潜在的竞争者，从而使得一种竞争的氛围形成，即使没有形成，也可以创造并维持。

---

① OECD (2010): Contracting out Government Functions and Services in Post – conflict and Fragile Situations, Retrieved September 1, 2014, from http://www.oecd – ilibrary.org/docserver/download/0310061e.pdf?. p. 16.

② 戴晶斌：《现代城市公私伙伴关系概论》，上海交通大学出版社 2008 年版，第 116～117 页。

③ E. S. 萨瓦斯：《民营化与公私部门的伙伴关系》，中国人民大学出版社 2002 年版，第 73 页。

第三，法律关系与行政关系并存。政府与私营部门签订合同，明确服务提供的具体要求以及双方的权利义务，建立起平等、自愿、互利的合同关系，但这并不意味着政府对承包商失去了监管，在整个合同履行的过程中，政府负责制定公共服务的质量标准和数量标准，设定制度框架，从而对私营部门的行为进行约束与监督。

第四，不涉及公共设施资产所有权的转让，承包商不承担投资义务和合同规定以外的风险。由于管理者或管理公司不拥有公用设施资产的所有权，因此，它不必承担投资义务和项目运营的商业风险。①

（二）合同外包的优势与挑战

合同外包作为一种契约关系，不仅可以理解为交易，更是塑造了一种关系，即如何做事的运营关系，因而合同外包的优势是显而易见的，然而，与其他模式一样，合同外包也同样存在着消极因素，面临着内外部的挑战。

1. 合同外包的优势

根据萨瓦斯的观点，若满足了合同外包有效实施的前提条件，即清晰界定工作任务、存在潜在的竞争者、政府能够监测承包商的工作绩效、合同文本中明确规定承包的条件和要求并能确保落实，那么合同外包的优势非常明显，他将其总结为：

第一，合同外包更有效率。可以利用竞争力量给无效率的生产者施以市场压力，可以摆脱政治的不当干预和影响，改善管理水平，管理决策与决策者的荣辱直接相关。

第二，合同外包可以使政府获得一些公共雇员缺乏的专门技能，同时可以突破薪酬方面的限制并摆脱过时的公务员法规的约束。

第三，合同外包有助于对新的社会需求及时作出反应，并使得新项目实施更加便利。

第四，合同外包有利于根据需求和资源的变化灵活地调节项目规模。

第五，合同外包可以避免大量资本的一次性支出；它把成本分散在不同

---

① 赵福军、汪海著：《中国PPP理论与实践研究》，中国财政经济出版社2015年版，第26页。

时间段，并保持在相对稳定和可预知的水平上。

第六，合同外包有助于实现规模经济，不受政府主管机构规模大小的约束。

第七，合同外包可以为政府的人力成本提供基准。

第八，合同外包把模糊不清的政府服务成本以承包价格的形式明确化，从而有助于强化管理。

第九，合同外包降低了对单一提供者的依赖，因此能减轻罢工、怠工和领导不当等对公共服务的负面影响。

第十，合同外包限制了政府雇佣人员的规模。

第十一，合同外包激励私营部门不断创新以满足社会需求。[①]

另外，OECD 对脆弱国家（fragile states）的合同外包进行了研究，认为在这些国家，合同外包具有以下优势：

第一，它能帮助能力不足、资源有限的国家避开直接提供服务的巨大需求，而是聚焦于规划、政策发展、设定规范与标准、监管等管理职能。

第二，在冲突后的疲软局势中，政府能力不足，非政府行为主体就成为了已有服务的主要提供者，合同外包可以为非政府行为主体提供者来设定且实施标准，从而有利于整合和优化现有的服务提供。

第三，它使得服务提供深入到地理位置较远的地区，在这些地区，国家结构较为松散，非政府行为主体可能更适合来交付服务。

第四，它有利于合作政府在公民和政府之间建立一定程度的社会契约，通过合同外包的方式凸显出政府的回应性和责任性。

第五，它有利于建立透明与负责任的制度与规制体系及程序。

第六，在冲突后的环境中，直到政府具备了足够的能力来直接提供服务之前，合同外包常被看作是填补服务提供方面暂时性的缺口的一种过渡策略。[②]

① 参见 E. S. 萨瓦斯：《民营化与公私部门的伙伴关系》，中国人民大学出版社 2002 年版，第 78～79 页。

② OECD (2010)：Contracting out Government Functions and Services in Post – conflict and Fragile Situations, Retrieved September 1, 2014, from http：//www. oecd – ilibrary. org/docserver/download/0310061e. pdf？. p. 16.

2. 合同外包的挑战

合同外包的方式的确为许多政府尤其是暂时能力不足以提供足够公共服务的政府带来了便利，但它也面临着很多方面的挑战。

第一，合同外包的方式在实践中遇到了挑战，要求政府证明将政府自身从服务交付或提供中撤出来不会导致其权力或权威的下降，认为外包可以通过提高公民满意度来使得政府更加稳固的论点值得商榷。

第二，合同外包有可能提高政府的成本。因为运用合同外包这一市场机制来改革公共服务需要成本，首先，一个合同的正常履行需要花费交易成本。交易成本起源于所有权的转移，是分散的所有权、私人财产和交易的产物。在一个完全集中决策的集体经济中，将不存在交易成本，而是被"管理成本"所代替。具体到公共服务的合同外包中，交易成本将包括寻找合适的承包商的费用、撰写合同及与承包商谈判的费用、由契约不完全而引发的不确定的成本、监督成本以及其他成本，例如实验成本，即政府为推行改革而进行的前期制度变革产生的成本等等。[①]

第三，合同外包将政治家或公务员与公共服务的交付脱离开来，有可能减少寻租或政治精英主义的机会，然而，从另一方面来看，如果外包方式结构不合理、合同不完善、实施或监管不得力，则会极大地增加腐败的几率。大量合同外包的实践表明，腐败问题充斥着整个合同外包的过程，形形色色的操纵投标过程、贿赂和回扣现象从来就没有被消除过。[②]

第四，合同外包公共服务可能存在负外部效应。公共服务合同外包后，政府的确购买到了想购买的产品与服务，但承包商在生产这些产品与服务的过程中可能产生一些负外部效应，对交易双方之外的第三者带来成本。如，进入 21 世纪，美国 2008 年联邦与州政府向私人监狱购买关押服刑人员服务呈发展态势，2000 年关押在私人监狱的服刑人员为 87369 人，2008 年为 128524 人；但私人逐利性与公共目标之间的冲突，带来了公共安全隐患，由

---

① 参见句华：《公共服务中的市场机制 理论、方式与技术》，北京大学出版社 2006 年版，第 81～82 页。

② 詹国彬：《公共服务合同外包的理论逻辑与风险控制》，载《马克思主义与现实》2011 年第 5 期。

此增加政府额外支出，损害政府公信力。[①]

（三）合同外包的范围与类型

1. 合同外包的范围

OECD 在 1997 年进行了一项调查，显示出合同外包在各个国家公共部门中的应用范围十分广泛：从美国印第安纳波利斯市的国际机场的运营、英国国税局的信息技术业务，到澳大利亚人事部、教育部、培训与青年事务部的案例管理服务、丹麦哥本哈根国立医院的楼宇清洁服务、土耳其财政部的膳食服务、再到新西兰审计署的内部审计职能，荷兰税务与海关总署的印刷服务，以及冰岛政府对残疾儿童的庇护等，合同外包几乎无处不在，公私部门的传统边界已近模糊。[②]

在合同外包的实践中，有一种疑惑一直存在，就是到底什么可以外包、什么不可以外包。争论的焦点在于厘清政府的核心职能，关于政府的核心职能存在着共识，即政府的主要精力应放在以下领域：执法、保护民众、司法与争端解决、增加和扩大财政收入、提供基本公共服务、推动经济发展。然而，不同国家的民众对政府应该做什么有着不同的预期，这种预期因政府角色、历史表现以及国家与公民之间的互动关系而迥异。[③] 合同外包所涉及到的职能和服务越少影响到政府权威，则该合同外包就越少受到争议。而当服务明确具体、独立且可测量的时候，就比在那些多面向的复杂服务更容易实施合同外包的方式。举例来说，将出生登记服务的提供外包出去就要比将建立和运营整个健康信息系统的服务外包出去简单得多。然而，在一些国家尤其是脆弱国家中，合同外包的范围通常更多地被需求所驱动，如果政府能力不足而民众对核心职能和服务又需求旺盛，那就意味着可能所有的职能都可以通过合同外包出去。

---

① 宋世明：《美国政府公共服务市场化的基本经验教训》，载《国家行政学院学报》2016 年第 4 期。

② 参见句华：《公共服务中的市场机制 理论、方式与技术》，北京大学出版社 2006 年版，第 94 页。

③ See OECD（2010）：Contracting out Government Functions and Services in Post - conflict and Fragile Situations，Retrieved September 1，2014，from http：//www. oecd - ilibrary. org/docserver/download/0310061e. pdf? p. 35.

按照 OECD 的观点，可以将政府职能划分为三种，即政策制定、内部行政管理、服务交付，合同外包在这三种职能中的适用性和具体内涵上都存在一定的区别，如表 3.1：

表 3.1　合同外包的范围

政策制定	内部行政管理	服务交付
不太适合（合同外包）		较为适合（合同外包） →
· 将单一任务在短时期内实施专业技术外包 · 但政府保持对决策的控制	· 将单一任务在短时期内实施专业技术外包 · 将政府在某项任务中的绩效能力建设实施长期外包	· 短期至中长期的合同外包 · 但政府保留决策和监管职能

资料来源：OECD（2010）：Contracting out Government Functions and Services in Post-conflict and Fragile Situations，Retrieved September 1，2014，from http：//www. oecd-ilibrary. org/docserver/download/0310061e. pdf? p. 37.

凯文·莱弗里（Kevin Lavery）认为合同外包的职能和服务需限定在以下几个条件范围之内：

第一，服务是硬性的，即服务的要求和标准能够被清晰地表述；

第二，监督成本不是很高；

第三，存在一个提供服务的竞争性市场。

他进一步指出，根据这三项条件分析，在公共服务中，垃圾处理是最适宜合同外包的公共服务领域，而图书馆服务属于相对不适宜的领域。①

在合同外包的范围这一问题上，各方意见相持不下，讨论从未停止，然而，无论观点如何，各国在实践中采取或收紧或扩大的策略，不断地进行着各种尝试与创新，各国国情不同，无法确定哪种服务适合外包、哪种不适合，每个案例都应当置于具体的环境下进行具体的分析与考量。

---

① See Kevin Lavery（1999），*Smart Contracting for Local Government Services*，Praeger Publishers. pp. 11 – 13.

2. 合同外包的类型

合同外包在实践中有很多种类型，但使用得最为频繁、最为常见的类型有三种：

·管理合同。是指非政府主体运营和管理公有的企业、组织或设施的一种结构安排。例如，它可能包括对健康设施或水资源公司的管理。管理合同常被用于政府自身运营时效益不高的领域。

·服务合同。是为了提高政府运营职能而设计的一项特定技术任务而签订的合同。例如医院清洁或者自来水计费系统。

·工程/供应合同。一次性合同或现货合同，通常用于建筑或服务提供，例如药品供应。这种合同是一种简易类型，因为它们通常都是短期的，而且最容易感知，也最容易评估。

OECD 在一份报告中对合同外包这三种类型的特点进行了归纳，见表 3.2：

表 3.2 合同外包的类型

合同类型（时间期限）	资产所有权	运营体系	活动类型	举例
管理合同（3 - 5 年）	公有	私营	短期内完成管理任务	自来水公司管理，道路维护
服务合同（<3 年）	公有	私营或特定服务机构	特定技术任务	医院清洁，自来水计费系统，信息或薪酬系统支持
工程/供应合同（一次性）	公有	公共以及私营投入	一次性（建筑或供应）	建筑工程，培训，药品供应

资料来源：OECD（2010）：Contracting out Government Functions and Services in Post - conflict and Fragile Situations, Retrieved September 1, 2014, from http：//www. oecd - ili-brary. org/docserver/download/0310061e. pdf? pp. 38, 151.

此外，还有一种也被看作是合同外包的类型，但通常在研究的时候会将其独立出来，即特许经营合同外包，通常所涉及到的都是长时期（10 ~ 30 年）的管理和运营合同，常见的案例有医院管理以及城市供水系统等。

三、PPP 的其他常见形式

综观各国的实践，还有一些类型是在 PPP 实践中较为常见的，例如：

（一）出租—开发—运营模式（LDO）

出租—开发—运营模式，即 Lease – Develop – Operate（LDO），是指在合作合同框架内，私营方从公共部门租赁或者购买某个已经存在的公共设施，投入一定的资金对其进行更新、升级，并扩充该设施，然后根据与公共部门的合同对其进行运行。许多不同类型的城市交通设施采用的是 LDO 模式，例如多伦多新机场航站楼的运营和管理、以及吉隆坡高速公路的收费系统。

（二）注资模式（Finance Only）

注资模式，即 Finance Only，是指私营方对公共设施的建设或者扩展进行注资，以获得在该地点修建住宅、商场以及工业设施的权利。私营方在政府的监督之下注入资本或者运营该设施，私营方获得使用该设施的权利而且可以从使用者收费中获得收益。

（三）运营 & 维护协议（O&M）

运营 & 维护协议，即 Operation & Maintenance Contract（O&M），是指私营方根据合同在特定期限内对公共设施实施运营，该设施的所有权以及整体经营权仍由公共机构持有。这种类型的案例有作为运营方的 Cheniere LNG O&M Services, L. P. 和作为所有者的 Sabine Pass LNG, L. P. 签订的美国路易斯安那州"沙宾渡口（Sabine Pass）液化天然气设施运营与维护协议"。

（四）运营、维护 & 管理模式（OMM）

运营、维护 & 管理模式，即 Operations, Maintenance & Management（OMM），是指公共机构与私营机构签订合同来运营、维护并管理某个公共设施或者提供某项服务。在该合同框架下，公共机构持有公共设施的所有权，私营方可以将其私人资本注入该设施或服务提供中，所有私人投资对运营效益或运营成本的减少的贡献都将被精确计算出来。因此，合同期限越长，私人投资得到弥补且赚取合理回报的时间就越多，进而使得增加私人投资的机会越多。在污水处理方面，有许多地方政府采取了这一模式，例如美国新泽西州的新布朗斯维克市（New Brunswick）采用 OMM 的方式解决该市在雨水排水系统方面存在的不足，包括制度安排不合理以及经费匮乏等方面。

此外，还有免税租约（Tax – Exempt Lease）、交钥匙工程（Turnkey）、开发商注资（Developer Finance）等常见类型，如前所述，由于各个国家的确在新的领域、新的工程方面出现了新的情况、新的需求，PPP 模式在实践中呈现出的类型的数量也在不断增加。

CHAPTER

第二部分

政府与社会资本合作
（PPP）实务

Public Private Partnership

第四章　PPP 的框架设定

第五章　PPP 项目的实施

内容摘要

　　第二部分依照逻辑流程阐释了政府与社会资本合作（PPP）的实务。第四章首先分析了 PPP 的系统框架，认为尽管 PPP 项目的运营并不依赖于 PPP 框架，但是，许多采用 PPP 并取得成功的国家均建立了完整的 PPP 框架。一个清晰、完整的 PPP 框架不仅能够为 PPP 项目的运营提供保障，也能够提升政府对 PPP 项目的治理能力。具体来说 PPP 框架包括政策基础、法律基础、规范的流程、相关机构及其具体职责、投资规划、以及多元共治。第五章对 PPP 项目的实施进行了梳理，依据目前世界通用的实施流程依次简要描述了项目规划、项目风险管理、项目合同设计、项目采购、项目合同管理的应然内容和性质，并将我国的相关规定嵌入到每个流程中，以体现出 PPP 在我国的发展现状，增强实际指导性。

第四章 ┃ PPP 的框架设定

如前所述，PPP 项目的主体包含公共实体和私营实体，是一种公共实体和私营实体之间长期的、持续不间断的、分担责任和风险的合作形式。PPP 项目的良好运营需要合作双方（或多方）的共同参与：私营实体运用自身拥有的资金、技术、人员等方面的优势成为公共服务的生产者；而公共实体则需要在 PPP 项目中时刻关注资产和服务的交付，负责为 PPP 项目设立目标，确保目标的实现以及保障公共利益等。

从 PPP 项目设立之初，公共实体——通常也就是政府，面临的第一个任务便是为 PPP 项目设立框架。尽管 PPP 项目的运营并不依赖于 PPP 框架，但是，许多采用 PPP 并取得成功的国家均为 PPP 建立了完整的框架。一个清晰、完整的 PPP 框架不仅能够为 PPP 项目的运营提供保障，也能够提升政府对 PPP 项目的治理能力。

在各国实践中，并没有统一的、固定的 PPP 框架模式。一方面，通常政府设定 PPP 框架都是为了应对 PPP 项目中的具体的困难和挑战，或者是为了"筑巢引凤"，即通过设定 PPP 框架来创造 PPP 项目的机会，吸引和鼓励私营实体的加入；另一方面，对于已经实施的基础设施 PPP 项目来说，增强 PPP 框架的动力来源于对 PPP 项目中的风险水平的担心。在这种情况下，PPP 规划的重点是加强对 PPP 项目开发的控制，或者改善 PPP 项目中的公共财务管理。随着 PPP 模式在全球范围内的推广和发展，一些成功的 PPP 经验开始被人们关注。在这些项目中，PPP 框架通常包含政策基础、法律基础、规范流程与机构职责、投资规划以及项目治理框架，如图 4.1 所示。

图 4.1　PPP 框架结构图

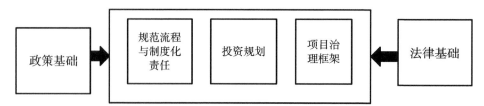

政策基础，是指政府制定的，为 PPP 提供支持的相关政策。政策基础应当阐述政府采用 PPP 的目的、范围以及 PPP 项目实施的相关准则。

法律基础，是支持和约束 PPP 项目的法律和法规的总称。法律基础使政府能够采用 PPP，并为 PPP 项目如何实施制定规则和边界。法律基础一般包括关于 PPP 的特定立法、相关的财政管理类法律和法规、或其他部门特定的法律和法规。

规范流程和机构职责，即 PPP 项目被识别、开发和实施、PPP 合同管理的步骤以及项目过程中不同实体各自的角色。一个完整、有效的规范流程和机构职责能够确保 PPP 项目实施的效率和透明，并且能够从头至尾控制 PPP 项目的质量。

投资规划，说明 PPP 项目开展过程中如何进行财务控制，怎样进行报告和开展预算。投资规划是 PPP 项目的核心环节之一，决定着 PPP 项目能否提供比公共项目更"物有所值"的服务，并对相关的财务风险进行管理和规避。

PPP 治理框架，包括在 PPP 项目开展过程中，立法机构、审计机构以及其他主体如何参与，并要求项目的实施者和决策者对其行为负责。

在实践中，这几个要素相辅相成：政策和法律是 PPP 项目开展的基础，一个清晰、完整的规范流程和机构职责必然要求良好的投资规划和 PPP 治理框架，PPP 治理框架则支持着 PPP 项目的顺利开展。为了能够更加详细阐述如何设定完整、清晰的 PPP 框架，下列小节将分别对这五个方面进行阐述。

一、PPP 的政策基础

作为 PPP 框架的基础，制定 PPP 政策是设定 PPP 框架的第一步。我们很难明确给出 PPP 政策的内涵和外延，各国在实践中的具体做法也大相径庭。在本书中，PPP 政策是指政府制定的、为 PPP 提供支持的相关政策，包括政府采用 PPP 的目的、范围以及 PPP 方案实施的相关准则。

（一）政府采用 PPP 的目的

各国采用 PPP 模式的原因是多种多样的，一些国家在部分特定领域采用 PPP 模式，其目的仅仅是为了满足或增加其投资需求，另一些国家可能是出于提供更好的公共服务而在公共服务提供中采用了 PPP 模式，还有一些国家则是先在特定行业采用 PPP 模式作为试验，以便取得成功后逐渐推广到其他行业。

通常情况下，政府采用 PPP 模式的目的集中在以下几个方面：

通过私营实体参与和对市场的评估来开发和刺激 PPP 项目的市场。这可以带来市场和资源的优化配置，进而提高公共服务水平，改善基础设施。

提高公共部门的能力和水平。通过筹备、谈判和参与管理的过程，公共部门能够向私营部门进行学习，提高公共部门的效率和创新能力。

借助市场化的交易过程，能够降低传统公共服务的交易成本，节约交易时间，实现在基础设施建设和公共服务提供方面的物有所值。

改进和加强公共部门之间的互动和协调。PPP 项目中需要协调不同公共部门，如中央政府和地方政府，通过合作，公共部门之间的互动和协调能力能够得到提高。

从长远来看，PPP 项目的推广和应用，能够刺激国家经济，实现国家经济的的长效增长。①

许多国家在 PPP 政策文件中都明确阐述了采用 PPP 模式的目的。例如印度尼西亚政府的相关文件中指出政府与私营部门合作的目的包括：（1）通过动员私营部门资金，为基础设施建设提供可持续的资金；（2）通过市场竞争机制，提高公共服务的数量、质量和效率；（3）提高基础设施供应的管理和维护质量；（4）提倡在考虑用户付费能力的情况下实行"用者付费"。墨西

103

---

① See Ministry of Finance, Singapore（2012）. Public Private Partnership Handbook（Version 2），Retrieved September 2，2014，from http：//app. mof. gov. sg/Portals/0/Policies/ProcurementProcess/PP-PHandbook2012. pdf. pp. 6 – 7.

哥政府在 PPP 文件中说明采用 PPP 的目的则是提高社会福利和投资水平。在我国，《国务院关于加强地方政府性债务管理的意见》（国发［2014］43号）中指出要加快建立规范的地方政府举债融资机制，机制之一就是"推广使用政府与社会资本合作模式"；财政部在《关于推广运用政府和社会资本合作模式有关问题的通知》（财金［2014］76号）中指出，"推广运用政府和社会资本合作模式，是促进经济转型升级、支持新型城镇化建设的必然要求。……推广运用政府和社会资本合作模式，是加快转变政府职能、提升国家治理能力的一次体制机制变革。……推广运用政府和社会资本合作模式，是深化财税体制改革、构建现代财政制度的重要内容"；2015年5月19日发布的《关于在公共服务领域推广政府和社会资本合作模式的指导意见》明确提出："为打造大众创业、万众创新和增加公共产品、公共服务'双引擎'，让广大人民群众享受到优质高效的公共服务，在改善民生中培育经济增长新动力，现就改革创新公共服务供给机制，大力推广政府和社会资本合作（Public – Private Partnership，PPP）模式，提出以下意见"，"政府和社会资本合作模式有利于充分发挥市场机制作用，提升公共服务的供给质量和效率，实现公共利益最大化"。

（二）政府采用 PPP 模式的范围

政府采用 PPP 模式的范围是指政府规定在哪些行业、领域内，或者在什么类型的项目中采用 PPP 模式。政府通过限定采用 PPP 的范围，可以重点关注那些最有可能实现政府目标，并能够获得经济社会利益的 PPP 项目。除此之外，确定政府采用 PPP 的范围，对于确定 PPP 项目的规范流程和机构职责也十分关键。

实践中，政府大多采用以下方式来限定采用 PPP 模式的范围：

限定 PPP 合同的类型。并没有统一的 PPP 合同定义能够涵盖广泛的 PPP 合同类型，这种合同类型可以从现有资产和服务的租赁安排扩展到设计—建设—运营—财务—维持新资产的合同。为了能够确定与政府目标一致的合同类型的优先级，一些国家直接在 PPP 政策中列明 PPP 合同的类型，例如印度在其 PPP 政策草案（2011年）中便界定了被视为 PPP 的合同类型、不适用的合同类型以及 PPP 政策未涵盖的合同类型。

限定采用 PPP 的部门或行业。通过这种方式，PPP 项目可能限于最需要投资或改进服务绩效的部门，或者预期最能够获得成功的部门。新加坡是采用这种方式的代表国家，其 PPP 政策规定 PPP 项目仅限于其他类似国家已经证明取得成功的部门，包括教育设施、网络设施、水利设施和污水处理、体育设施建设等。我国也在相关文件中规定广泛采取 PPP 模式的领域，例如国务院办公厅在《国务院办公厅转发财政部 发展改革委 人民银行关于在公共服务领域推广政府和社会资本合作模式指导意见的通知》中指出，"围绕增加公共产品和公共服务供给，在能源、交通运输、水利、环境保护、农业、林业、科技、保障性安居工程、医疗、卫生、养老、教育、文化等公共服务领域，广泛采用政府和社会资本合作模式"。国家发展改革委在《国家发展改革委关于开展政府和社会资本合作的指导意见》（以下简称发改投资 [2014] 2724 号文件）中专门规定了项目使用范围，"PPP 模式主要适用于政府负有提供责任又适宜市场化运作的公共服务、基础设施类项目。燃气、供电、供水、供热、污水及垃圾处理等市政设施，公路、铁路、机场、城市轨道交通等交通设施，医疗、旅游、教育培训、健康养老等公共服务项目，以及水利、资源环境和生态保护等项目均可推行 PPP 模式。各地的新建市政工程以及新型城镇化试点项目，应优先考虑采用 PPP 模式建设"。《财政部关于推广运用政府和社会资本合作模式有关问题的通知（财金 [2014] 76 号）》（以下简称财金 [2014] 76 号文件）中指出："适宜采用政府和社会资本合作模式的项目，具有价格调整机制相对灵活、市场化程度相对较高、投资规模相对较大、需求长期稳定等特点。各级财政部门要重点关注城市基础设施及公共服务领域，如城市供水、供暖、供气、污水和垃圾处理、保障性安居工程、地下综合管廊、轨道交通、医疗和养老服务设施等，优先选择收费定价机制透明、有稳定现金流的项目。"

限定 PPP 项目的规模。许多政府设定了 PPP 项目的最低规模，这是因为实施 PPP 项目的成本较高，规模较小的项目可能没有意义。但是这种方式并不完全排除小规模项目的实施。例如财政部在多个文件中多次强调，"投资规模较大、需求长期稳定、价格调整机制灵活、市场化程度较高的基础设施及公共服务类项目，适宜采用政府和社会资本合作模式"。国家发展与改革委在发改投资〔2014〕2724号文件中也指出，"根据经济社会发展需要，按照项目合理布局、政府投资有效配置等原则，切实做好PPP项目的总体规划、综合平衡和储备管理。从准备建设的公共服务、基础设施项目中，及时筛选PPP模式的适用项目，按照PPP模式进行培育开发"。

在实践中，政府会单独或者组合使用这些方式来限定PPP项目的适用范围。如墨西哥将公共实体和私营实体之间的长期向公共部门或公众提供服务并提供基础设施以增加该国的社会福利和投资水平的合同视为PPP合同；澳大利亚通过限定PPP项目的规模，规定PPP项目只适用于5000万美元以上的项目；巴西则在规定两种PPP合同类型的基础上，同时限定了PPP项目只适用于2000万雷亚尔（约1170万美元）以上的项目。

（3）PPP项目实施准则

政府通常会在PPP政策中规定PPP项目实施准则，而该准则就确定了参与PPP项目主体行为的标准，也确定了PPP项目主体为自身决策和行为负责的标准。这些准则又通过具体的法规和程序性规定进行细化，最终付诸具体实践。各国关于PPP项目实施准则的规定不尽相同，澳大利亚在其PPP政策中规定了6项实施准则，包括：物有所值、公共利益、风险分担、产出导向、透明度以及问责制。哥伦比亚则规定其PPP项目实施准则为：效率性、必要性以及有效的风险分担。在中国，2015年6月1日生效的《基础设施和公用事业特许经营管理办法》第4条规定："基础设施和公用事业特许经营应当坚持公开、公平、公正，保护各方信赖利益，并遵循以下原则：（一）发挥社会资本融资、专业、技术和管理优势，提高公共服务质量效率；（二）转变政府职能，强化政府与社会协商合作；（三）保护社会资本合法权益，保证特许经营持续性和稳定性；（四）兼顾经营性和公益性平衡，维护公共利益。"虽然存在着一定的差异，但综观各国和地区、以及一些国际组织如世界银行、亚洲开发银行等制定的PPP指南中的PPP项目实施准则，几乎都包括以下几个方面的内容：

物有所值（Value for Money，VFM）。"物有所值"是指 PPP 项目在同样的成本下提供更优质的公共服务，或者在同样的公共服务基础上降低成本。这要求 PPP 项目不断提高用户满意度和优化公共资源的使用。中国财政部颁发的《政府和社会资本合作模式操作指南（试行）》（以下简称"财政部 PPP 操作指南"）第 8 条规定："财政部门（政府和社会资本合作中心）会同行业主管部门，从定性和定量两方面开展物有所值评价工作。定量评价工作由各地根据实际情况开展。……定量评价主要通过对政府和社会资本合作项目全生命周期内政府支出成本现值与公共部门比较值进行比较，计算项目的物有所值量值，判断政府和社会资本合作模式是否降低项目全生命周期成本。"第 9 条第 2 款规定："通过物有所值评价和财政承受能力论证的项目，可进行项目准备。""物有所值"被认为是 PPP 模式的核心理念，根据财政部《PPP 物有所值评价指引（试行）》，中国将"物有所值"评价看作是判断是否采用 PPP 模式代替政府传统投资运营方式提供公共服务项目的一种评价方法，但各界对于物有所值的评价方法始终未能达成一致。

公平的市场竞争。是指在 PPP 项目实施中，只有且必须通过竞争，才能确保提供公共基础设施和服务的效率和降低成本。竞争是 PPP 模式发挥作用的前提，同时 PPP 模式的合理实施也创造竞争并使其制度化。各国在推进本国 PPP 模式的发展中都十分注重竞争机制的引入。例如英国规定 PFI/PPP 合同的缔结过程中必须要有一个竞争性对话的程序，随后欧盟在推进欧洲交通基础设施 PPP 项目的发展时也作出了相似规定。中国相关政策文件中也作出了相应规定，"财政部 PPP 操作指南"第 13 条规定："项目实施机构应根据项目需要准备资格预审文件，发布资格预审公告，邀请社会资本和与其合作的金融机构参与资格预审，验证项目能否获得社会资本响应和实现充分竞争，并将资格预审的评审报告提交财政部门（政府和社会资本合作中心）备案。项目有 3 家以上社会资本通过资格预审的，项目实施机构可以继续开展采购文件准备工作；项目通过资格预审的社会资本不足 3 家的，项目实施机构应在实施方案调整后重新组织资格预审；项目经重新资格预审合格社会资本仍不够 3 家的，可依法调整实施方案选择的采购方式。"

透明度，在 PPP 项目实施过程中，必须保持信息公开，提升透明度，确保公众获取信息的权利。PPP 项目中的透明度要求是为了确保项目过程与政府相关法律法规的规定一致，同时确保所有的竞标者都得到公平公正的对待。大多数政府实现 PPP 项目透明度的具体做法就是实施信息公开，信息公开可以降低政府与社会资本方之间的信息不对称，增强双方互信、降低交易成本，使公众知情且能够实施监督权，提高公众的认可与支持度，此外，还可以降低腐败风险，提升 PPP 项目成功的几率。"财政部 PPP 操作指南"第31 条规定："政府、社会资本或项目公司应依法公开披露项目相关信息，保障公众知情权，接受社会监督。社会资本或项目公司应披露项目产出的数量和质量、项目经营状况等信息。政府应公开不涉及国家秘密、商业秘密的政府和社会资本合作项目合同条款、绩效监测报告、中期评估报告和项目重大变更或终止情况等。社会公众及项目利益相关方发现项目存在违法、违约情形或公共产品和服务不达标准的，可向政府职能部门提请监督检查。"2017

年 1 月，财政部《政府和社会资本合作（PPP）综合信息平台信息公开管理暂行办法》的颁布可以看做是中国 PPP 项目透明度提升的里程碑，该办法颁布的宗旨是"为加强和规范政府和社会资本合作（PPP）项目信息公开工作，促进 PPP 项目各参与方诚实守信、严格履约，保障公众知情权，推动PPP 市场公平竞争、规范发展，我们研究起草了《政府和社会资本合作（PPP）综合信息平台信息公开管理暂行办法》"，该办法有明确的法律法规依据，是"依据《中华人民共和国预算法》、《中华人民共和国政府采购法》和《国务院办公厅转发财政部 发展改革委 人民银行关于在公共服务领域推广政府和社会资本合作模式指导意见的通知》（国办发〔2015〕42 号）等有关规定"，该办法明确了主管部门及工作内容，对信息公开的内容、方式和监督管理进行了详尽的规定，且以附则的形式列表对 PPP 项目的识别、准备、采购、执行、移交的全过程中信息公开的要求作出了具体的规定，包括公开内容、公开方式、公开的时点和信息提供方。

有效合理的风险分配。风险分配是各类 PPP 交易的中心事项，对风险分配安排的深入理解是起草每份 PPP 协议的先决条件，通过有效合理的风险分配使得有较大能力以较低成本管理风险的一方承担较多风险，以最大限度的降低风险分配。综观各国 PPP 政策文件，几乎都专章对风险分配进行了规定，例如澳大利亚的《全国 PPP 政策框架》（National Public Private Partnership Policy Framework）、英国财政部的《PPP 新路径》（A New Approach to Public Private Partnerships）等。在中国，财金〔2014〕76 号文件明确提出"按照'风险由最适宜的一方来承担'的原则，合理分配项目风险，项目设计、建设、财务、运营维护等商业风险原则上由社会资本承担，政策、法律和最低需求风险等由政府承担"；"财政部 PPP 操作指南"规定了风险分配基本框架，要求"按照风险分配优化、风险收益对等和风险可控等原则，综合考虑政府风险管理能力、项目回报机制和市场风险管理能力等要素，在政府和社会资本间合理分配项目风险。原则上，项目设计、建造、财务和运营维护等商业风险由社会资本承担，法律、政策和最低需求等风险由政府承担，不可抗力等风险由政府和社会资本合理共担"；发改投资〔2014〕2724号文件规定了如何设计、构建风险分担机制，要求"按照风险收益对等原则，在政府和社会资本间合理分配项目风险。原则上，项目的建设、运营风险由社会资本承担，法律、政策调整风险由政府承担，自然灾害等不可抗力风险由双方共同承担。"

公共利益。充分发挥市场的力量来提升公共物品和服务提供的品质和效益，实现公共利益的最大化，是 PPP 模式的出发点和落脚点，在众多的关于PPP 模式的争论当中，公众最广泛关注的问题也是 PPP 模式是否促进了公共利益，因此，PPP 项目在具体的决策和实施过程中，必须确保实现公共价值、制度以及环境状况的一致性。[①]《新加坡 PPP 指南》要求政府为了确保公共利益，应当做到以下几点：确保私营提供方可以高效地满足公众需求；当服务由私营方来交付的时候，确保责任清晰，公众清楚知道可以在何处向何人询问服务相关问题以及对服务作出反馈；确保 PPP 项目不会危及公共保

---

① See Minnesota Department of Transportation (2011). Advancing Public Interest in Public – Private Partnership of State Highway Development. Retrieved June 14, 2014, from http：//www. pwfinance. net/document/research_ reports/Research%20Misc%20Advancing. pdf. p. 1.

障、卫生和安全；确保信息保密，保护公共机构顾客的个人数据与信息。①对这一要素的关注也同样体现在中国的各个相关文件中，例如《国务院关于创新重点领域投融资机制鼓励社会投资的指导意见（国发〔2014〕60号）》（以下简称国发〔2014〕60号文件）要求建立健全政府和社会资本合作（PPP）机制，第30条明确指出，要"平衡好社会公众与投资者利益关系，既要保障社会公众利益不受损害，又要保障经营者合法权益"。财金〔2014〕76号文件要求"对项目的绩效目标实现程度、运营管理、资金使用、公共服务质量、公众满意度等进行绩效评价。绩效评价结果应依法对外公开，接受社会监督。同时，要根据评价结果，依据合同约定对价格或补贴等进行调整，激励社会资本通过管理创新、技术创新提高公共服务质量。"

问责机制。确保 PPP 项目实施过程中政府或政府机构对自身行为负责。问责机制是代议制政府的基石，从伦理道德和治理的角度来看，问责机制是指回应性（answerability）、可谴责性（blameworthiness）、责任（liability）和交代的预期（expectation of accout – giving），它要求特定的主体承认、承担某一行为、产品、决策、政策的相关责任，有义务报告、解释导致的后果并负起责任。澳大利亚的《全国 PPP 政策框架》要求政府机构要对使用 PPP 的领域的服务交付负责，政府不能将这一责任转移给私营部门，公共部门的行为应当保持一致，以至公众可以始终维持相信 PPP 模式及它所实施的路径的诚信度。南非财政部颁布的《国家财政部 PPP 操作手册》（National Treasury PPP Manual）要求各个机构的决策必须符合问责机制、回应性和公开性。

二、PPP 的法律基础

PPP 法律基础是指支持和约束 PPP 项目的法律和法规的总称。一方面，公共实体和私营实体在开始实施 PPP 项目之前，应当仔细检索所有相关法律法规，来找出能够适用于 PPP 项目的任何规定，并确保在现有的法律法规框

---

① See Ministry of Finance, Singapore（2012）. Public Private Partnership Handbook（Version 2），Retrieved September 2, 2014, from http：//app. mof. gov. sg/Portals/0/Policies/ProcurementProcess/PPPHandbook2012. pdf. p. 7.

架之下实施 PPP 项目；另一方面，政府也可能需要调整现有的法律法规，以确保 PPP 合同能够被纳入并适用清晰的法律权利和程序，为社会资本进入公共服务领域提供法律保障以减少风险，同时也确保政府自身行为有法可依。在实践中，西方国家为了推行、推广 PPP 模式，往往都会立法先行。至于 PPP 法律的性质，不同法律制度的国家存在着巨大的差别。在大陆法系国家，政府的行为通常规定在行政法中，这决定了适用于 PPP 合同的法律权利和程序也在行政法中确定。而在英美法系国家，关于 PPP 合同的法律权利和程序通常由合同条款确定。

根据对 PPP 模式的规范程度与范围，可以将 PPP 法律基础划分为 PPP 专门立法和影响 PPP 的相关立法两个类别。

（一）PPP 专门立法

在实践中，为了解决 PPP 项目实施过程中现行法律不足的问题，提高政府组织和管理 PPP 项目的能力，一些国家和地区制定了 PPP 专门法，例如美国弗吉尼亚州 1994 年制定了公私交通法，韩国在 1998 年制定了《基础设施建设 PPP 法》，中国台湾地区 2000 年颁布了《促进民间参与公共建设法》，德国在 2005 年制定了 PPP 加速法（ÖPP – Beschleunigungsgesetz）。① PPP 专门法可以为 PPP 模式设定原则、实施准则，规定 PPP 项目的规范流程和机构职责，有利于清晰界定政府与市场的关系，约束政府权力，有利于增强政府信用，通过法律的确定性、权威性与可预见性来增强社会资本对 PPP 的信任度和安全感，减少社会资本参与 PPP 模式的顾虑，并能够为 PPP 项目的实施奠定法律基础。一部良好的 PPP 立法应当确保 PPP 计划能够随着时间的推移而变化，以适应新情况，避免僵化。

中国目前尚未制定 PPP 专门法，PPP 实践仍然以诸多政策性文件指导为主（见表 4.1），但这些政策性文件存在诸多问题：第一，制定主体各异，具有鲜明的部门利益倾向，尤其是发改委和财政部在竞争 PPP 的立法和决策

---

① 参见喻文光：《PPP 规制中的立法问题研究——基于法政策学的视角》，载《当代法学》2016 年第 2 期。

主导权方面，频繁下达各自的红头文件，建立各自的 PPP 项目库，致使地方政府感到无所适从。相互矛盾或排斥的政策目标已在一定程度上影响了 PPP 政策的实施效果。第二，政策自身"朝令夕改"的不稳定性，致使 PPP 协议存在难以履行的较大风险。政府缺乏契约精神、不信守承诺是社会资本参与 PPP 的最大顾虑。①

表 4.1 中国目前主要的 PPP 政策性文件

名称	发文机关	发文字号	发布日期
中共中央、国务院关于深化投融资体制改革的意见	中共中央、国务院	中发〔2016〕18 号	2016 年 7 月 5 日
国务院关于加强地方政府性债务管理的意见	国务院	国发〔2014〕43 号	2014 年 9 月 21 日
国务院关于深化预算管理制度改革的决定	国务院	国发〔2014〕45 号	2014 年 9 月 26 日
国务院关于创新重点领域投融资机制鼓励社会投资的指导意见	国务院	国发〔2014〕60 号	2014 年 11 月 16 日
国务院办公厅转发财政部、发展改革委、人民银行关于在公共服务领域推广政府和社会资本合作模式指导意见的通知	国务院办公厅	国办发〔2015〕42 号	2015 年 5 月 19 日
国家发展改革委关于开展政府和社会资本合作的指导意见	国家发展改革委	发改投资〔2014〕2724 号	2014 年 12 月 2 日
国家发展改革委、国家开发银行关于推进开发性金融支持政府和社会资本合作有关工作的通知	国家发展改革委、国家开发银行	发改投资〔2015〕445 号	2015 年 3 月 10 日
关于鼓励和引导社会资本参与重大水利工程建设运营的实施意见	国家发展改革委、财政部、水利部	发改农经〔2015〕488 号	2015 年 3 月 17 日

112

① 参见喻文光：《PPP 规制中的立法问题研究——基于法政策学的视角》，载《当代法学》2016 年第 2 期。

基础设施和公用事业特许经营管理办法	国家发展和改革委员会、财政部、交通运输部等	国家发展和改革委员会、财政部、……第 25 号令	2015 年 4 月 25 日
国家发展改革委、财政部关于运用政府投资支持社会投资项目的通知	国家发展改革委、财政部	发改投资〔2015〕823 号	2015 年 4 月 21 日
关于进一步鼓励和扩大社会资本投资建设铁路的实施意见	国家发展改革委、财政部、国土资源部、银监会、国家铁路局	发改基础〔2015〕1610 号	2015 年 7 月 10 日
国家发展改革委、住房城乡建设部关于开展重大市政工程领域政府和社会资本合作（PPP）创新工作的通知	国家发展改革委、住房城乡建设部	发改投资〔2016〕2068 号	2016 年 9 月 28 日
国家发展改革委关于印发《传统基础设施领域实施政府和社会资本合作项目工作导则》的通知	国家发展改革委	发改投资〔2016〕2231 号	2016 年 10 月 24 日
国家发展改革委、国家林业局关于运用政府和社会资本合作模式推进林业建设的指导意见	国家发展改革委、国家林业局	发改农经〔2016〕2455 号	2016 年 11 月 21 日
国家发展改革委、国家能源局关于规范开展增量配电业务改革试点的通知	国家发展改革委、国家能源局	发改经体〔2016〕2480 号	2016 年 11 月 27 日
国家发展改革委、农业部关于推进农业领域政府和社会资本合作的指导意见	国家发展改革委、农业部	发改农经〔2016〕2574 号	2016 年 12 月 6 日
国家发展改革委、中国证监会关于推进传统基础设施领域政府和社会资本合作（PPP）项目资产证券化相关工作的通知	国家发展改革委、中国证监会	发改投资〔2016〕2698 号	2016 年 12 月 21 日
国家发展改革委办公厅、交通运输部办公厅关于进一步做好收费公路政府和社会资本合作项目前期工作的通知	国家发展改革委办公厅、交通运输部办公厅	发改办基础〔2016〕2851 号	2016 年 12 月 30 日

关于进一步做好重大市政工程领域政府和社会资本合作（PPP）创新工作的通知	国家发展改革委、住房城乡建设部	发改投资〔2017〕328 号	2017 年 2 月 20 日
住房城乡建设部、国家开发银行关于推进开发性金融支持海绵城市建设的通知	住房城乡建设部、国家开发银行	建城〔2015〕208 号	2015 年 12 月 10 日
交通运输部关于印发全面深化交通运输改革试点方案的通知	交通运输部	交政研发〔2015〕26 号	2015 年 2 月 18 日
国家能源局关于鼓励社会资本投资水电站的指导意见	国家能源局	国能新能〔2015〕8 号	2015 年 1 月 12 日
国家能源局关于在能源领域积极推广政府和社会资本合作模式的通知	国家能源局	国能法改〔2016〕96 号	2016 年 3 月 31 日
财政部关于推广运用政府和社会资本合作模式有关问题的通知	财政部	财金〔2014〕76 号	2014 年 9 月 23 日
财政部关于政府和社会资本合作示范项目实施有关问题的通知	财政部	财金〔2014〕112 号	2014 年 11 月 30 日
关于印发政府和社会资本合作模式操作指南（试行）的通知	财政部	财金〔2014〕113 号	2014 年 11 月 29 日
财政部印发《政府购买服务管理办法（暂行)》通知	财政部、民政部、工商总局	财综〔2014〕96 号	2014 年 12 月 15 日
财政部关于规范政府和社会资本合作合同管理工作的通知	财政部	财金〔2014〕156 号	2014 年 12 月 30 日
财政部关于印发《政府采购竞争性磋商采购方式管理暂行办法》的通知	财政部	财库〔2014〕214 号	2014 年 12 月 31 日
财政部关于印发《政府和社会资本合作项目政府采购管理办法》的通知	财政部	财库〔2014〕215 号	2014 年 12 月 31 日
财政部关于印发《政府和社会资本合作项目财政承受能力论证指引》的通知	财政部	财金〔2015〕21 号	2015 年 4 月 7 日
财政部关于做好政府采购信息公开工作的通知	财政部	财库〔2015〕135 号	2015 年 7 月 17 日
财政部关于实施政府和社会资本合作项目以奖代补政策的通知	财政部	财金〔2015〕158 号	2015 年 12 月 8 日

财政部关于规范政府和社会资本合作（PPP）综合信息平台运行的通知财金	财政部	财金〔2015〕166号	2015年12月18日
财政部关于印发《PPP物有所值评价指引（试行）》的通知	财政部	财金〔2015〕167号	2015年12月18日
财政部关于进一步共同做好政府和社会资本合作（PPP）有关工作的通知	财政部	财金〔2016〕32号	2016年5月28日
财政部关于在公共服务领域深入推进政府和社会资本合作工作的通知	财政部	财金〔2016〕90号	2016年10月11日
财政部关于印发《政府和社会资本合作项目财政管理暂行办法》的通知	财政部	财金〔2016〕92号	2016年9月24日
关于印发《政府和社会资本合作（PPP）综合信息平台信息公开管理暂行办法》的通知	财政部	财金〔2017〕1号	2017年1月23日

（二）影响PPP的相关立法

PPP的法律基础不仅包括直接对PPP项目进行规定和制约的PPP专门法，还包括影响PPP项目的其他相关立法。在大陆法系国家，PPP的相关规定一般在行政法中。行政法管辖政府机构的职能和决策过程，可以为订约当局和私人当事方创造合法权利，或甚至（超越）合同中规定的权利。除此之外，行政法还可以确定与PPP相关的流程与体制，包括财税预算、政府债务、政府采购定价、金融监管、重点行业监管等。

通常情况下，这些法律包括以下类型：

公共采购法，PPP的交易过程通常必须遵守公共采购法律和法规。

财政税收管理法，财政税收管理法律和法规中的责任、流程和规则对于PPP项目的顺利开展有重要意义。

部门规章，PPP项目通常在已经由部门规章制约和监管的部门实施。

影响私营部门运营的其他法律，也适用于PPP公司，在制定PPP项目和流程时应予以考虑。

由于立法受到所属法系、政治体制、经济社会发展状况等各方面因素的影响，各国在影响PPP的相关立法方面的现状也大相径庭，与PPP专门法的状况相似，中国除了一些相关法律法规对PPP的某些方面进行了规定，剩余的大部分规定仍然来自于政策性文件，效力层级较低。表4.2对中国目前影响PPP的相关法律法规及重要的政策性文件进行了简单的分类和归纳。

表4.2　中国目前影响PPP的相关法律法规和重要的政策性文件

1. 财政税收预算体制方面		
名称	发布日期	编号
中华人民共和国预算法	2014年8月31日	中华人民共和国主席令第12号修正
国务院关于深化预算管理制度改革的决定	2014年12月27日	国发〔2014〕45号
国务院关于实行中期财政规划管理的意见	2015年1月3日	国发〔2015〕3号
国务院关于改革和完善中央对地方转移支付制度的意见	2014年12月27日	国发〔2014〕71号
国务院办公厅关于进一步做好盘活财政存量资金工作的通知	2014年12月30日	国办发〔2014〕70号
财政部关于推进地方盘活财政存量资金有关事项的通知	2015年2月17日	财预〔2015〕15号
财政部关于印发《国家级经济技术开发区、国家级边境经济合作区等基础设施项目贷款中央财政贴息资金管理办法》的通知	2014年4月28日	财建〔2014〕81号
国务院关于清理规范税收等优惠政策的通知	2014年11月27日	国发〔2014〕62号
财政部关于推动地方财政部门履职尽责、奋力发展、全面完成各项财税改革管理任务的意见	2015年4月22日	财预〔2015〕62号
2. 地方政府债务方面		
国务院关于加强地方政府性债务管理的意见	2014年9月21日	国发〔2014〕43号
财政部关于印发《地方政府存量债务纳入预算管理清理甄别办法》的通知	2014年10月23日	财预〔2014〕351号
财政部关于印发《地方政府一般债券发行管理暂行办法》的通知	2015年3月12日	财库〔2015〕64号

财政部关于印发《2015 年地方政府专项债券预算管理办法》的通知	2015 年 3 月 18 日	财预〔2015〕52 号
财政部关于印发《地方政府专项债券发行管理暂行办法》的通知	2015 年 4 月 2 号	财库〔2015〕83 号
财政部关于印发《2015 年地方政府一般债券预算管理办法》的通知	2015 年 4 月 10 日	财预〔2015〕47 号
国家发展改革委办公厅关于印发《城市地下综合管廊建设专项债券发行指引》的通知	2015 年 3 月 31 日	发改办财金〔2015〕755 号
国家发展改革委办公厅关于印发《战略性新兴产业专项债券发行指引》的通知	2015 年 3 月 31 日	发改办财金〔2015〕756 号
国家发展改革委办公厅关于印发《养老产业专项债券发行指引》的通知	2015 年 4 月 7 日	发改办财金〔2015〕817 号
国家发展改革办公厅关于印发《城市停车场建设专项债券发行指引》的通知	2015 年 4 月 7 日	发改办财金〔2015〕818 号
国务院关于加强地方政府融资平台公司管理有关问题的通知	2010 年 6 月 10 日	国发〔2010〕19 号
国务院办公厅转发财政部、人民银行、银监会关于妥善解决地方政府融资平台公司在建项目后续融资问题意见的通知	2015 年 5 月 11 日	国办发〔2015〕40 号
国家发展改革委办公厅关于进一步规范地方政府投融资平台公司发行债券行为有关问题的通知	2010 年 11 月 20 日	发改办财金〔2010〕2881 号
3. 政府采购定价方面		
中华人民共和国政府采购法	2014 年 8 月 31 日	中华人民共和国主席令第 14 号修正
中华人民共和国政府采购法实施条例	2015 年 1 月 30 日	国务院令第 658 号
财政部关于推进和完善服务项目政府采购有关问题的通知	2014 年 4 月 14 日	财库〔2014〕37 号
中华人民共和国招标投标法	2017 年 12 月 27 日	中华人民共和国主席令第 86 号修正
中华人民共和国招标投标法实施条例	2018 年 3 月 19 日	国务院令第 698 号修正

政府采购货物和服务招标投标管理办法	2017 年 7 月 11 日	财政部令第 87 号
政府采购非招标采购方式管理办法	2013 年 12 月 19 日	财政部令第 74 号
工程建设项目自行招标试行办法	2013 年 3 月 11 日	国家发展和改革委员会、工业和信息化部、财政部、住房和城乡建设部、交通运输部、铁道部、水利部、国家广播电视总局、中国民用航空局令第 23 号修正
中华人民共和国合同法	1999 年 3 月 15 日	中华人民共和国主席令第 15 号
水利工程供水价格管理办法	2003 年 7 月 3 日	国家发展和改革委员会、水利部令第 4 号
政府制定价格行为规则	2017 年 9 月 18 日	国家发展和改革委员会令第 7 号
国家发展改革委、建设部关于印发《城市供热价格管理暂行办法》的通知	2007 年 6 月 3 日	发改价格〔2007〕1195 号
4. 金融监管制度方面		
国家发展改革委、国家开发银行关于推进开发性金融支持政府和社会资本合作有关工作的通知	2015 年 3 月 10 日	发改投资〔2015〕445 号
民政部、国家开发银行关于开发性金融支持社会养老服务体系建设的实施意见	2015 年 4 月 14 日	民发〔2015〕78 号
流动资金贷款管理暂行办法	2010 年 2 月 12 日	中国银行业监督管理委员会令 2010 年第 1 号
中国人民银行关于印发《商业银行授权、授信管理暂行办法》的通知	1996 年 11 月 11 日	银发〔1996〕403 号
国务院关于收费公路项目贷款担保问题的批复	1999 年 4 月 26 日	国函〔1999〕28 号
建设部关于印发《关于在建设工程项目中进一步推行工程担保制度的意见》的通知	2006 年 12 月 7 日	建市〔2006〕326 号

118

保险资金间接投资基础设施项目试点管理办法	2016 年 6 月 14 日	保监会令 2016 年第 2 号
5. 资产结构设计方面		
中华人民共和国担保法	1995 年 6 月 30 日	中华人民共和国主席令第 20 号
中华人民共和国信托法	2001 年 4 月 28 日	中华人民共和国主席令第 50 号
中华人民共和国合伙企业法	2006 年 8 月 27 日	中华人民共和国主席令第 55 号修订
中华人民共和国物权法	2007 年 3 月 16 日	中华人民共和国主席令第 62 号
中华人民共和国公司法	2013 年 12 月 28 日	中华人民共和国主席令第 8 号修正
中华人民共和国证券投资基金法	2015 年 4 月 24 日	中华人民共和国主席令第 23 号修正
国务院关于固定资产投资项目试行资本金制度的通知	1996 年 8 月 23 日	国发〔1996〕35 号
国务院关于投资体制改革的决定	2004 年 7 月 16 日	国发〔2004〕20 号
国务院关于调整固定资产投资项目资本金比例的通知	2009 年 5 月 25 日	国发〔2009〕27 号
国务院关于调整和完善固定资产投资项目资本金制度的通知	2015 年 9 月 9 日	国发〔2015〕51 号
国家发展改革委办公厅关于充分发挥企业债券融资功能支持重点项目建设促进经济平稳较快发展的通知	2015 年 5 月 25 日	发改办财金〔2015〕1327 号
国家发展改革委办公厅关于印发《项目收益债券管理暂行办法》的通知	2015 年 7 月 29 日	发改办财金〔2015〕2010 号
6. 重点行业领域方面		
国务院关于发布政府核准的投资项目目录（2016 年本）的通知	2016 年 12 月 12 日	国发〔2016〕72 号
国务院关于加快棚户区改造工作的意见	2013 年 7 月 4 日	国发〔2013〕25 号

119

国务院关于进一步做好城镇棚户区和城乡危房改造及配套基础设施建设有关工作的意见	2015 年 6 月 25 日	国发〔2015〕37 号
财政部、国土资源部、住房城乡建设部、中国人民银行、国家税务总局、银监会关于运用政府和社会资本合作模式推进公共租赁住房投资建设和运营管理的通知	2015 年 4 月 21 日	财综〔2015〕15 号
财政部关于做好城市棚户区改造相关工作的通知	2015 年 8 月 26 日	财综〔2015〕57 号
城镇排水与污水处理条例	2013 年 10 月 2 日	国务院令第 641 号
国务院关于加强城市基础设施建设的意见	2013 年 9 月 6 日	国发〔2013〕36 号
国务院办公厅关于加强城市地下管线建设管理的指导意见	2014 年 6 月 3 日	国办发〔2014〕27 号
国务院办公厅关于推进城市地下综合管廊建设的指导意见	2015 年 8 月 3 日	国办发〔2015〕61 号
建设部关于印发《关于加快市政公用行业市场化进程的意见》的通知	2002 年 12 月 27 日	建城〔2002〕272 号
住房和城乡建设部关于印发进一步鼓励和引导民间资本进入市政公用事业领域的实施意见的通知	2012 年 6 月 8 日	城建〔2012〕89 号
国家发展改革委关于发布首批基础设施等领域鼓励社会投资项目的通知	2014 年 5 月 18 日	发改基础〔2014〕918 号
财政部关于开展中央财政支出地下综合管廊试点工作的通知	2014 年 12 月 26 日	财建〔2014〕839 号
财政部、国家发展改革委、住房城乡建设部关于印发《污水处理费征收使用管理办法》的通知	2014 年 12 月 31 日	财税〔2014〕151 号
财政部关于开展中央财政支持海绵城市建设试点工作的通知	2014 年 12 月 31 日	财建〔2014〕838 号
财政部关于市政公用领域开展政府和社会资本合作项目推介工作的通知	2015 年 2 月 13 日	财建〔2015〕29 号
财政部、住房城乡建设部关于印发《城市管网专项资金管理暂行办法》的通知	2016 年 12 月 6 日	财建〔2016〕863 号

国家发展改革委、财政部、国土资源部、住房城乡建设部、交通运输部、公安部、银监会关于加强城市停车设施建设的指导意见	2015 年 8 月 31 日	发改基础 〔2015〕1788 号
国务院关于改革铁路投融资体制加快推进铁路建设的意见	2013 年 8 月 9 日	国发〔2013〕33 号
国务院办公厅关于支持铁路建设实施土地综合开发的意见	2014 年 7 月 29 日	国办发〔2014〕37 号
收费公路管理条例	2004 年 9 月 13 日	国务院令第 417 号
收费公路权益转让办法	2008 年 8 月 20 日	交通运输部、国家发展和改革委员会、财政部令第 11 号
交通运输部关于印发全面深化交通运输改革试点方案的通知	2015 年 2 月 18 日	交政研发〔2015〕26 号
财政部、交通运输部关于在收费公路领域推广运用政府和社会资本合作模式的实施意见	2015 年 4 月 20 日	财建〔2015〕111 号
国家发展改革委关于当前更好发挥交通运输支撑引领经济社会发展作用的意见	2015 年 5 月 7 日	发改基础 〔2015〕969 号
国家发展改革委、财政部、国土资源部、银监会、国家铁路局关于进一步鼓励和扩大社会资本投资建设铁路的实施意见	2015 年 7 月 10 日	发改基础 〔2015〕1610 号
国务院办公厅关于推行环境污染第三方治理的意见	2014 年 12 月 27 日	国办发〔2014〕69 号
财政部、环境保护部关于推进水污染防治领域政府和社会资本合作的实施意见	2015 年 4 月 9 日	财建〔2015〕90 号
国家能源局关于鼓励社会资本投资水电站的指导意见	2015 年 1 月 12 日	国能新能〔2015〕8 号
国家发展改革委、财政部、水利部关于鼓励和引导社会资本参与重大水利工程建设运营的实施意见	2015 年 3 月 17 日	发改农经 〔2015〕448 号
财政部、环境保护部关于印发《水污染防治专项资金管理办法》的通知	2016 年 12 月 7 日	财建〔2016〕864 号
国务院关于鼓励和引导民间投资健康发展的若干意见	2010 年 5 月 7 日	国发〔2010〕13 号

国务院关于促进健康服务业发展的若干意见	2013 年 9 月 28 日	国发 ［2013］40 号
国务院办公厅关于城市公立医院综合改革试点的指导意见	2015 年 5 月 6 日	国办发 ［2015］38 号
国家发展改革委、民政部、财政部、国土资源部、住房城乡建设部、国家卫生计生委、人民银行、税务总局、体育总局、银监会关于加快推进健康与养老服务工程建设的通知	2014 年 9 月 12 日	发改投资 ［2014］2091 号
国务院关于加快发展养老服务业的若干意见	2013 年 9 月 6 日	国发 ［2013］35 号
国土资源部办公厅关于印发《养老服务设施用地指导意见》的通知	2014 年 4 月 17 日	国土资厅发 ［2014］11 号
财政部、国家发展改革委员会、民政部、全国老龄工作委员会办公室关于做好政府购买养老服务工作的通知	2014 年 8 月 26 日	财社 ［2014］105 号
民政部、国家发展改革委、教育部、财政部、人力资源社会保障部、国土资源部、住房城乡建设部、国家卫生计生委、银监会、保监会关于鼓励民间资本参与养老服务业发展的实施意见	2015 年 2 月 3 日	民发 ［2015］33 号
国家发展改革委办公厅、民政部办公厅、全国老龄办综合部关于进一步做好养老服务业发展有关工作的通知	2015 年 4 月 22 日	发改办社会 ［2015］992 号
国务院关于加快发展体育产业促进体育消费的若干意见	2014 年 10 月 2 日	国发 ［2014］46 号
国务院办公厅转发文化部等部门关于做好政府向社会力量购买公共文化服务工作意见的通知	2015 年 5 月 5 日	国办发 ［2015］37 号

三、PPP 的规范流程与机构职责

PPP 项目的成功实施需要公共部门和私营部门的各种能力和资源综合协调与配合，在 PPP 项目实施过程中，私营实体负责设计、建造和维护基础设施，提供公共服务，而公共实体则负责确保 PPP 项目能够实现物有所值，监

督私营实体按照预期的质量要求提供公共服务。为了实现这一目标，政府必须选择一个正确的项目以及一个或多个合适的合作伙伴，并设定和实施 PPP 项目运营过程中的各项参数。在实践中，许多政府通过设定 PPP 项目的规范流程和机构职责这两种方式来对 PPP 项目的实施过程进行控制。

图 4.2　政府和社会资本合作项目操作流程图

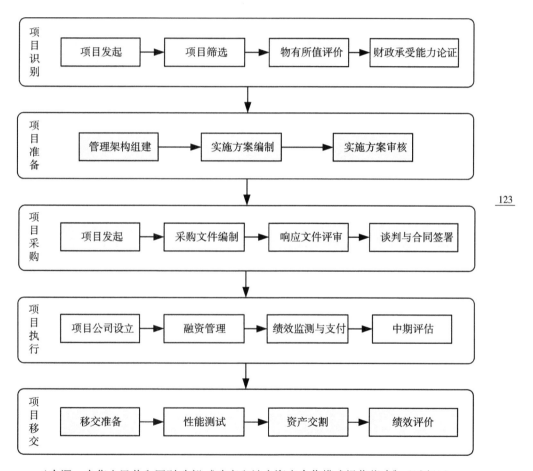

（来源：中华人民共和国财政部《政府和社会资本合作模式操作指南》（试行））

（一）PPP 项目的规范流程

在实践中，许多国家和地区为 PPP 项目的实施规定了一个必须遵循的流程，旨在规范和控制每个 PPP 项目。PPP 项目流程的标准化有助于确保所有

PPP 的开发都符合政府的目标，同时也有助于实现参与项目的主体之间的配合与协调，以获得最佳秩序，促进最佳共同效益。关于 PPP 项目的规范流程，各国在实践中的做法大体相同——将 PPP 的规范流程在法律法规中、或者政府部门发布的 PPP 指南中予以规定，智利、南非、秘鲁、马来西亚、菲律宾、韩国、墨西哥等国家都采用了相同或类似的做法，然而，由于政治、法律、行政等各方面的差异，各国和地区所规定的规范流程并不一定相同，新加坡财政部 PPP 指南规定了 7 个步骤，东盟（ASEAN）制定的东盟 PPP 指南将 PPP 的实施划分为 4 个步骤。在中国，财金〔2014〕113 号文件将 PPP 项目的具体操作分成了 5 个阶段、细分为 19 个具体步骤，并在附则部分提供了"政府和社会资本合作项目操作流程图"（见图 4.2），为我国 PPP 项目的实施提供了清晰的指引。

下面将依据该操作指南对项目操作流程进行简要的梳理和阐释。

识别 PPP 项目。"识别"是 PPP 项目流程的起点。作为一种公共投资方式，PPP 是一种长期的、稳定的项目方式，因此，首先需要"锁定"那些符合长期要求的基础设施建设工程，在对众多的基础设施建设工程进行规划和选择的过程中，筛选出一些符合基本原则和条件的项目，通过一定的工具来进行评估，并逐步确定哪些项目若以 PPP 模式来实施能实现物有所值。根据财金〔2014〕113 号文件的规定，项目识别阶段包括项目发起、项目筛选、物有所值评价、财政承受能力论证 4 个步骤，具体内容如框 4.1。

框 4.1　财金〔2014〕113 号文件中规定的项目识别阶段内容

1. 项目发起

政府发起（主）：财政部门向各行业主管部门征集潜在的政府和社会资本合作的项目。

社会资本发起（辅）：社会资本以项目建议书的方式向财政部门推荐潜在政府和社会资本合作的项目。

2. 项目筛选

（1）财政部门会同行业主管部门对潜在项目进行筛选，确定备选项目。

（2）财政部门制定项目年度和中期开发计划。

（3）项目发起人提交相关资料：

①新建改建项目提交可行性研究报告、项目产出说明和初步实施方案；

②存量项目提交资产历史资料、项目产出说明和初步方案。

3. 物有所值评价

定性评价：PPP 模式与传统采购模式相比能否增加供给、优化风险分配、提高运营效率、促进创新和公平竞争等，并根据指标进行专家打分。

定量评价：

① 通过对 PPP 项目全生命周期内政府支出成本现值与公共部门比较值进行比较，计算项目的物有所值量值与物有所值指数，判断 PPP 模式是否降低项目全生命周期成本；

② 现阶段以定性评价为主，定量评价工作由各地根据实际情况开展。

4. 财政承受能力论证

每一年度全部 PPP 项目需要从预算中安排的支出责任，占一般公共预算支出比例应当不超过 10%。有例外。

准备 PPP 项目。通过第一阶段识别出来的 PPP 项目，应当经过一个充分的准备阶段，来完善相关政策，组建高水平的项目管理团队、确定权责明晰的项目管理架构，聘请相关领域专家，制定科学合理的项目发展计划和具体时间表，以确保识别出来的 PPP 项目可以进入采购阶段，许多在发展中国家以及一些在发达国家出现的 PPP 项目迟迟无法落地的现象，很大程度上就是因为存在"项目准备缺口（project preparation gap）"。根据财金〔2014〕113 号文件的规定，项目准备阶段包括管理架构组建、实施方案编制、实施方案审核 3 个步骤，具体内容如框 4.2。

框 4.2　财金〔2014〕113 号文件中规定的项目准备阶段内容

1. 管理架构组建

（1）县级（含）以上地方政府可建立专门协调机制，负责项目评审、组织协调和检查督导等工作；

（2）政府或其指定的有关职能部门或事业单位可作为项目实施机构，负责项目准备、采购、监管和移交等工作

2. 实施方案编制

（1）项目概况：基础情况，经济技术指标，项目公司股权情况；

（2）风险分配基本框架：政府承担法律政策和最低需求等风险，社会资本承担商业风险；具体风险分配需列表协商；

（3）项目运作方式：1. 委托运营，2. 管理合同，3. 建设－运营－移交（BOT），4. 建设－拥有－运营（BOO），5. 转让－运营－移交（TOT），6. 改建－运营－移交（ROT）等；

（4）交易结构：项目投融资结构，回报机制，相关配套安排；

（5）合同体系：项目合同，股东合同，融资合同，工程承包合同，运营服务合同，原材料供应合同，产品采购合同和保险合同等；

（6）监管架构：授权关系（政府授权项目实施机构），监管方式（履约管理行政管理、公众监督）；

（7）采购方式选择：公开招标、竞争性谈判，邀请招标，竞争性磋商，单一来源采购。

3. 实施方案审核

（1）财政部门对项目实施方案进行物有所值和财政承受能力验证，通过验证的，由项目实施机构报政府审核；

（2）未通过验证的，可在实施方案调整后重新验证；经重新验证仍不能通过的，不再采用政府和社会资本合作模式。

采购 PPP 项目。与传统的公共采购不同，PPP 的采购过程比较复杂，时间较长，而且涉及到大额支出，长期合同又带来长期的义务、责任及风险分担，因此，应当精心设计这一阶段的工作，通过充分的市场测试、合理设置资格预审条件、设定核心边界条件等方式，构建公平、竞争和透明的采购流程，实现效率的提升和项目管理的改善。根据财金〔2014〕113 号文件的规定，项目采购阶段包括资格预审、采购文件编制与采购、响应文件评审、谈判与合同签署 4 个步骤，具体内容如框 4.3。

框 4.3　财金〔2014〕113 号文件中规定的项目采购阶段内容

1. 资格预审

（1）项目实施机构准备资格预审文件，发布资格预审公告，邀请社会资本参与资格预审，并将资格预审的评审报告提交财政部门备案；

（2）项目有 3 家以上社会资本通过资格预审的，项目实施机构可准备采购文件；不足 3 家的，项目实施机构调整实施方案重新资格预审；重新资审合格的社会资本仍不够 3 家的，可依法调整实施方案选择的采购方式。

2. 采购文件编制与采购

（1）采购文件内容包括采购邀请、竞争者须知、竞争者应提供的资格、资信及业绩证明文件、采购方式、政府对项目实施机构的授权、实施方案的批复和项目相关审批文件、采购程序、响应文件编制要求、提交响应文件截止时间、开启时间及地点、强制担保的保证金交纳数额和形式、评审方法、评审标准、政府采购政策要求、项目合同草案及其他法律文本等；

（2）公开招标、邀请招标、竞争性谈判、竞争性磋商、单一来源采购方式，执行政府采购法律法规等规定。

---

3. 响应文件评审

评审小组由项目实施机构代表和评审专家共 5 人以上单数组成，其中评审专家人数不得少于评审小组成员总数的 2/3。因 PPP 项目主要是法律问题与财务问题，规定评审小组至少包括 1 名法律专家与 1 名财务专家。

4. 谈判与合同签署

项目实施机构成立采购结果确认谈判工作组，进行合同签署前确认谈判；签署确认谈判备忘录；公示采购结果和合同文件；公告期满，政府审核同意后项目实施机构与中选社会资本签署合同。

执行 PPP 项目。在采购阶段签署的 PPP 合同，标志着一个项目采购阶段的完成和执行阶段的开始，一个 PPP 项目只有进入了执行阶段，才基本上可认定为项目落地，因此，对于一个 PPP 项目来说，执行阶段是其关键一环。在这一阶段，项目主体各司其职，进行优势整合，努力实现物有所值。根据财金〔2014〕113 号文件的规定，项目执行阶段包括项目公司设立、融资管理、绩效监测与支付、中期评估四个步骤，具体内容如框 4.4。

框 4.4　财金〔2014〕113 号文件中规定的项目执行阶段内容

1. 项目公司设立

（1）社会资本可设立项目公司。政府可指定相关机构依法参股项目公司；

（2）项目实施机构和财政部门监督社会资本按时足额出资设立项目公司。

2. 融资管理

（1）社会资本或项目公司负责项目融资。社会资本或项目公司应及时开展融资方案设计、机构接洽、合同签订和融资交割等工作；

（2）未完成融资的，政府可提取履约保函直至终止项目合同；

（3）项目出现重大经营或财务风险，威胁或侵害债权人利益时，债权人可约要求社会资本或项目公司改善管理等；

（4）财政部门（政府和社会资本合作中心）和项目实施机构应做好监督管理工作，防止企业债务向政府转移。

3. 绩效监测与支付

（1）项目实施机构定期监测项目产出绩效指标，编制季报和年报，并报财政部门（政府和社会资本合作中心）备案；

（2）政府有支付义务的，项目实施机构应按照实际绩效直接或通知财政部门向社会资本或项目公司及时足额支付；

（3）项目实施机构依约监管社会资本或项目公司履约情况。

4. 中期评估

项目实施机构应每3~5年对项目进行中期评估，重点分析项目运行状况和项目合同的合规性、适应性和合理性；及时评估已发现问题的风险，制订应对措施，并报财政部门（政府和社会资本合作中心）备案。

移交 PPP 项目。移交项目是指项目实施机构或政府指定的其他机构代表政府收回项目合同约定的项目资产，移交项目就意味着该 PPP 项目完成了全生命周期。根据财金〔2014〕113 号文件的规定，项目移交阶段包括移交准备、性能测试、资产交割、绩效评价 4 个步骤，具体内容如框 4.5。

框 4.5　财金〔2014〕113 号文件中规定的项目移交阶段内容

1. 移交准备

（1）项目实施机构或政府指定机构组建项目移交工作组；

（2）期满终止移交和提前终止移交；无偿移交和有偿移交；移交项目资产、人员、文档和知识产权等；确保设备完好率和最短可使用年限等指标。

2. 性能测试

（1）项目移交工作组按照性能测试方案和移交标准对移交资产进行性能测试。性能测试结果不达标的，移交工作组应要求社会资本或项目公司进行恢复性修理、更新重置或提取移交维修保函；

（2）项目移交工作组委托具有相关资质的资产评估机构，按照项目合同约定的评估方式，对移交资产进行资产评估，作为确定补偿金额的依据。

3. 资产交割

社会资本或项目公司应将满足性能测试要求的项目资产、知识产权和技术法律文件，连同资产清单移交项目实施机构或政府指定的其他机构，办妥相关移交手续。社会资本或项目公司应配合做好移交及其后续工作。

4. 绩效评价

移交完成后，财政部门（政府和社会资本合作中心）应对项目产出、成本效益、监管成效、可持续性、政府和社会资本合作模式应用等进行绩效评价，公开评价结果。

（二）PPP 项目的机构职责（Institutional Responsibilities）

PPP 项目的机构职责就是指在每个阶段，哪个主体应当扮演什么角色（履行什么职能），机构职责和职能分配取决于每个 PPP 项目的特殊需求以及当前的机构职责及能力。PPP项目的成功实施需要大量的专业知识和技能。政府机构以及负责实施项目的相关人员应当对特定部门的需求有清晰的了解，需要具备工程及PPP模式的经济、财务评估技能、安排和管理私人注资的基础设施建设工程合同的专业知识、采购与合同管理的专业知识、以及与私营部门打交道的经验。能否确保上述专业知识和技能确实应用于成功实施PPP项目的过程中，是构建PPP项目的机构职责时所面临的主要挑战。①

实施PPP项目的责任通常默认从上至下落到那些负责确保相关资产或服务得到提供的各部、各局或各机构身上，然而，这些机构可能不具备必需的所有专业知识和技能，尤其是在项目的初期阶段，由此就有可能牵涉到其他的政府机构，因此，有必要在PPP项目的识别、发展和实施、PPP合同管理的各个阶段清晰地界定机构职责，以避免因职责不清而出现PPP项目实施过程中相互推诿或管理重复的现象，影响PPP项目的效益。

1. PPP项目识别中的机构职责

在PPP项目开始之初就界定清晰的工作流程，合理分配机构职责，有利于减少风险，提高项目效率。PPP项目通常在常规的公共投资规划和项目识别过程中涌现出来，因此从优先的公共投资工程中识别出潜在的PPP项目的具体职责就由相关部门或机构来承担，但该部门或机构履行这样职责的过程又处于对公共财政管理和规划全面负责的部门的监督之下，通常这个部门是财政部，但因为政治和行政体制的不同，有的国家和地区也会安排另外的部门来承担这一职责，例如规划部门。有的国家将规划和工程评估的职能从财政部门分离出来，而成立了专门的规划部门，来负责审核并批准拟实施的PPP项目的经济和财政评估；或者律政司，负责批准重要的政府合同，包括PPP合同在内；此外还有最高审计机构，尤其是独立于政府之外的审计机构，负责在PPP项目落地以前审核每一个PPP项目及其法律文件。

---

① See World Bank, Asian Development Bank, Inter – American Development Bank（2014）. Public – Private Partnerships: Reference Guide, Version 2.0. World Bank, Washington, DC; Asian Development Bank, Mandaluyong City, Philippines; Inter – American Development Bank, Washington, DC. Retrieved September 2, 2014, from http: //hdl. handle. net/10986/20118, pp. 82, 87.

在 PPP 识别阶段，也可能有专业的 PPP 团队加入进来，例如 PPP 促进中心（PPP Unit）①，在项目早期政府机构还尚未具备足够的 PPP 知识的时候，来为这些机构识别潜在的 PPP 项目提供支持，有时政府还授权 PPP 促进中心负责推广 PPP 模式的使用，以帮助应对在新的 PPP 项目初期可能存在的负面问题。

2. PPP 项目发展和实施中的机构职责

PPP 项目发展和实施阶段的主要职责是对 PPP 项目进行合理架构、设计 PPP 合同并执行 PPP 交易，这样的职责通常是由提供相关资产或服务的机构或部门来承担，在 PPP 模式中，这样的机构或部门通常被称为合同主体，因为它们通常在 PPP 合同中代表公共部门一方。PPP 专门法可能会规定哪些政府机构可以成为合同主体，以及它们将对 PPP 项目的实施负责，例如坦桑尼亚 2010 年制定的 PPP 法规定合同主体可以是政府内部的任一合格部门，它们为促进包括项目识别、可行性分析、环境影响评价、PPP 合同设计和履行的项目过程负责。②

在这一阶段，实施 PPP 项目的责任通常由负责确保提供相关资产或服务的公共实体承担，该公共实体通常是 PPP 合同的当事人。PPP 法律和政策可以对这类公共实体进行界定，以确定承担责任的机构。

但是，在 PPP 项目的早期，这些机构可能缺少成功识别和实施 PPP 项目所需的技能，因此，应该让其他的政府机构参与进来，为它们提供额外的技能或视角。可以成立由相关部门代表组成的跨部门委员会来监督每个 PPP 项目交易；或者在履行不同的职责时求助于该职责方面的专业部门，例如让采

132

---

① PPP 促进中心（PPP unit），一般是指汇聚了具有 PPP 领域专业知识的政府工作人员团队，通常该团队负责进行政策指引和能力建设、在政府内外推广 PPP、为 PPP 项目实施提供技术支持、审核监督 PPP 项目的效益和财政承受能力。目前，全世界大概有 30 多个国家设立了全国 PPP 促进中心。

② See World Bank, Asian Development Bank, Inter – American Development Bank (2014). Public – Private Partnerships: Reference Guide, Version 2. 0. World Bank, Washington, DC; Asian Development Bank, Mandaluyong City, Philippines; Inter – American Development Bank, Washington, DC. Retrieved September 2, 2014, from http: //hdl. handle. net/10986/20118 . p. 87.

购部门负责实施 PPP 交易，规制部门负责审查私营方在 PPP 合同中的合规性；还可以借助于 PPP 促进中心和外部的咨询顾问公司。

3. PPP 合同管理中的机构职责

监督 PPP 项目绩效、管理合同的职责通常由合同主体承担，虽然一般而言，业务部门和机构都具备专业知识和政策敏锐度来监督服务的提供，但一些国家为了减少合同管理中的冲突，就将监督绩效的职责外包给了可信的外部机构，例如法国就聘请了专业的工程公司来负责监督以 PPP 模式建造的医院基础设施绩效。

管理 PPP 合同是一项复杂的工作，特别是要处理在合同生命期内不可避免地会发生的变化时，工作就变得更加复杂了。因此，一些国家会要求合同主体以外的专业部门一起来履行合同管理的职责，具体的做法有：

设立一个集中的合同管理支持机构。率先大量使用 PPP 合同的英国首先采用了这种做法。2006 年，英国财政部邀请当时的 PPP 促进中心——Partnership UK，设立一个代表财政部运营的 PFI 运营工作组，该工作组帮助了数百名合同经理并出版了工作指南。英国地方政府的中央 PPP 促进中心也帮助地方政府履行了它们合同管理的职责，还在 2007 年出版了《PFI 及 PPP 项目合同管理指南》。

将合同管理职责的部分内容划分给专门的 PPP 促进中心。这种做法可能限于"非常规"事件、或极具挑战性的合同管理任务。例如智利公共工程部所属的特许经营促进中心就负责代表若干个部来监督绩效并管理 PPP 合同，又如在韩国，PPP 促进中心（PIMAC）负责在施工阶段管理 PPP 合同。

四、PPP 项目投资规划

PPP 模式已经或正在成为各国刺激经济发展、提高公共服务能力的重要手段，作为 PPP 项目的纲领性文件，PPP 项目合同在整个 PPP 项目中处于核心地位，由此，PPP 合同会在实际上直接对各国经济产生重要的影响。然而，由于 PPP 项目本身的长期性，PPP 合同所涉及的政府付款承诺也具有长期性，这种长期性常常还伴随着一个或者多个不确定的风险，这些都有可能对公共财政产生巨大的挑战，在 PPP 的具体实践中，也的确因为 PPP 对财政的影响没有得到有效的管理而导致了一些问题的产生，例如 PPP 模式被用于逃避预算或借贷限制，长期下去对国家的财政体制造成了重大伤害，因此，为了 PPP 项目本身更好地实现物有所值，也为了增进公共财政管理的效益，有必要对 PPP 项目进行投资规划。

PPP 项目的投资规划主要包含四个方面的内容：在 PPP 项目中如何进行财务评估，PPP 项目中如何进行财务控制，PPP 项目中如何进行财务预算，以及在 PPP 项目中如何进行财务决算和报告。

（1）PPP 项目的财务评估

公共投资项目要成为 PPP 项目，都要经过项目评估和审批程序，通常这一程序可以和预算程序紧密结合起来，通过对公共投资项目进行财务评估，公共部门能够确定该项目是否是一个好的项目，能否够成为 PPP 项目，与此同时，通过项目预算，公共部门能够确定公共财政能力是否以及什么时候能够负担得起该项目。

如上文所述，财政部在 PPP 项目的财务评估中发挥着核心作用，那么财政部如何才能决定是否批准对某个拟定项目的财政承诺呢？通常它们会考虑两个问题：第一，PPP 项目是否能实现物有所值；第二，公共财政能否负担该项目。

评估 PPP 项目是否能实现物有所值。对于大多数项目而言，物有所值评价就意味着评估其是否成本－收益合理，是否采用成本最少效益最高的方式。除此之外，为了更好地评估 PPP 项目的物有所值，还需要进行一些额外的分析，以确定 PPP 项目是否架构合理，以及是否比公共采购方式更能实现物有所值。中国财政部制订的《PPP 物有所值评价指引（试行）》对此进行了全面综合的规定，要求"中华人民共和国境内拟采用 PPP 模式实施的项目，应在项目识别或准备阶段开展物有所值评价"；明确规定"物有所值评价包括定性评价和定量评价。现阶段以定性评价为主，鼓励开展定量评价。定量评价可作为项目全生命周期内风险分配、成本测算和数据收集的重要手段，以及项目决策和绩效评价的参考依据。""应统筹定性评价和定量评价结论，做出物有所值评价结论。物有所值评价结论分为'通过'和'未通过'。'通过'的项目，可进行财政承受能力论证；'未通过'的项目，可在调整实施方案后重新评价，仍未通过的不宜采用 PPP 模式"；并进一步指出"财政部门（或 PPP 中心）应会同行业主管部门共同做好物有所值评价工作，并积极利用第三方专业机构和专家力量"。

公共财政能否负担该 PPP 项目。在实践中，财政部门通常无法准确回答这一问题。首先，财政部门并不十分清楚 PPP 项目将要支出多少。PPP 项目本身具有长期性，政府在 PPP 合同中的财政承诺也是长期的。而在这一过程中可能出现诸多变量，如市场需求的变化、汇率的变化等，而且对 PPP 的许多财政承诺都属于或有负债，其发生、时机及价值都取决于一些不确定的尚未发生的事件，从而使得财政部门无法精确测算 PPP 项目所需成本。其次，财政部门在决定公共财政能否负担 PPP 项目时，需要考虑到政府在年度财政预算范围内的购买能力。然而，由于 PPP 项目成本无法得到准确估算，财政部门事实上也无法确定公共财政能否负担该项目。虽然上述原因导致了财政部门在判断公共财政能否负担 PPP 项目时的困难，但它们仍然能够通过一定的途径和方法来获取尽可能准确的判断，例如可以预测预算限额，采用这种方式的国家有巴西、英国、法国等国家。在英国，采购部门必须在部门年度可用支出范围以内，对部门在本年度今后的支出进行审慎推断的基础之上，来证明其对 PPP 项目的负担能力；还可以将公共财政对 PPP 项目的可能支出纳入预算范围内，这种方式直接解决了财政部门进行 PPP 项目财务评估时对预算的顾虑。如澳大利亚的维多利亚州法律规定，政府部门在考虑 PPP 项目时，首先需寻求获准能够在 PPP 项目中支出。[①] 在中国，财金〔2014〕113号文件第 25 条规定："项目合同中涉及的政府支付义务，财政部门应综合中长期财政规划统筹考虑，纳入同级政府预算，按照预算管理相关规定执行。"

135

---

① See World Bank, Asian Development Bank, Inter – American Development Bank (2014). Public – Private Partnerships: Reference Guide, Version 2.0. World Bank, Washington, DC; Asian Development Bank, Mandaluyong City, Philippines; Inter – American Development Bank, Washington, DC. Retrieved September 2, 2014, from http: //hdl. handle. net/10986/20118. p. 100.

这事实上也是直接将公共财政对 PPP 项目的负担纳入财政预算范围内的做法。《政府和社会资本合作项目财政承受能力论证指引》进一步细化了相关规定，要求"财政部门（或 PPP 中心）识别和测算单个项目的财政支出责任后，汇总年度全部已实施和拟实施的 PPP 项目，进行财政承受能力评估"，并规定"财政承受能力评估包括财政支出能力评估以及行业和领域平衡性评估。财政支出能力评估，是根据 PPP 项目预算支出责任，评估 PPP 项目实施对当前及今后年度财政支出的影响；行业和领域均衡性评估，是根据 PPP 模式适用的行业和领域范围，以及经济社会发展需要和公众对公共服务的需求，平衡不同行业和领域 PPP 项目，防止某一行业和领域 PPP 项目过于集中"。

（2）PPP 项目的财务控制

对 PPP 项目的财务控制在降低 PPP 项目风险、保障 PPP 项目的顺利实施的同时，对公共财政也有十分重要的意义。在实践中，除了逐个考察 PPP 项目的财务风险，一些政府还制定了相关目标和规则对其国内所有 PPP 项目的总体财政承诺进行控制。但是，在一国的 PPP 项目中，通常包含多种类型的财政承诺，如何确定什么样的财政承诺应当被包含在控制范围内对政府部门提出了挑战。

为了应对这一挑战，有两种操作方式值得借鉴。

第一种，对国内 PPP 项目的总体财政承诺作出具体的限制。如秘鲁政府在 2008 年颁布的第 1012 号法令中规定：对于国内 PPP 项目的总体财政承诺的价值，不得超过其国内生产总值的 7%。我国也是采取这种做法，财政部 2014 年 11 月 29 日印发的《政府和社会资本合作模式操作指南（试行）》第 9 条规定："为确保财政中长期可持续性，财政部门应根据项目全生命周期内的财政支出、政府债务等于，对部分政府付费或政府补贴项目，开展财政承受能力论证，每年政府付费或政府补贴等财政支出不得超出当年财政收入的一定比例。"《政府和社会资本合作项目财政承受能力论证指引》第 25 条规定："每一年度全部 PPP 项目需要从预算中安排的支出责任，占一般公共预算支出比例应当不超过 10%。省级财政部门可根据本地实际情况，因地制宜确定具体比例，并报财政部备案，同时对外公布。"这种方式的优点在于：尽管政府有时可能会在个别 PPP 项目上出现财政负担上的困难，但是对绝大多数 PPP 项目并无影响，不会增加公共财政本身的风险。但是，这种方式的弊端是：通过对国内 PPP 项目总体财政承诺的限制，将很有可能导致政府部门更多地选择传统的公共采购模式而不是更能实现物有所值的 PPP 模式。

第二种，将对 PPP 项目财政承诺的限制纳入其他财政目标中。例如，有的国家为公共债务设定目标或限制，PPP 项目财政承诺的某些类型可以纳入公共债务的测量中，这种测量遵循的是国际惯例或国家法规。但是这种方式适用案例有限，一般也都限制在全国层级。①

（三）PPP 项目的财务预算

与普通的政府财务预算不同，PPP 项目的财务预算首先要确保资金已经拨付、可以用于支付政府在 PPP 项目中所应当承担的费用，由于这些支出具有偶然性、或今后才需支付，所以很难以传统的年度预算周期的方式来管理 PPP 项目的财务预算。但为了公共财政管理的绩效良好，且为了给私营合作方以政府定会支付的信心，PPP 项目需要可信的、且可行的预算方式，来保障 PPP 项目的直接支付和或有支付。

1. PPP 项目财政直接支出的财务预算

PPP 项目的直接财政支出包括项目建设期间的资金补贴，以及持续支付的费用，例如影子费用和分期支付的可用性费用。

当政府向 PPP 项目提供资金补贴时，其付款形式与传统的政府采购项目类似。由于这些支付通常是在项目的最初几年内完成的，因此它们可以相对容易地纳入年度预算和中期支出框架。然而，也有一些政府推出特定的基金，用这些基金来进行支付。

对政府而言，对长期的直接财政支出进行预算更具挑战性。年度预算拨

---

① See World Bank, Asian Development Bank, Inter – American Development Bank (2014). Public – Private Partnerships: Reference Guide, Version 2.0. World Bank, Washington, DC; Asian Development Bank, Mandaluyong City, Philippines; Inter – American Development Bank, Washington, DC. Retrieved September 2, 2014, from http: //hdl. handle. net/10986/20118. p. 101.

款周期和跨预算年度的付款承诺之间的不匹配将有可能导致私营实体承担无法获得拨款的风险。当然，这个问题不是公私合作伙伴关系所特有的，许多其他类型的合同支付承诺也可能超出预算年度。在实践中，政府总是假设立法机构将会负责任地批准拨款，对这个问题采取逃避的态度，不对长期的直接财政支出采用任何特定的预算方法。但PPP实践的发展迫使政府不得不正视这一问题，巴西在2000年第101号法律中规定，在PPP项目中实行自动拨款制度，即一旦补贴得到批准，所需的拨款不需要进一步的立法批准。虽然该政策尚未在实践中得到应用，但该政策有助于降低私营实体无法获得拨款的风险。在中国，财政部《政府与社会资本合作模式操作指南（试行）》第26条第2款中规定："政府有支付义务的。项目实施机构应根据项目合同约定的产出说明，按照实际绩效直接或停止财政部门向社会资本或项目公司及时足额支付。"这表明中国的PPP项目拨款同样不需要经过立法机构的进一步批准，为私营的投资者提供了更多的确定性。

2. PPP 项目财政或有支出的财务预算

政府在PPP项目的财政或有支出主要是由于过去的交易或事项形成的潜在支出，其存在必须通过未来不确定事项的发生或不发生予以证实，因此政府有可能支出，也可能不支出，这种状况导致对财政或有支出进行预算特别困难。如果现有拨款没有结余去进行财政或有支出，政府就不得不向立法机关请求补充拨款。为了解决这一难题，一些政府为PPP项目中的财政或有支出预算建立了特殊机制：第一种机制是创设具备灵活性的额外预算。例如在预算中建立意外开支，并且从中对财政或有支出进行付款，该部分可以被指定用于特定的负债，如高风险债务。除此之外，一些国家的法律还允许在特定情况下超出预算支出，而无需额外审批。第二种机制是建立财政或有支出基金。这一基金事实上是一种账户，政府需要预先转账，该基金在到期时将被用以支付实际的或有负债。这种做法在哥伦比亚、巴西、韩国、印度尼西亚等国得到充分实践。如哥伦比亚政府在1998年建立了财政或有支出的基金，该基金拥有一个特别账户，其资金则来源于公共实体以及国家预算，该基金被交由信托公司进行管理，用以支付对收费公路特许经营权提供担保所产生的财政或有支出。在中国，根据财政部《政府和社会资本合作项目财政承受能力论证指引》中指出政府在"PPP 项目全生命周期过程的财政支出责任，主要包括股权投资、运营补贴、风险承担、配套投入等"，而"风险承担支出责任是指项目实施方案中政府承担风险带来的财政或有支出责任。通常由政府承担的法律风险、政策风险、最低需求风险以及因政府方原因导致项目合同终止等突发情况，会产生财政或有支出责任"。

（四）PPP 项目的财务报告

政府有义务为其财政承诺负责、且向利益相关者进行报告，在 PPP 项目中，若政府财务报告制度得到高效执行，有助于政府审查其自身财政状况，财务报告信息公开也使得其他利益主体，例如借贷方、信用评级机构、以及公众得以了解政府的财政管理绩效，增强投资者信心，提升公众对 PPP 项目的支持程度。

在实践中，各国政府普遍使用的财务报告方式有三种：政府财务统计报告、政府财务报表、预算编制和稽核，这三种方式分别适用相关领域的国际公认标准或指南。

政府财务统计报告，即关于政府财产状况的概要统计。政府财务统计报告的目的是：使得数据具有国际可比性。统计数据需要遵循区域或国际标准，例如欧盟统计局为欧盟国家所规定的标准，或者国际货币基金组织 2001 年发布的"政府财务统计报告手册"。

政府财务报表，即政府发布的、通过审计的财务报表。各国政府都会自行编制财务报表，并将该财务报表向社会公开。对于这种财务报告方式，财务报表的内容和形式都有公认的国际标准——国际公共部门会计准则（IP-SAS）和国际财务报告准则（IFRS）。其中，国际公共部门会计准则（IP-SAS）适用于公共部门，而国际财务报告准则（IFRS）则适用于公司。遗憾的是，很少有政府在实践中完全遵循这些标准。

预算编制和稽核，大多数政府会将财务绩效报告作为预算编制和稽核的一个部分，这种方式不需要遵循任何国际标准，但有一些旨在提高透明度的国际性指导文件，例如，经合组织 2002 年发布的"预算透明度的最佳实践"

以及国际货币基金组织 2007 年发布的"财务透明度手册"。

各国根据自身情况和惯例选择合适的财务报告形式，并适用相应的国际标准，然而，各国在实践中对这些指南却有着不同的解读，从而导致在以下两个问题上存在着较大的争论：是否应当在报告中确认政府账户的 PPP 负债情况，以及是否公开 PPP 项目负债情况。

确认政府账户的 PPP 负债情况。政府需要决定是否确认以及何时确认 PPP 项目负债情况——即将 PPP 项目负债情况以新增公共资产、产生公共债务或支出的形式在财务报表中予以记录。这对于 PPP 项目十分重要，因为限制或目标通常是基于政府负债和支出情况来设定的，因此 PPP 项目的财政承诺是否被看作是财政支出或负债，会导致政府在使用和设计 PPP 项目的时候被物有所值以外的价值驱动。在这个问题上，前两种类型的报告所遵循的国际标准或指南都进行了规定：

国际货币基金组织在其"政府统计手册"中，列出了确认政府账户的 PPP 负债情况的前提条件：如果政府在 PPP 项目的设计、控制、维护等方面承担了项目的绝大部分风险与回报，政府就应当在财务统计报告中确认政府账户的 PPP 负债情况。

关于政府财务报表，根据 2011 年发布的国际公共部门会计准则（IPSAS - 32）第 32 版的相关内容，确认政府账户的 PPP 负债情况的条件是：（1）由政府控制 PPP 项目所提供的公共服务的价格和用户群体；（2）政府在合同结束时控制一切 PPP 项目资产的重大剩余利益。根据这一内容，由"政府付费"的 PPP 项目负债将在政府财务报表中得到确认，而如何处理"用户付费"的 PPP 项目负债尚不明确。

公开 PPP 项目负债情况。关于 PPP 项目负债情况的披露，国际通行的做法是：即使 PPP 中的财政承诺支出尚未被确认为负债，也应当在政府的公共财政账目和报告中披露。国际货币基金组织发布的《公共投资和公私伙伴关系的手册》中便列出了 PPP 项目负债情况应当公开的一般信息和具体公开要求。值得注意的是，公开 PPP 项目的或有负债可能特别具有挑战性，因为其价值难以用数字来表明。① 关于这一内容，本书关于"PPP 项目的评估与选择"的内容将为如何估计或有负债的价值提供参考。

五、PPP 项目的多元共治

如前所述，行政部门是 PPP 项目的主导部门，负责 PPP 项目的实施。但是，在 PPP 项目实施过程中，其他实体以及公众也会参与进来，例如立法机构（立法机构通过制定 PPP 法律为 PPP 项目设定框架，对 PPP 项目开展事前和事后监督，审查政府的 PPP 项目报告。但在某些情况下，还可能直接参与 PPP 项目实施，对 PPP 项目进行审批）、审计机构（对 PPP 项目的绩效或者特点部分进行调查，或者对项目的物有所值进行审计，为其他实体和公众对 PPP 项目的监督提供参考和支持）、以及公众（通过政府意见征询程序直接参与到 PPP 项目的设计，也可以对 PPP 项目进行反馈以监督 PPP 项目的执行），如何规制其他各类主体的行为和决策，是 PPP 项目实施过程中一个值得注意的问题。通常，为了让其他实体和公众能够更好的参与到 PPP 项目的实施中来，行政部门首先必须对 PPP 项目的相关信息进行全面、及时的披露，其他主体在得到相应信息后，以制度化或非制度化的形式参与 PPP 项目，形成 PPP 治理框架。

（一）PPP 项目信息公开

信息公开制度是其他主体和公众参与 PPP 项目治理的重要前提，也是实现 PPP 项目透明度的重要措施，因此，许多国家十分注重对 PPP 项目的信息公开，采用多种途径例如创建 PPP 项目的数据库或者在线图书馆为公众获取信息提供便利。但各国在 PPP 项目信息公开方面的程度和具体做法也同样存在差异，例如，智利和秘鲁会对 PPP 合同的完整内容进行披露，而英国则会在 PPP 合同公布之前对 PPP 合同进行修改，以保护商业秘密。在其他国家，

---

① See World Bank, Asian Development Bank, Inter – American Development Bank (2014). Public – Private Partnerships: Reference Guide, Version 2.0. World Bank, Washington, DC; Asian Development Bank, Mandaluyong City, Philippines; Inter – American Development Bank, Washington, DC. Retrieved September 2, 2014, from http: //hdl. handle. net/10986/20118. pp. 101 – 108.

如南非，则实行反应性披露，即仅根据公众的具体要求提供 PPP 项目信息。而有的国家为了防止单纯提供 PPP 合同可能不足以使其他主体和公众更好地了解 PPP 项目，还会公布一些 PPP 项目的补充信息和对合同主要条款的相关解释。

财金〔2014〕113 号文件第 31 条前两款规定："政府、社会资本或项目公司应依法公开披露项目相关信息，保障公众知情权，接受社会监督。""社会资本或项目公司应披露项目产出的数量和质量、项目经营状况等信息。政府应公开不涉及国家秘密、商业秘密的政府和社会资本合作项目合同条款、绩效监测报告、中期评估报告和项目重大变更或终止情况等。"这一条款表明，在我国，PPP 项目公司和政府都有对 PPP 项目信息主动进行披露的权利和责任。

（二）PPP 项目治理中的审计机构

审计机构参与 PPP 项目治理，对 PPP 项目进行审计的方式主要包括三种。

定期审计，即审计机构对 PPP 项目主体进行定期审核，考查 PPP 项目的账目是否和预算一致，以及 PPP 项目的实施过程是否遵循合同规定的流程。南非是采取这一做法的代表性国家，南非 PPP 手册模块 7 的第 219 条规定了审计机构每年的定期审计如何应用于 PPP 项目，包括：审计合规性，即审计机构需要检查 PPP 项目的实施过程是否满足"PPP 规则"的要求；审计财务报告。

PPP 项目绩效审计，即审计机构对 PPP 项目的绩效和物有所值进行审计。根据 INTOSAI 提供的指导方针，审计机构应当在采购流程后即对 PPP 项目进行审计，并对项目使用期进行进一步审查。该指南建议审计应当涵盖与物有所值有关交易的所有主要方面，为 PPP 项目实施的整个过程提供指导。

PPP 项目整体评估，在一些 PPP 模式发展较好的国家，审计机构会对 PPP 项目整体进行评估。例如，在英国，审计机构在比较 PPP 和传统公共采购项目的基础上，评估 PPP 能否和如何实现物有所值，并将其评估结果反馈到 PPP 的决策过程。

（三）PPP 项目治理中的立法机构

由于政治体制和经济社会发展状况方面存在着差异，各国立法机构参与 PPP 项目治理的方式和路径也存在着较大的差异，但其主要的方式仍然可能包括以下几种：

（1）设定 PPP 框架。PPP 框架通常由专门的 PPP 法律来设立，通过专门的 PPP 法律法规来规定 PPP 如何开展，如何实施，确保其中的每个流程都有法可依。

（2）为 PPP 项目支出设定限额。通过行使预算审批的权力，立法机构可以限制 PPP 项目的总体财政支出或一年中所用的总额，或以其他方式处理 PPP 项目可能产生的风险和代际公平问题。

（3）批准 PPP 项目。在某些国家，PPP 项目可能需要得到立法机关的批准。例如，匈牙利《PPP 法案》（1992 年）指出，政府必须征得议会的批准，才能签署一项目前价值超过 2.3 亿美元的多年付款义务的合同。而在危地马拉，所有 PPP 合同都需要国会批准。

（4）接受和审查 PPP 项目报告。政府的财务报告中包含 PPP 项目的相关内容，这使得立法机关能够对 PPP 项目报告进行审查，并对某些事件的相关决策者进行问责。

（四）PPP 项目治理中的公众参与

PPP 项目的出发点和落脚点是为公众提供更优质的公共服务，因此，作为关键利益主体的公众应当参与到 PPP 项目的治理中来，在实践中，公众参与 PPP 项目治理的可能有以下形式：

（1）直接参与。使服务用户和其他利益攸关方直接参与 PPP 项目的开发和监控，可以改善 PPP 项目的设计和绩效水平。尤其是在 PPP 项目开发阶段，利益相关者磋商是 PPP 开发过程的重要组成部分，在构建和实施 PPP 项目时，可以考虑潜在的服务用户和受项目影响的其他用户。

（2）用户反馈。作为 PPP 项目交付的服务对象，作为用户的公众反馈是 PPP 绩效监控的一个重要方面。首先，一些项目将用户反馈作为收集合同监测信息的有效的措施。其次，PPP 项目公司在项目设计过程中必须要考虑投诉解决机制，以确保用户能够反馈，且反馈的问题能够得到回应。最后，通过用户反馈而得到的用户满意度数据将会是 PPP 项目绩效评估的重要因素。

在实践中，政府实施、推广 PPP 模式的第一步是为 PPP 模式构建完善合理的框架，框架为 PPP 项目实施的每一步提供依据、指南和保障，因此，对于 PPP 项目的实务工作者而言，在进入 PPP 项目实施之前，需要首先深刻理解并把握 PPP 的框架，然后依照框架所设定的流程逐步实施 PPP 项目。

一、PPP 项目规划

在决定实施 PPP 项目以前，政府需要花费大量的时间、资金和人力物力来评估、论证一个项目是否可以以 PPP 模式实施、是否可以实现物有所值，为了确保这些工作顺利开展，制定一个正式的 PPP 项目规划是第一步。在实践中，PPP 项目规划是一个渐进的过程，其主要任务通过展开项目筛选来完成，以保证在项目正式实施前就能确定该项目的潜力。PPP 项目规划的具体内容包括三个方面，即：PPP 项目识别、PPP 项目评价与选择、建立 PPP 工作组与顾问团队。

（一）PPP 项目识别

PPP 项目识别，是指公共机构在项目开发初期，对潜在的 PPP 项目进行的识别、预测其潜力以及建立初步的 PPP 渠道的过程。虽然从严格意义上来说，项目识别不属于 PPP 生命周期的范畴，但任何基础设施项目，无论采用什么方式采购，项目识别都是其周期内的固有流程，PPP 项目识别为公共机构开展 PPP 项目提供了准备和前提条件，PPP 项目识别的结果将会直接影响项目最终的实施结果。PPP 项目识别可依照时间顺序分为三个阶段：识别潜在项目，预测项目潜力以及构建初步的 PPP 项目渠道。

1. 识别潜在项目

在开始识别潜在项目之前，首先需要初步界定项目范围，制定较为清晰的、最好是可量化的项目目标（可以采用管理中常用的目标制定 SMART 原则），项目范围和项目目标以提纲的形式列出，其中应当包括简单的成本估算，在识别过程中，项目范围和目标可以提供指引，将范围与目标和待选项目进行关联，采用一些工具和模型进行分析，例如成本收益分析、成本效益分析等。在分析过程中，充分考虑项目所处的社会超系统环境、项目的潜性目标，项目的融资成本、需求预测、税收影响、社会收益、环境外部性以及其他一系列因素。

根据项目范围和目标，选择项目来源。由于多数政府在公共投资规划方面都设计了清晰的流程、规定了清晰的方法，因此，识别优先投资的公共项目是识别出潜在的 PPP 项目的起点，通常情况下，公共机构已经通过特定的程序和方法对可选择的工程进行了评估、进行了详细的可行性和成本收益分析，因此，较为简单可行的方式是将公共机构已确定为优先投资的公共项目作为 PPP 项目的主要来源。当然，除此以外，PPP 项目还可能有其他的来源，主要包括：

（1）基础设施和服务部门的改革。政府对绩效不佳的基础设施部门正在145实施的改革可能会考虑引入 PPP 模式，以改善这一部门的绩效。

（2）商业机构主动提出的 PPP 项目建议。有的政府会为商业机构以及其他非政府机构提供发起 PPP 项目的路径，这是一种充分发挥私营部门力量来解决基础设施难题的方式。

当然，选择这两种来源的项目具有一定的风险，因为在理念上可能无法与政府综合各种因素而作出的规划和优先顺序真正地融合。对这两类项目，也应当采取与公共投资项目一样的标准和流程进行分析和筛选，最终确定优先投资项目。在实践中，许多国家的做法都是如此。在我国，财金〔2014〕113 号文件第 6 条中规定："政府和社会资本合作项目由政府或社会资本发起，以政府发起为主。（一）政府发起。财政部门（政府和社会资本合作中心）应负责向交通、住建、环保、能源、教育、医疗、体育健身和文化设施等行业主管部门征集潜在政府和社会资本合作项目。行业主管部门可从国民经济和社会发展规划及行业专项规划中的新建、改建项目或存量公共资产中遴选潜在项目。（二）社会资本发起。社会资本应以项目建议书的方式向财政部门（政府和社会资本合作中心）推荐潜在政府和社会资本合作项目。"根据该文件，两种来源的项目统一按照"评估筛选——确定备选项目——制定项目年度和中期开发计划——提交材料——进行定性和定量的物有所值评价——开展财政承受能力论证"的流程、采用相同的工具和模型进行分析和筛选。

2. 预测项目潜力

完成了识别潜在项目的工作以后，公共机构能够得到一个初步的 PPP 项目备选库，但这一备选库对于最终确定 PPP 项目来说仍然比较宽泛，需要进一步对该备选库内的项目进行筛选，在现有的信息下判断项目在采取 PPP 模式后能否实现物有所值、能否满足 PPP 项目目标的各项要求。这一阶段的主要目标是预测该项目的发展潜力。为了完成这样的筛选预测工作，政府需要设定一些选择条件、采用一些工具来进行衡量：需要对项目范围进一步细化，为该 PPP 项目设定最小规模，评估项目的物有所值和公共部门比较值，对项目进行技术、社会-经济、商业可行性评估，以确定该项目可以实现特定的项目目标、满足需求，以及该项目是否可以在有限风险内完成，进行承受能力测试，以确保政府有能力有效防范和控制财政风险，履行合同义务。

在预测项目潜力之前，有三个方面的问题需要厘清和确定：预测的时间节点、评估标准、以及责任主体。

（1）预测项目潜力的时间节点。在实践中，各国对项目潜力实施预测评估的时间节点并不一致：在澳大利亚与荷兰，项目潜力的评估从该项目被列为公共投资规划项目之日就开始实施；而在南非和韩国，是在进行可行性分析或战略分析之前进行；还有一种是在项目评估通过、被批准为公共投资项目以后，例如智利对所有的公共投资项目进行成本收益分析，然后通过严格的社会回报率评估后则列入公共投资项目列表上，而 PPP 项目要从这个列表中选择出来。

（2）项目潜力的评估标准。各国政府都制定了科学而完整的规范，许多政府通过选择国际标准和检核表作为标准，如南非制定的 PPP 手册列出的标准包括：项目规模、风险转移、产出、市场能力和潜力。在我国，财金

〔2014〕113 号文件要求从定性和定量两方面对项目进行物有所值评价，"定性评价重点关注项目采用政府和社会资本合作模式与采用政府传统采购模式相比能否增加供给、优化风险分配、提高运营效率、促进创新和公平竞争等"，"定量评价主要通过对政府和社会资本合作项目全生命周期内政府支出成本现值与公共部门比较值进行比较，计算项目的物有所值量值，判断政府和社会资本合作模式是否降低项目全生命周期成本"。《PPP 物有所值评价指引（试行）》对物有所值评价进一步作出了规定。此外，还需进行财政承受能力论证，《政府和社会资本合作项目财政承受能力论证指引》对此作出了详细规定。

（3）项目潜力预测的责任主体。通常情况下，这一责任是由公共机构承担，但也存在特殊情形，如邀请 PPP 专门机构协助和支持，或直接外包给专门的咨询机构全权负责。在我国，财金〔2014〕113 号文件第 7 条规定："财政部门（政府和社会资本合作中心）会同行业主管部门，对潜在政府和社会资本合作项目进行评估筛选，确定备选项目。财政部门（政府和社会资本合作中心）应根据筛选结果制定项目年度和中期开发计划。"可见，我国关于项目潜力预测的责任主体目前仅包括政府部门。

3. 初步建立 PPP 项目库（pipeline）

公共机构还可以为备选的 PPP 项目建立项目库，根据不同的需求或部门进行分类。对于投资者来说，这个项目库很有吸引力，因为投资者往往倾向于能够将资金投入到得到认可的一个项目库里的项目，而非少量的几个单独项目。政府的项目数据库应当包含所有的主要项目，无论其所采用的采购方法是什么。在风险、回报等因素相同的情况下，项目库的建立和存在有着重要的意义，因为它代表着政府正在按照一种结构化的路径来发展 PPP 模式，而且相比于单个项目，投资者的确更愿意投资在范围更广的细分市场的未来前景上，此外，投资者也能通过项目库看到在同一个细分市场上投资一系列项目的可能性，相同或相似的项目系统环境能够大幅降低投资者的成本。最后，项目库代表着政府以一种可持续的方式来决定合理的购买方式，这使得投资市场相信大量的 PPP 项目也将发布，从而提高对更多投资者的吸引力，激发有活力的竞争。

目前，许多国家都建立了 PPP 项目库。在建立项目库的过程中，政府需要在考虑相关因素的基础上设定合理的标准。菲律宾 PPP 中心为入库项目设定的标准是：项目前期准备情况（有的项目在作为 PPP 项目提出来之前，已经有了较好的先期基础，从而能够减少项目开发成本）；回应部门需求（PPP 项目应当围绕某一部门的发展而开发，符合部门发展的优先次序安排）；较高的可实施性（优先选择有较高成功可能性的 PPP 项目）。

在我国，国务院办公厅转发财政部、发展改革委、人民银行《关于在公共服务领域推广政府和社会资本合作模式的指导意见》（国办发〔2015〕42号）明确提出，要建立统一信息发布平台，及时公开 PPP 项目实施情况等信息，确保项目实施公开透明、有序推进。2015 年 3 月，财政部搭建了全国 PPP 综合信息平台，对 2013 年以来全国所有 PPP 项目实现线上监管、动态数据分析、案例分享等。财金〔2015〕166 号文件《关于规范政府和社会资本合作（PPP）综合信息平台运行的通知》规定，"综合信息平台按照项目库、机构库和资料库实行分类管理，项目库用于收集和管理全国各级 PPP 储备项目、执行项目和示范项目信息，包括项目全生命周期各环节的关键信息；机构库用于收集和管理咨询服务机构与专家、社会资本、金融机构等参与方信息；资料库用于收集和管理 PPP 相关政策法规、工作动态、指南手册、培训材料和经典案例等信息"，"项目库是 PPP 综合信息平台的核心组成部分，包含储备库、执行库和示范库三个子库。由各级财政部门会同相关部门评估、筛选的 PPP 项目，基本信息均应录入 PPP 综合信息平台。经省级财政部门审核满足上报要求的，列为储备项目。编制项目实施方案，通过物有所值评价、财政承受能力论证，并经本级政府审核同意的，列为执行项目。通过中央或省级财政部门评审并列为中央或省级示范项目的，列为示范项目"。该文件要求"所有 PPP 项目必须列入项目库"。财政部 PPP 中心指出，经审核未纳入项目库的项目，主要有三种情况：一是不属于公共产品和服务范畴，比如商业性地产开发，或不符合 PPP 操作规范，比如采用 BT 方式；二是项目信息不完整；三是审核工作尚未完成。此外，2015 年 4 月 18 日，发改委发布《国家发展改革委关于进一步做好政府和社会资本合作项目推介工作的通知》（发改投资〔2015〕805 号）。2015 年 5 月份，发改委门户网站开辟 PPP 项目库专栏，公开发布 PPP 推介项目，"入库项目涉及水利设施、交通设施、市政设施、公共服务、生态环境等多个领域，所有项目都已明确项目所在地、所属行业、建设内容及规模、政府参与方式、拟采用的 PPP 模式、责任人及联系方式等基本信息……"。

（二）PPP 项目评价与选择

一旦某个项目被识别、筛选出来、成为一个 PPP 项目，就应当进入 PPP 项目评价与选择的阶段。评价和选择 PPP 项目意味着对其进行检查，从经济、政治、社会、环境的角度来分析该项目是否适合开发，是否可以采用 PPP 模式采购该项目，是否在政府的财政承受能力范围内，市场对该项目是否有足够的兴趣，实施该项目的主要障碍是什么等。这一阶段要将识别阶段的工作进一步细化，这一阶段的工作结果决定了是否以 PPP 模式采购该项目。为了解决这些问题，在这一阶段，至少需要完成以下工作：确认应该采购该项目、清晰证明该项目以 PPP 模式来实施可以实现物有所值、制订项目可行性评估方案书、制订项目合同的基本框架。

通常来说，公共机构对 PPP 项目评价的主要内容包括：系统可行性评价、商业可行性评价、物有所值评价、财政能力评价。

（1）系统可行性评价。检验该项目是否有实施的价值以及实施的可能。首先，确定该项目与现行的政策、相关主体、公共投资规划相一致；其次，通过科学的方法和手段，对该项目的技术可行性、法律可行性、环境可行性以及社会可行性进行评估。

（2）商业可行性评价。检验该项目作为 PPP 项目是否吸引投资市场，私营部门是否将其看作值得把握的机会，通常用净现值、内部回报率等指标进行衡量。

（3）物有所值评价。评估该项目与其他传统采购方式相比是否能够实现更高的净经济效益，产出相同投入更少，或投入相同产出更大。

（4）财政能力评价。公共机构——通常是政府，对该项目的财政承受能力既包括实施该项目的财政直接支出能力，也包括财政或有支出能力。

1. 系统可行性评价

PPP 项目存在于一个系统当中，系统中的各个因素都对其产生影响，其中最重要的几个因素就是技术、法律、环境和社会，PPP 项目评估与其他的公共采购项目一样，也应当包括技术可行性、法律可行性、环境和社会可持续性的评估。在进行这一项工作之前，首先应当明确项目范围，清楚在该项目中将要使用的技术，该项目将要交付的可量化的或不可量化的产出结果，以及该项目将会为哪些人群提供服务。

（1）技术可行性评价。技术可行性评价应该回答以下的问题：项目是否能够采用已有技术按计划实施、且不存在不合理的技术风险？因此，在分析技术可行性的时候，需要对项目设计和建筑要求进行分析，但太多详细的项目建筑说明可能会阻碍可能的革新、且有可能给私营方带来无法预料的风险转移，因此通常只是列出可能会包括在之后会签订的 PPP 合同中的那些主要的设计和建筑要求。另外，还应当考虑项目绩效水平给设计和建筑带来的技术要求。评估技术可行性可以根据项目类型、合同类型、法律规定来选择适合的工具，例如过程建模（process modeling）、设备成本建模（equipment cost modeling）、现金流分析等。

（2）法律可行性评价。通过法律可行性评价来识别法律法规框架可能对项目产生的障碍，PPP 项目应当依据当前法律体系的要求来开发和实施，既要遵守国内法律法规，也要遵循国际规则，因此，首先需要对所有适用的法律框架进行梳理和分析，尤其要关注几种法律法规：第一是 PPP 的实施性法律法规，需要关注它们对项目作出的专门规定，例如最低资本价值和合同最长期限；第二是公共采购法律，它也部分适用于 PPP 模式，尤其是在通用合同和采购指南方面；第三是涉及到外国投资、房地产和劳工问题的法律法规；第四是土地使用规划法律法规和环境法；此外，还有争端解决、知识产权等方面的法律法规。其次，需要审查发起机构以及其他相关机构是否拥有发起或实施项目的法律权限。再次，应当对项目的法律事务进行深入的法律分析，以确保项目在土地使用、公司财务、雇佣关系等各个方面符合一般的法律框架。

（3）环境可行性评价。基础设施建设工程通常都会对环境造成较大的影响，在实践中，无法通过环境影响评价（EIA）成为一些 PPP 项目延迟的主要原因之一。对 PPP 项目进行环境可行性评价是为了确保项目在环境方面所有可能发生的问题都得到明确的处理，在接下来的项目过程中不存在难以解决的环境障碍。环境可行性评价的第一步是识别出与获得环境许可相关的所有法律规制，各国通常都制定了环境规制，为基础设施项目设定了环境标准、环境许可审批流程等。第二步是对项目的环境影响进行全面的定性和定量分析，即环境影响评价，形成环境影响报告书。我国于 2002 年通过、2016 年修正的《中华人民共和国环境影响评价法》规定建设项目的环境影响报告书应当包括以下内容：建设项目概况；建设项目周围环境现状；建设项目对环境可能造成影响的分析、预测和评估；建设项目环境保护措施及其技术、经济论证；建设项目对环境影响的经济损益分析；对建设项目实施环境监测的建议；环境影响评价的结论。第三步是制定消除或降低环境影响的策略，包括具体的实施机制，对项目所造成的不可避免的环境后果的补偿措施等。第四步是取得项目所需的环境许可证书，这在实践中非常重要，在采购之前越早拿到该许可证书，就越有利于减少后期的风险，增加采购成功的几率。

（4）社会可行性评价。PPP 项目的实施不可避免地会影响在项目影响区域生活和工作的公众，很多项目在实践中遭到了公众的强烈抵制，导致项目延迟或取消，因此，对项目的社会可行性进行评价有利于全面降低项目风险，减少抵制，强化公众支持。社会可行性评估所涉及的范围很广泛，包括社会、经济、文化等方面的状况，受其性质、规模和地点等因素的影响，不同的项目可能需要面对的社会事项也不同，但有些事项是共同的，例如项目对土地价格的影响进而产生的社会影响、项目可能带来的人口流动等。在进行社会可行性评价的时候，需要充分理解项目对当地公众可能产生的影响，聚焦于人文环境的关键要素，应当采用科学的方法和工具收集具有代表意义的资料，对工作或居住在项目影响区域的公众进行全面的分析，分析可能存在的社会问题，根据这些社会问题的情况设定一个基准，评估项目对识别出的公众可能会造成的影响，据此制定出消除不利影响的计划，根据社会影响评价改进项目规划，确认社区基础设施需求及解决方案，以减少项目风险、提高项目回报率。

2. 商业可行性评估

如果一个项目的合理预期收入可以覆盖所有的预期支出，那么该项目可以被看做具有商业可行性。商业可行性评价的目的和方式与项目的收入机制密切相关，在使用者付费的收入机制中，商业可行性评价的重点是评估项目的筹资能力，评估自由现金流与服务债务和股权比，以及特殊目的实体支付特许经营费用的能力；在非财务自我持续的收入机制中，该评价主要着重于评估使项目具有商业可行性的公共资源总量；在有的项目中，使用者付费不包括在收益组合里，可以直接评估对政府的投入。

商业可行性评价中常会使用到的工具是财务模型，财务模型是投资银行常用的工具，它实质上是一个电子表格，通常以 Excel 或其他兼容格式呈现，财务模型的内容包括合同期内私营部门所有预期投资、收益、成本、税收，以及一些分析指标，例如贷款成本、股权成本、保险指标以及相关通货膨胀率。建立财务模型需要评估现有数据，保证相容的假设支持进入模型的所有数据，识别关键的反应节点，且通过不断的评估检验与更新关键假设和模型分析结果。建立财务模型后首先应当收集从成本收益分析、设定技术条件时所估算的成本、技术可行性评估时找到的标杆项目的相关历史数据、目前的成本收入和需求方面的数据等行业数据，以及重要的宏观经济数据，根据项目情况作出假设，将数据和假设输入模型，通过模拟项目在不同情形下的预期现金流来预测项目的财务状况。[1]

3. 物有所值评价

物有所值评价是国际上普遍采用的一种评价传统上由政府提供的公共产

---

① 参见亚洲开发银行（2008）：《公私合作手册》，载亚洲开发银行网站：http://www.adb.org/zh/documents/public - private - partnership - ppp - handbook，最后访问日期：2012 年 2 月 7 日。

品和服务是否可运用政府和社会资本合作模式的评估体系，旨在实现公共资源配置利用效率最优化。事实上，物有所值评估是一个在 PPP 全生命周期内都在进行的评估：在 PPP 项目的评估阶段，通过对现有数据进行物有所值评估来确定是否应当批准实施 PPP 项目；在构建 PPP 项目结构的阶段，为了征求方案、发布决定，可能需要对前次物有所值评估结果进行修订；在合同签订以后，需要根据采购后的最终合同进行全面的物有所值评估，为以后的项目提供反馈；在合同管理阶段，根据合同修订情况和审核过的风险分配进行全面的物有所值评估，形成公共机构与私营部门协商过程中的指导性文件。

物有所值评估主要采用两种方法：

第一，定性分析法，对项目的类型、条件等内容进行审查，考察该项目采用 PPP 模式的依据是否充分。

第二，定量分析法，将 PPP 模式与传统模式相比较，开展成本—收益分析，以检验该项目能够在 PPP 模式下带来更多的预期收益。

我国财政部颁发的《PPP 物有所值评价指引（试行）》规定"物有所值评价包括定性评价和定量评价。现阶段以定性评价为主，鼓励开展定量评价。定量评价可作为项目全生命周期内风险分配、成本测算和数据收集的重要手段，以及项目决策和绩效评价的参考依据"；"定性评价指标包括全生命周期整合程度、风险识别与分配、绩效导向与鼓励创新、潜在竞争程度、政府机构能力、可融资性等六项基本评价指标"；"定量评价是在假定采用 PPP 模式与政府传统投资方式产出绩效相同的前提下，通过对 PPP 项目全生命周期内政府方净成本的现值（PPP 值）与公共部门比较值（PSC 值）进行比较，判断 PPP 模式能否降低项目全生命周期成本"。

4. **财政能力评价**

项目的财政能力评价是该项目能否获得批准、最终成为 PPP 项目的关键步骤，一个备选项目可能在技术、法律、环境、社会、商业上都具有可行性，物有所值评价的结果也说明 PPP 模式是采购该项目的最优方法，然而，政府仍然需要考虑是否能够承担该 PPP 项目中的财政支出而作出最终的决定。可见，政府对 PPP 项目的财政支付能力制约着 PPP 项目的实现。项目的财政能力评估主要包括两个部分：

（1）政府的直接财政支出，即政府对项目的直接支付义务，包括：合同义务的支出、政府补贴、影子收费或者基于产出的支付。政府的直接支付义务取决于项目的成本和非来源于政府的收入。对政府直接支付义务的评估方法主要包括：一，估计政府基于合同义务的支出，这种方法能够直观反映项目支出对财政预算的影响；二，将项目纳入财务报表，计算项目支付的净现值，开展财务可持续性分析。

政府的直接财政支出应当在项目规划阶段明确规定，即政府应当在向某一项目投入大量资金前确定自身的财政支付能力。

（2）政府的或有财政支出，包括：政府在风险发生后对私营实体的补偿、合同规定的补偿义务、合同终止时的支付义务以及债务担保等。对政府的或有财政支出进行评价十分困难，澳大利亚采取的两种方法值得借鉴：情景分析法和概率分析法。其中，情景分析法是指对影响政府财政支出的或然事件进行假定，并在假定条件下计算或有财政支出；而概率分析法则是指设计关于或有财政支出的变量共识，利用数学和计算机技术，计算或有财政支出。在实践中，大多数国家采取情景分析法来评估政府的或有财政支出。

（三）建立 PPP 工作组与顾问团队

许多成功实施了 PPP 项目的政府都建立了专门的 PPP 工作组与顾问团队来实施、推行 PPP 项目，一般而言，PPP 工作组是设置于政府内部的、由政府内部的相关专家组成的团队，而顾问团队主要是从外部聘请的在 PPP 项目方面拥有高水平专业知识和能力的团队。

1. PPP 工作组

PPP 工作组通常负责 PPP 项目的具体实施，成立以后，它们通常会得到授权来履行以下职能：监督和控制 PPP 的全过程，在 PPP 实施的某些具体问题上，它们还有审批的权限；制定 PPP 框架，开发并更新项目过程指南；在政府内部推广 PPP 模式，例如向合同主体建议可以以 PPP 模式来实施新的大型项目；为各个机构实施 PPP 项目提供咨询和服务；充当知识库的角色，整理并宣传 PPP 的知识和信息；为投资者提供沟通渠道，帮助竞标者和金融家了解项目以及将来的机会等相关信息；在财务结算后实施监督，并提供帮助。

政府在建立 PPP 工作组的时候，通常需要考虑以下因素：

第一，工作组的组织地位。是在已有的部门中设立该工作组、或是将其独立于其他政府机构之外？有的国家将 PPP 工作组设立在业务部门内，例如财政部、规划部、总理办公室、国家发展银行等，也有的国家可能同时设立好几个 PPP 工作组，赋予每个工作组不同角色和职能范围。

第二，工作组的职责。并非所有国家的 PPP 工作组都能得到授权以履行上述的职责，每个国家根据自己的情况来确定 PPP 工作组的职责重点，例如有的国家将 PPP 工作组的工作重心放在管控 PPP 过程，有的 PPP 工作组则主要负责指导、建议和批准 PPP 项目，有的国家则要求它们履行多重职责，职责重点的不同会导致 PPP 工作组在具体建设方案上的差异。

第三，工作组招聘。PPP 领域的专业人才在私营部门的薪酬非常有竞争力，那么如何才能吸引合适的人才进入工作组工作且长期留任就成了一个关键问题。工作组的人员配备将极大影响到工作组将如何开展工作、高效地履行职责。

第四，经费机制。如何设计经费机制来促进适当的激励和行为？应该如何安排 PPP 工作组的经费，确保能满足其运行成本？经费来源是财政拨款还是向采购主体收费？这些都是经费机制有关的问题。

在我国，财金〔2014〕113 号文件第 20 条规定，"项目实施机构应成立专门的采购结果确认谈判工作组，按照候选社会资本的排名，依次与候选社会资本及与其合作的金融机构就合同中可变的细节问题进行合同签署前的确认谈判，率先达成一致的即为中选者。确认谈判不得涉及合同中不可谈判的核心条款，不得与排序在前但已终止谈判的社会资本进行再次谈判"，第 33 条第 1 款规定，"项目实施机构或政府指定的其他机构应组建项目移交工作组，根据项目合同约定与社会资本或项目公司确认移交情形和补偿方式，制定资产评估和性能测试方案"。在实务中，我国各省、自治区、直辖市的财政部门设立了政府和社会资本合作中心或指定专门机构，在政府和社会资本合作中心或专门机构中设立工作下组，履行规划指导、融资支持、识别评估、咨询服务、宣传培训、绩效评价、信息统计、专家库和项目库建设等职责。

2. 顾问团队

在 PPP 项目实施的过程中，采购主体所需要的专业技能既多样又特殊，所需要的专业技能横跨多个领域，技术、金融、法律、市场、税务、会计、保险等领域的知识和技能都需要用到，且要求理论知识与实务知识相结合。几乎没有一个特定的政府机构能够恰好拥有这些所有领域的专家，因此，对于政府而言，一种合理的、高效的方式就是借助外部专家的力量。常见的形式有两种：第一种，聘请外部专家，即通过建立专家库或者"智囊团"，聘请公共实体以外的专家，为 PPP 项目提供专业的指导和咨询；第二种，购买外部顾问服务，即公共机构以政府采购的形式，向企业或其他社会实体购买顾问服务。与公共实体本身相比，这些机构本身在咨询和顾问方面的经验十分丰富，能够为 PPP 项目提供十分系统而专业的咨询建议。在我国，财金〔2014〕113 号文件第 16 条规定，在 PPP 项目采购阶段，"评审小组由项目实施机构代表和评审专家共 5 人以上单数组成，其中评审专家人数不得少于评审小组成员总数的 2/3。评审专家可以由项目实施机构自行选定，但评审专家中应至少包含 1 名财务专家和 1 名法律专家。项目实施机构代表不得以评审专家身份参加项目的评审"。《PPP 物有所值评价指引（试行）》规定，"财政部门（或 PPP 中心）应会同行业主管部门共同做好物有所值评价工作，并积极利用第三方专业机构和专家力量"，"定性评价专家组包括财政、资产评估、会计、金融等经济方面专家，以及行业、工程技术、项目管理和法律方面专家等。"

通常为政府提供 PPP 咨询服务的机构有律师事务所（擅长处理行政法类事项、以及商业、金融和税务方面的事务）、金融咨询公司（可以是国际财务顾问团队、投资银行或 PPP 管理的专业机构）、科技公司（通常在某个行业非常专业）以及公共机构（例如全国或部门性的 PPP 工作组），在实践中，还有的咨询公司为政府提供法律、金融、技术以外的咨询服务，在项目管理中发挥多领域顾问和专家的作用。

在聘请外部专家、组建顾问团队的标准上，每个国家根据自身情况和需求进行规定。在我国，财政部于2016年12月制定了《财政部政府和社会资本合作（PPP）专家库管理办法》，规定了PPP专家库入库专家的标准，包括基本条件和特殊条件两种，第7条规定："入库专家应当具备以下基本条件：（一）具备良好的职业道德和敬业精神，能够科学严谨、客观公正、廉洁自律、遵纪守法地履行职责，积极、独立地开展相关工作；（二）大学本科（含）以上学历，本科学历工作满13年，研究生学历工作满10年；（三）从事PPP领域相关工作满五年，具有高级专业技术职称或注册会计师、执业律师等相关资质或同等专业技术水平，熟悉PPP相关的法律、法规、规章及政策，具有较强的理论水平、实践经验和综合分析能力；（四）无违法违纪或不良从业记录；（五）原则上年龄在65周岁以下，身体健康，有时间和精力承担相应工作；（六）法律法规规定的其他条件。"第8条规定："经审核符合本办法第七条规定的个人申请专家具有以下条件之一的，可以优先入库：（一）在专业领域高水平期刊公开发表过PPP相关论文；（二）在经济管理类高水平出版机构出版过PPP相关著作；（三）深度参与或组织管理过2个以上PPP相关课题或项目；（四）参与过财政部示范项目运作、评审或其他相关活动。"

欧洲PPP专家中心（European PPP Expertise Centre）建议在选择外部顾问的时候，有几个问题值得关注：首先是重视专家个人的专业技能而不是其所在公司的技能；仔细审查每个顾问出于保证高质量的交付、满足时限要求而组建其团队的方式；评估顾问主动公开的利益冲突；确保顾问们拥有项目所需要的一系列技能，而非仅仅对PPP模式有大致的了解；确保顾问团队人数充足，可以承担繁重的、且不断变化的工作任务；了解竞标者的定价策略，确保其工作计划可持续发展。①

---

① See European PPP Expertise Centre（2014）. Role and Use of Advisers in preparing and implementing PPP projects. Retrieved June 1, 2015, from http：//www. eib. org/epec/resources/publications/role_ and_ use_ of_ advisers_ en. p. 14.

二、PPP 项目风险管理

项目风险是一种不确定的事件或条件，一旦发生，会对项目目标产生某种负面的影响。项目风险管理的目标在于使项目风险能够得到有效的控制及风险管理的成本最低或风险造成的损失最小，其实施应当遵循六项原则：第一，没有风险识别，就没有风险管理；第二，风险评估是风险对策的决策依据，风险评估的质量影响决策的正确性；第三，每一风险都有相关联的、不可避免的成本，该成本应在过程中的某一环节吸收；第四，合理分配风险，减少项目总成本并促进双方的工作关系；第五，适当分散风险，让参与项目的各方或多或少承担一定的风险，避免风险集中在某一方；第六，风险与回报均衡，承担风险的同时应获得相应的回报。采用 PPP 模式并不意味着政府可以把所有风险转移到私营机构，尤其不应该把私营机构无法控制的风险，例如汇率风险、利率风险等转移给私营机构，私营机构自身并不具备管理这类风险的能力，一味转移只能使项目本身的风险加大，而且私营机构可能会因为这种风险的转移而寻求高回报，从而最终给政府造成额外的经济负担。同样，私营机构也不能因为在项目中承担高风险就将其当做可以获取高额收益的来源。[①]

PPP 项目风险管理的基本程序包括两个方面：

（1）PPP 项目风险识别与分析。对 PPP 项目的所有风险进行识别，对识别出的风险进行估算、衡量，进而确定各项风险的频度和强度，为选择适当的风险处理方法提供依据。

（2）PPP 项目风险分配。对已经识别的风险在项目主体间进行分配，设定风险分配准则，列出风险分配中所有的限制因素，设计出风险分配矩阵。

（一）PPP 项目风险识别与分析

PPP 项目风险管理的首要原则是"没有风险识别，就没有风险管理"，

---

① 参刘新平、王守清：《试论 PPP 项目的风险分配原则和框架》，载《建筑经济》2006 年第 2 期，第 59~63 页。

因此，风险管理的第一步就是对PPP项目的风险进行识别，对项目所面临的现实的以及潜在的风险加以判断、归类整理，并对风险的性质进行鉴定，预估这些风险对项目可能产生的影响。

1. **项目风险识别**

在PPP计划、实施的过程中，有一些事故或事件会影响项目目标的实现，但这些事项并不总是带来风险，也可能意味着机遇，因此，政府在风险识别的过程中，要依据项目风险管理计划、项目的计划信息、历史资料（可以通过PPP资料库、项目文档等渠道获得）、风险类别来判断该事故或事项带来的是风险还是机遇。

PPP项目风险的具体类别可能由于其所在国家、项目特征以及服务性质等方面的差异而不尽相同。但是，在实践中，各国的PPP项目中存在一些共同的风险，主要包括以下几种：

①选址风险。主要是指项目实施过程中，由于其选址的价格、获得时间、政府的许可、自然条件以及环境治理成本等方面内容的变化，给项目带来的风险。

②设计、施工、试运营风险。包括施工时间延长、设计和施工不符合相关要求等情况为项目带来的风险。

③运营风险。包括运营成本超过预算、运营收入低于预期、维护成本过高、维护频率过高等为项目带来的风险。

④市场需求及其他商业风险。主要是指提供的服务不能够满足市场需求，或者收益低于预期带来的风险。

⑤政治风险。是指因政府对私营机构的管理规范或决策的变化为项目执行情况带来的影响。

⑥法律变更风险。包括法律法规的变化、税收政策的变化、行业规范的变化等原因对项目造成的影响。

⑦违约风险。指因项目的某一主体的违约行为为项目带来的影响。

⑧财政风险。指由于利率、汇率的变化或通货膨胀不利影响到项目产出而带来的风险。

⑨金融风险。指项目融资能力不足、融资困难、融资成本过高等原因带来的风险。

⑩不可抗力风险。即因不可预测的、不以双方当事人意志为转移的事件而带来的风险。

在实践中，管理团队会采用很多的方法来进行风险识别，几种常用的方法有：

①图示技术法。该方法是风险识别的一种常用的结构化方法，帮助相关人员分析和识别项目风险所处的具体环节、项目各环节存在的风险、以及项目风险的起因和影响。图示技术通常包括因果分析图（用于确定风险的起因）、系统和过程流程图（反映出某一系统内部各要素之间是如何相互联系的，以及它们之间发生因果关系的机制）、影像图（反映变量和结果之间因果关系的相互作用、事件发生的时间顺序等）。

②生产流程分析法。该方法对项目整个实施过程进行全面分析，逐项分析各个环节可能遭遇的风险，找出各种潜在风险因素。生产流程分析法可分为风险列举法和流程图法。

③文件审核法。风险管理人员对项目计划、假设前提、约束条件及其他项目文档进行一次结构化的审查，识别出其中的潜在风险。

④头脑风暴法。通过会议的方式充分发挥与会者的思维，用创造性、发散性思维和专家的知识经验来识别项目风险。头脑风暴法的最终结果是获得一份全面的风险列表，以备在将来进行定性和定量风险分析的过程中进一步明确。①

项目风险识别的结果常以列表形式呈现，表格内容包括风险事件的名称、事件所属类别、发生的概率、影响或后果、可能的发生时间和环节、征兆。

2. 项目风险分析

在 PPP 项目风险识别的基础上，应当继续运用科学的方法，对已经掌握

---

① 参见张立友：《项目管理核心教程与 PMP 实战》，清华大学出版社 2003 年版，第 241~245 页。

的统计资料、风险信息及风险的性质进行系统分析和研究。分析方法包括定性和定量两种，定性分析是评估已识别风险的影响和可能性的过程，这一过程按风险对项目目标可能的影响对风险进行排序，通常采用的方法有风险概率/影响分析、概率/影响等级评分矩阵、项目假设检验、数据准确性评定等；定量分析的目标是量化分析每一风险的概率及其对项目目标造成的后果，也要分析项目总体风险的程度，通常采用敏感性分析、决策树分析、模拟（蒙特卡罗分析）等方法。

对PPP项目的风险分析并不是一次性活动，而是在项目全周期中都在进行的活动。对于政府而言，很有必要在项目识别、项目准备、项目采购阶段详尽地评估PPP项目生命周期的各种潜在风险。在项目前期，这些风险分析所针对的事项往往是预期性的。当PPP项目进入实际执行阶段，政府应将更多注意力集中于非预期事项中。因为项目执行阶段发生的事项如果是预期的，那么该事项在项目前期已经被预计，其风险已经被预估，虽然存在实际发生情况和预测情况不符的情形，但政府往往对此类风险已有应对策略，而此类事项往往具有常规性和重复性，对项目产生的影响保持在政府可控范围内。而对于非预期项目，政府缺乏前期预警和应对措施，这类风险导致的损失往往是惨重的。因此，政府在项目执行阶段须额外关注非预期的潜在事项。[①]

（二）PPP项目风险分配

PPP项目的风险分配是指对项目风险带来的影响选择责任承担方（PPP合同的某一方）。对PPP项目进行风险分配，有助于更好地实现物有所值的目标。对项目风险进行分配的主要目的有两个：一是激励各方积极开展风险管理，二是为项目风险后果提供担保或保证。

PPP项目风险分配主要包括三个方面的内容：

第一，设定风险分配原则。通过一系列协议确定基本框架，将PPP项目

---

① 参见周清松、张慧婷、苏新龙：《中国基础设施PPP项目风险管理分析——基于COSO – ERM框架》，载《社会科学前沿》2016年第3期。

风险分配给最有能力降低或控制风险的参与方。

第二，列出风险分配的限制因素。将可能限制 PPP 项目风险分配的限制性因素进行列举，并制定出相应的解决方案。

第三，设计风险分配矩阵。列出已识别的各类风险，并确定这些风险的分配方案，编制风险矩阵，并将其纳入 PPP 合同条款。

1. 设定风险分配原则

风险分配原则是指指导风险分配过程的总的依据和规则，PPP 项目风险分配并不存在绝对的原则，而是应该在确定基本原则的基础上，综合考虑双方对风险的态度和项目的具体条件，确保分配的结果可以减少风险发生的概率、风险发生后造成的损失以及风险管理成本，使 PPP 项目对各方都具有吸引力，而且在 PPP 项目进入实施阶段以后，各方有能力控制分配给自己的风险，高效地实现项目目标。[①]

目前，学术界和实务界对 PPP 项目风险分配的原则达成了基本共识，即：（1）风险应该由最有控制力的一方承担，而控制力的概念则包括是否完全理解所要承担的风险、能否预见风险、能否正确评估风险对项目的影响、能否控制风险的发生、风险事件发生时能否管理风险和风险事件、发生后能否处理风险带来的危害；（2）风险分担与所获得的收益匹配；（3）有承担风险的意愿。[②] 依据这些基本原则，PPP 项目的风险分配情况通常如下：

将风险分配给最有能力控制风险发生的一方。例如，私营机构在项目施工方面比公共机构更有经验，因此，应当将项目施工过程中的风险更多地分配给私营机构一方。

将风险分配给最有能力控制风险后果带来的影响的一方。例如，当不可抗事件——诸如海啸、地震、火山爆发等发生时，应当将风险分配给更有能力将损失降到最低的一方。

将风险分配给最有能力消化风险后果的一方。即当风险后果带来的影响

---

① 参见刘新平、王守清：《试论 PPP 项目的风险分配原则和框架》，载《建筑经济》2006 年第 2 期。

② 柯永建、刘新平、王守清：《基础设施 PPP 项目的风险分担》，载《建筑经济》2008 年第 4 期。

不可避免且无法降低时，应当将风险分配给能以最低的成本消化风险后果的一方。

私营机构往往在项目风险分配中承担更多的责任，这并非以上原则直接导致的结果，而是因为，让私营机构承担更多的风险能够更加有助于降低项目总成本，实现物有所值。当然，私营机构所承担的风险越高，往往也就意味着其所要求的回报越高。

在实践中，许多国家都在上述基本原则的基础上制定了风险分配的具体原则。在我国，财金〔2014〕113 号文件第 11 条中规定："按照风险分配优化、风险收益对等和风险可控等原则，综合考虑政府风险管理能力、项目回报机制和市场风险管理能力等要素，在政府和社会资本间合理分配项目风险。原则上，项目设计、建造、财务和运营维护等商业风险由社会资本承担，法律、政策和最低需求等风险由政府承担，不可抗力等风险由政府和社会资本合理共担。"

2. 列出风险分配的限制因素

PPP 项目风险分配受到一些因素的影响和限制，常见的有以下几种：

（1）风险分配的详细程度。理论上，所有的风险都可以被识别并分配给最有能力承担的一方，以实现物有所值，然而这样很有可能带来较大的成本支出，甚至在一些不太重要的风险方面导致成本超过了收益。因此，很多具体项目中风险按照类别来进行分配，例如，所有建筑类的风险都由私营机构来承担，而政府承担所有政治类的风险。

（2）存在无法被转移的风险。实践中，有些风险通过 PPP 合同无法被转移出去，例如，私营机构实际上总是承担了一定的政治风险，例如政府合同违约或征用该设施。但有一些国际机构专门提供政治风险保险，可以在一定程度上降低私营机构承担的这类风险。

（3）转移风险给私营机构的限度。私营机构的股东总是希望在其预期收益的基础上接受有限度的、相对较低的风险，如果有的风险带来的损失超过了收益，那么私营机构有可能决定放弃该项目，而最终要对公共服务提供负责的政府则需要承担剩余的项目风险。

（4）双方承担风险的意愿。承担风险的意愿会受到一些因素的影响，例如：合同各方对风险的态度是厌恶还是偏好，在很大程度上取决于决策者的主观意识和性格；合同双方对项目风险的认识深度，如果一方对风险的诱因、发生几率、发生后的后果以及可采取的措施有足够的认识，则可能乐意承担较多的风险；风险发生时承担后果的能力，这主要取决于各方的经济实力；管理风险的能力，主要取决于各方管理风险的经验、技术和资源等。[①]

3. 设计风险分配矩阵

风险分配矩阵是项目风险管理中的一种简单、实用的结构性工具，它将风险分配的结果输出为直观的电子数据表格界面，其目的在于通过列明已识别的各类风险以及风险的责任主体，并将其纳入合同体系，最终实现对 PPP 项目风险的有效防范和控制。在实践中，PPP 项目主体在签订合同之前必须对风险分配矩阵进行多次检查，在合同生效前审核各方责任，为 PPP 项目的成功实施提供保障。有的国家为 PPP 项目风险分配设计了矩阵标准模式，例如南非、巴西。

通常 PPP 项目风险分配矩阵显示出项目风险类别、事件、造成的影响、风险价值、分配方式、应对措施等，如表5.1 所示。

表5.1　PPP 项目风险分配矩阵（示例）

风险类别	风险事件	风险描述	风险影响	风险价值	风险分配	应对措施
选址风险	文化遗产	项目选址内有一处世界文化遗产	项目取消，延期，成本增加			更改项目地址
设计、施工、试运营风险	设计、施工标准更改	最新出台了 xx 设计/施工标准	延期，增加成本			更改设计、施工方案
运营风险	运营成本超过预期	原油价格上涨	成本增加，服务质量下降			协商，监管质量
市场需求及其他商业风险	市场需求减少	出现了市场竞争，失去了唯一性	成本增加，收益无法保障			在设计阶段中事先规划

① 参见刘新平、王守清：《试论 PPP 项目的风险分配原则和框架》，载《建筑经济》2006 年第2 期。

政治风险	审批延误	审批流程所费时间超过预期	延期，成本增加			尽量加速审批
法律变更风险	法律变更	税法变更	收益无法保障			协商解决
违约风险	一方违约	不按照合同履约	服务交付质量无法保障			加强监管，以法律手段解决
财政风险	利率变化	利率变化导致私营机构收益受损	影响项目产出			监管，协商
金融风险	融资能力不足	缺少专业人才，导致无法实现项目融资目标	延期，取消，额外成本			培训专业人才，聘请外部专家
不可抗力风险	飓风	飓风导致项目无法正常进行	延期，额外成本			在合同中清晰界定和分配

许多关于 PPP 的研究都将焦点聚集在 PPP 项目风险分配上面，从某些角度来看，这会给人一种错觉，就是一旦 PPP 项目风险分配方案完成了，那这个方案就会自动地转为一个详尽的合同，但实际情况并非如此。许多在 PPP 项目方面非常有经验的先驱者们都强调，要经过一个中间阶段来对合同中的其他要素进行界定，例如某项工作具体由谁来做、付款如何流动。经过这个中间阶段以后，PPP 项目风险分配方案才能转化为一个综合的合同体系。这一中间阶段需要完成以下工作：

（1）基于风险分配的结果，根据各方按照最合理原则所需承担的风险，考虑制度性联结和政治约束等因素，来再次梳理和界定合同各方在该 PPP 项目中的职责分配。

（2）依据职责和风险的分配来制定恰当的付款机制。

（3）确定项目绩效评估、监督和执行的方式，以进一步明确付款机制。

三、PPP 项目合同设计

PPP 合同是 PPP 项目实施与开展的纲领性文件，规定 PPP 项目主体的权利、义务、责任以及风险分配等内容。我国财政部发布的《关于规范政府和社会资本合作合同管理工作的通知》（财金〔2014〕156号，以下简称财金〔2014〕156号文件）指出："按合同办事"不仅是PPP模式的精神实质，也是依法治国、依法行政的内在要求。加强对PPP合同的起草、谈判、履行、变更、解除、转让、终止直至失效的全过程管理，通过合同正确表达意愿、合理分配风险、妥善履行义务、有效主张权利，是政府和社会资本长期友好合作的重要基础，也是PPP项目顺利实施的重要保障。设计PPP项目合同的时候，需要对PPP项目合同体系进行全面的了解和认识，既要明确PPP项目的合同主体，掌握关键的PPP项目合同类型，也要了解项目合同中必须包括的内容。

（一）PPP项目的合同主体

PPP项目的合同主体是指PPP项目的主要参与方，它们之间通过PPP合同体系构成民事主体之间的民事法律关系。世界银行总结的PPP项目典型结构的参与者包括政府、特殊目的实体（SPV）、投资人、土木承包商/机电承包商、运维承包商、投资方A、投资方B、顾问，见图5.1。

图5.1　PPP项目典型结构（世界银行，2008）

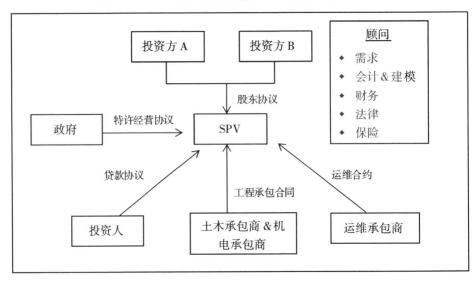

在我国，根据财政部《PPP 项目合同指南（试行）》的内容，PPP 项目的参与方通常包括政府、签约企业、融资方、承包商和分包商、专业运营商、原料供应商、产品或服务购买方、保险公司、其他参与方，具体如下：

政府。政府的具体职责根据 PPP 项目运作方式和社会资本参与程度的不同而不同，在 PPP 项目中，政府同时扮演了两种角色：第一是公共事务的管理者，政府负有向公众提供优质且价格合理的公共产品和服务的义务，承担 PPP 项目的规划、采购、管理、监督等行政管理职能，并在行使上述行政管理职能时形成与项目公司（或社会资本）之间的行政法律关系；第二是公共物品或服务的购买者（或购买者的代理人），政府基于 PPP 项目合同形成与项目公司（或社会资本）之间的平等民事主体关系，按照 PPP 项目合同的约定行使权利、履行义务。通常政府或政府授权机构作为 PPP 项目合同的一方签约主体时，称为政府方。

签约企业。是指与政府方签署 PPP 项目合同的私营企业或项目公司。项目公司是依法设立的自主运营、自负盈亏的具有独立法人资格的经营实体。项目公司可以由私营企业（可以是一家企业，也可以是多家企业组成的联合体）出资设立，也可以由政府和社会资本共同出资设立。但政府在项目公司中的持股比例应当低于50%、且不具有实际控制力及管理权。

融资方。PPP 项目的融资方通常有商业银行、出口信贷机构、多边金融机构（如世界银行、亚洲开发银行等）以及非银行金融机构（如信托公司）等。根据项目规模和融资需求的不同，融资方可以是一两家金融机构，也可以是由多家银行或机构组成的银团，具体的债权融资方式除贷款外，也包括债券、资产证券化等。

承包商和分包商。在 PPP 项目中，承包商和分包商的选择是影响工程技术成败的关键因素之一，其技术水平、资历、信誉以及财务能力在很大程度上会影响贷款人对项目的商业评估和风险判断，是项目能否获得贷款的一个重要因素。承包商主要负责项目的建设，通常与项目公司签订固定价格、固定工期的工程总承包合同。一般而言，承包商要承担工期延误、工程质量不合格和成本超支等风险。对于规模较大的项目，承包商可能会与分包商签订分包合同，把部分工作分包给专业分包商。根据具体项目的不同情况，分包商从事的具体工作可能包括设计、部分非主体工程的施工，提供技术服务以及供应工程所需的货物、材料、设备等。承包商负责管理和协调分包商的工作。

专业运营商（部分项目适用）。根据不同 PPP 项目运作方式的特点，项目公司有时会将项目部分的运营和维护事务交给专业运营商负责。但根据项目性质、风险分配以及运营商资质能力等不同，专业运营商在不同项目中所承担的工作范围和风险也会不同。

原料供应商（部分项目适用）。在一些 PPP 项目中，原料的及时、充足、稳定供应对于项目的平稳运营至关重要，因此原料供应商也是这类项目的重要参与方之一。例如在燃煤电厂项目中，为了保证煤炭的稳定供应，项目公司通常会与煤炭供应商签订长期供应协议。

产品或服务购买方（部分项目适用）。主要适用于包含运营内容的 PPP 项目，项目公司通常通过项目建成后的运营收入来回收成本并获取利润。为了降低市场风险，在项目谈判阶段，项目公司以及融资方通常都会要求确定项目产品或服务的购买方，并由购买方与项目公司签订长期购销合同以保证项目未来的稳定收益。

保险公司。项目公司以及项目的承包商、分包商、供应商、运营商等通常均会就其面临的各类风险向保险公司进行投保，以进一步分散和转移风险。同时，由于项目风险一旦发生就有可能造成严重的经济损失，因此 PPP 项目对保险公司的资信有较高要求。

其他参与方。可能还包括投资、法律、技术、财务、保险代理等方面的专业机构。

（二）PPP 项目合同类型

既然每个 PPP 项目都会涉及到多方参与者，参与者之间都以法律合同来确立和调整彼此之间的权利义务关系，因此就会相应地产生多个合同。我国财政部制定的《PPP 项目合同指南（试行）》指出，"在 PPP 项目中，项目参与方通过签订一系列合同来确立和调整彼此之间的权利义务关系，构成

PPP 项目的合同体系。PPP 项目的合同通常包括 PPP 项目合同、股东协议、履约合同（包括工程承包合同、运营服务合同、原料供应合同、产品或服务购买合同等）、融资合同和保险合同等。其中，PPP 项目合同是整个 PPP 项目合同体系的基础和核心。"由此，完整的 PPP 项目基本合同体系如图 5.2。

图 5.2　PPP 项目基本合同体系

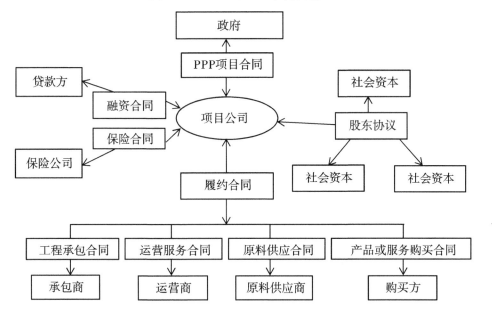

（来源：中华人民共和国财政部《PPP 项目合同指南（试行)》）

根据该文件，一个 PPP 项目的合同体系包括以下类型的合同：

（1）PPP 项目合同。PPP 项目合同是政府方与社会资本方依法就 PPP 项目合作所订立的合同。其目的是在政府方与社会资本方之间合理分配项目风险，明确双方权利义务关系，保障双方能够依据合同约定合理主张权利，妥善履行义务，确保项目全生命周期内的顺利实施。PPP 项目合同是其他合同产生的基础，也是整个 PPP 项目合同体系的核心。

（2）股东协议。股东协议由项目公司的股东签订，用以在股东之间建立长期的、有约束力的合约关系。股东协议通常包括以下主要条款：前提条件、项目公司的设立和融资、项目公司的经营范围、股东权利、履行 PPP 项目合同的股东承诺、股东的商业计划、股权转让、股东会、董事会、监事会组成及其职权范围、股息分配、违约、终止及终止后处理机制、不可抗力、适用法律和争议解决等。

（3）履约合同。履约合同包括工程承包合同、运营服务合同、原料供应合同、产品或服务购买合同。

（4）融资合同。从广义上讲，融资合同可能包括项目公司与融资方签订的项目贷款合同、担保人就项目贷款与融资方签订的担保合同、政府与融资方和项目公司签订的直接介入协议等多个合同。其中，项目贷款合同是最主要的融资合同。

（5）保险合同。由于 PPP 项目通常资金规模大、生命周期长，负责项目实施的项目公司及其他相关参与方通常需要对项目融资、建设、运营等不同阶段的不同类型的风险分别进行投保。通常可能涉及的保险种类包括货物运输险、工程一切险、针对设计或其它专业服务的职业保障险、针对间接损失的保险、第三者责任险。

（6）其他合同。在 PPP 项目中还可能会涉及其他的合同，例如与专业中介机构签署的投资、法律、技术、财务、税务等方面的咨询服务合同。

（三）PPP 项目的合同内容

为了帮助 PPP 项目各参与方全面系统地认识 PPP 项目合同，指导合同的订立和履行，各国通常会根据其具体情况来制定采用 PPP 模式的主要行业领域及主要运作方式的 PPP 项目合同标准示范文本，以帮助项目各方缩短合同准备和谈判周期，降低合同失败的几率。由于各国在所属法律体系、政治经济体制等各方面存在的差异，PPP 项目规范合同的内容存在较大差异，但大致都包括以下几个方面的内容：

（1）绩效要求。对交付资产和服务的质量和数量作出规定，以及监督和执行机制，包括惩罚机制。

（2）项目支付机制。主要是私营机构得到支付的方式，是使用者付费、政府支付还是两者结合的方式，以及红利和罚金的方式。

（3）合同调整机制。合同内置的处理变化的机制，例如对关税的非常复审，或者服务要求的变更。

（4）争议解决机制。即确定合同的利益相关者之间产生争议时解决的原则或方案的机制，包括合同以外的第三方调停、监管部门介入、介入司法程序、专家裁决以及国际仲裁等。

（5）合同终止条款。即确定合同双方权利义务终结的条款，包括合同期限、资产交接条款、以及提前终止条款。

1. 项目绩效要求

PPP 模式的一个显著的特征就是以产出要求条款来明确规定项目绩效，而非对项目投入作出规定，这就为私营机构提供了自由发挥的空间来实现绩效要求，此外，明确规定产出要求有利于保持公开公平的竞争环境。PPP 项目合同应当包括项目绩效目标、绩效监控方式、绩效未达标的后果、政府介入的权限几个方面的内容。

（1）明确的绩效目标。绩效目标应当符合"SMART"原则，即具体、可衡量、可达到、具有相关性和时限性。绩效目标必须是具体的，即对私营实体的产出设定具体的目标，而非抽象的、模糊的目标；绩效目标必须是可衡量的，即设定绩效目标时，应该有一组明确的数据，作为衡量是否达成目标的依据；绩效目标必须是可达到的，即应当根据私营机构面临的实际情况以及其实际的能力，为其设定能够实现的目标，一个不能被实现的目标可能带来项目的彻底失败，因此，绩效目标设置的过程中需要通过多次协商和沟通使得双方达成一致；绩效目标必须与项目具有相关性，即设定的绩效目标必须是为了项目的成功实施，与项目直接或间接相关联的；绩效目标必须具有时限性，即设定绩效目标时，还应当为该目标的达成设定期限，并设定进度要求，定期检查任务完成进度，及时掌握项目进展变化情况。

（2）绩效监控方式。对绩效目标实施随时的监控和调整，是绩效管理的重要特征。设定项目绩效目标后，应当设定绩效目标监控机制，包括：需要收集的信息、报告信息的主体以及报告信息的对象。

需要收集的信息：对绩效目标的监控是建立在对信息的收集、整理和分析的基础上的，因此，项目的绩效监控机制的首要内容就是在众多的信息之中确定哪些信息需要收集、以实现对绩效目标的监控。

报告信息的主体：即由谁将所收集、整理后的信息进行报告。及时报告信息是绩效监控能否有效的关键。

报告信息的对象：即主体向谁报告信息。通常，报告信息的对象可以是政府的合同管理团队、私营机构、外部监督、规制主体、用户等主体。

（3）绩效未达标的后果。需要在合同中清晰说明项目主体没有完成绩效目标可能产生的后果，例如规定罚款支付方式、违约罚款、履约保证，规定因绩效差而扣除的款项，规定正式的绩效警告制度，以及绩效不满意持续多久会逐渐变为最终默认终止等。在实践中，绩效未达标是最常见的违约行为，因此，在合同中设定绩效未达标的后果，有利于督促私营机构实现绩效目标。合同中常见的绩效未达标的后果主要包括：①罚款、支付违约金或保证金，即按照 PPP 合同规定的内容对绩效未达标的一方进行罚款，或者由绩效未达标方向另一方支付违约金，或者由绩效未达标一方提供保证金，向另外一方的提供风险保障；②对支付义务进行减免。PPP 合同的双方具备同等的地位，享有同等的权利、履行同等的义务。因此，当一方绩效未达标时，双方的同等地位事实上受到了削弱，弥补这一情形的做法便是对另一方的支付义务进行减免，使双方回复同等地位；③解除合约。当绩效未达标造成对 PPP 项目的部分损失、甚至项目整体的失败时，一方可以根据合同的规定解除合约，并不用为此承担任何责任。

（4）政府介入的权限。在 PPP 模式中，政府作为公共机构的主要组成部分，与私营机构之间是一种长期合作关系，双方是平等的合同主体。政府通常无权直接对 PPP 项目、尤其是特许经营权部分进行介入。但是，由于大多数 PPP 项目涉及国家重要领域、甚至涉及国家安全的关键领域，私营机构单独追求利润的行为可能在某些时候伤害公共利益，此外，当危及服务提供的一些问题产生时，政府更擅长解决这些问题，例如紧急的环境、公共安全或健康问题。因此，政府必须保留在特定条件下对特许经营权的介入权限，并谨慎行使这些权利，在保护公共利益的同时，确保不会伤害私营机构的利益。

2. 项目支付机制

项目的支付机制处于 PPP 合同的中心地位，支付机制的最终目的是为了支付给私营机构丰裕的报酬、使得它们愿意签订 PPP 合同、提供相应的服务。支付机制是在 PPP 合同中分配风险、提供诱因的基本手段，它规定了私营实体获得报酬的方法，因此也是激励私营实体履行合同义务的重要手段。常见的 PPP 项目支付机制有三种，即使用者支付、政府支付以及可行性缺口补助（Viability Gap Funding，简称 VGF），PPP 合同可能包含部分或全部的形式，应当根据项目本身的情况在合同中作出完整的规定。

（1）使用者支付。是指由最终消费用户直接付费购买公共产品和服务，项目公司直接从最终用户处收取费用，以回收项目的建设和运营成本并获得合理收益。高速公路、桥梁、地铁等公共交通项目以及供水、供热等公用设施项目通常可以采用使用者付费机制。使用者付费的方式下，核心问题是制定收费标准以及调整方法。

收费标准。在市场经济中，使用者向提供者支付费用以获取服务和产品，收费标准理论上应当由服务和产品的提供者制定。但是，由于 PPP 所涉及的行业通常为国家经济中的关键行业。这些行业具有一定的垄断性，如果单独由私营机构制定收费标准，很可能会伤害公共利益。因此，使用者付费机制下一般由政府来制定收费标准以及服务标准，来保障使用者权益。

调整方法。由于通货膨胀等要素的影响，收费标准可能会需要及时进行调整，对收费标准的及时调整事实上是对风险分配进行调整，保护用户和私营机构的利益。

（2）政府支付。即由政府向产品和服务的提供者支付费用，政府付费的依据主要是设施可用性、产品和服务使用量和质量等要素，因此可分为可用性付费（Availability Payment）、使用量付费（Usage Payment）和绩效付费（Performance Payment）这三种情形：

可用性付费（Availability Payment），是指政府根据产品或服务的使用情况付费，只要产品和服务还可用，就继续支付，此外，减免或扣除也取决于可用性。有的项目将质量要求放到了可用性的概念之下，这样政府的支付情况也取决于产品或服务是否达到了质量要求。

使用量付费（Usage Payment）是指政府依据项目公司所提供的项目设施或服务的实际使用量来付费，通常用使用者数量或者其他可用使用量测量的产出来衡量，使用量付费模式下所采购的设施或服务已经投入使用，进入了运营期。

绩效付费（Performance Payment）是指政府依据项目公司所提供的公共产品或服务的质量付费，即进入运营期后，项目公司所提供的运营或其他服务的质量。在按绩效付费的项目中，政府与项目公司通常会明确约定项目的绩效标准，并将政府付费与项目公司的绩效表现挂钩，如果项目公司未能达到约定的绩效标准，则会扣减相应的绩效付费。在这种机制下，私营机构只需要关注产品与服务是否达到绩效标准，而政府则应当承担需求下降的风险。

（3）可行性缺口补助。是指使用者付费不足以满足项目公司成本回收和合理回报时，由政府给予项目公司一定的经济补助，以弥补使用者付费之外的缺口部分。可行性缺口补助是在政府付费机制与使用者付费机制之外的一种折衷选择。在我国实践中，可行性缺口补助的形式多种多样，包括土地划拨、投资入股、投资补助、优惠贷款、贷款贴息、放弃分红权、授予项目相关开发收益权等。

在确定支付机制的过程中，还需要考虑设置项目奖惩机制，确保项目奖惩与特定产出相关。

3. 合同调整机制

由于 PPP 项目的长期性和复杂性，在整个 PPP 项目过程中就必定存在很多不可预知的变化，政治、经济、社会、环境、科技等方面任何的变化都可能为 PPP 项目的实施带来新的挑战，完备、完美的 PPP 合同体系并不存在，没有哪个合同体系能够列出未来的所有可能性，因此，PPP 合同必须具有内在的弹性，允许尽可能地在合同许可范围内应对变化的环境，而不是因为环境的变化而直接重开谈判或者终止，建立项目调整机制的目的就是设定一个变更的清晰流程以及边界。① 合同调整机制通常包括以下内容：

（1）财务平衡条款。民法体系通常会建议在合同中采用"财务平衡"的概念，可以在普通行政法中设定，也可以在 PPP 专门法中关于 PPP 的环境中或特定的合同中进行详细的规定。财务平衡条款授权给某一方更改合同的主要财务条款的权利，以应对可能影响回报的一些特定的外部事件，通常条款中规定三种导致可以适用财务平衡的不可预知的变化，即不可抗力、政府行为以及变更权。②

（2）变更服务标准。在签订合同的时候，采购主体通常很难精确界定全生命周期内的服务标准，因此，为了应对不断变化的外界环境，通常会在合同内规定处理变更服务标准的途径。

（3）变更收费或支付机制。由于通货膨胀等外部因素的存在，支付机制中通常会规定定期变更收费或支付机制，但也可以进一步规定对收费或支付方案进行审查的机制，例如定期的、或者是在极端环境下的一次性变更。

（4）对运营成本的市场测试以及基准测试。这种方式常见于英国的 PFI 项目中，通常用于一个 PPP 项目中既包括长期资产或服务的提供、又包括较为短期的"软"服务③的情形，在这种情形下的 PPP 合同中会包含定期的市场测试或者基本测试的条款，以确保软服务的定价与市场状况保持一致。

（5）再融资。在 PPP 项目实施过程中，风险状况或资本市场的改变可能意味着 PPP 项目公司可以以更优惠的条件来取消或重新协商其原始债务，所

---

① See World Bank, Asian Development Bank, Inter – American Development Bank (2014). Public – Private Partnerships: Reference Guide, Version 2.0. World Bank, Washington, DC; Asian Development Bank, Mandaluyong City, Philippines; Inter – American Development Bank, Washington, DC. Retrieved September 2, 2014, from http: //hdl. handle. net/10986/20118. p. 162.

② See World Bank, Asian Development Bank, Inter – American Development Bank (2014). Public – Private Partnerships: Reference Guide, Version 2.0. World Bank, Washington, DC; Asian Development Bank, Mandaluyong City, Philippines; Inter – American Development Bank, Washington, DC. Retrieved September 2, 2014, from http: //hdl. handle. net/10986/20118. p. 163.

③ 根据 Argy 等人的研究，基础设施分为经济基础设施和社会基础设施，而每一类又分为"硬"（实体形式）基础设施和"软"基础设施，硬经济基础设施有道路、铁路、机场等，软经济基础设施有职业培训、金融制度、技术转让、出口援助等，硬社会基础设施有医院、学校、住房等，软社会基础设施有社会保障、社区服务等。

以许多PPP合同里包括了测量和分享再融资所得的条款。

4. 争议解决机制

我国财政部制定的《PPP项目合同指南（试行）》指出："由于PPP项目涉及的参与方众多、利益关系复杂且项目期限较长，因此在PPP项目所涉合同中，通常都会规定争议解决条款，就如何解决各方在合同签订后可能产生的合同纠纷进行明确的约定。尽管没有规定明确的争议解决条款并不意味着各方对产生的纠纷不享有任何救济，但规定此类条款有助于明确纠纷解决的方式及程序。"

常见的争议解决方式包括：

（1）调解。即由第三方介入，提供相关建议以协助解决争议。选择调解方式的当事人往往并不想进入正式的司法程序或仲裁环节。这种方式有着效率高、成本低等特点，因此在实践中，调解是优先考虑的争议解决方式之一。

（2）诉诸监管机构。这种方法适用于其所在行业领域存在着独立监管机构的情况，这些监管机构承担着解决特定争议的职责，这种方法相对简单、成本较低。

（3）司法程序。PPP合同及合同中的争议都应当服从法院的审判权，但PPP项目各方通常情况下不会选择这种方式来解决争议，因为耗时较长，所以他们会尽量避免进入司法程序。

（4）专家裁决。组成由专家构成的委员会，并将争端提交该委员会裁决。专家裁决能够专业、快速地解决争端，并为合同的继续履行提供有效的建议，但是，专家裁决对双方当事人不具有强制效力。

（5）仲裁。这是很多PPP项目最终选择的方式，将争议提交至某个常设仲裁机构，仲裁裁决书是具备法律效力的法律文件，对双方当事人具有约束力。除此之外，仲裁还有节约成本、正式、权威等特点。应当注意的是，PPP合同由一系列的协议组成，其中，政府与私营机构签订的特许经营协议在一些国家的性质是行政合同，并不能够采取仲裁等方式来解决争端，而在另外一些规定特许经营协议是特殊"行政合同"的国家则可以申请仲裁。

《PPP 项目合同指南（试行）》中提出的争议解决方式包括三种，即友好协商、专家裁决和仲裁。

5. 合同终止条款

合同终止包括合同期满终止以及合同提前终止两种情况，合同终止条款是 PPP 项目合同中的重要条款，包括合同期限、合同期满终止的条件、违约事件、终止事由以及终止后的处理机制等内容。

（1）合同期满终止。PPP 合同对协议的履行期限以及项目交接等内容进行详细的规定，政府可能根据私营机构得到所要求回报的期限来规定合同期限，合同期满后若符合合同终止条件则终止合同；也可能只是在合同中规定收费和年度付款，由私营机构提出预计的运营年限，合同期满后即终止合同；还有可能是通过合同规定私营机构的预期收益，因此合同期限取决于私营机构得到所需回报的时间，即一旦私营机构通过 PPP 项目得到了所要求的回报，则合同期满、终止合同。

（2）合同提前终止。PPP 合同的终止条款应当包括合同提前终止的条件，包括违约事件、终止事由，以及合同终止后的处理机制。在世界各国的 PPP 项目合同中，规定了很多种事件可能导致合同的提前终止，归纳起来，大致有四种：第一种是私营机构方违约；第二种是公共机构方违约；第三种是公共机构基于公共利益的理由提前终止合同；第四种是因某些外部因素提前终止，例如不可抗力因素。根据项目终止事由的不同，项目终止后的回购补偿范围也不相同。

《PPP 项目合同指南（试行）》对政府方违约事件、项目公司方违约事件进行了概述，阐明了可能导致项目提前终止的事由，并提出了终止后的处理机制，包括回购义务和回购补偿两方面的事项。

四、PPP 项目采购

世界银行、欧洲发展银行和亚洲开发银行等组织通常认为，在整个 PPP 项目的实施过程中，规划、风险管理、以及合同设计属于 PPP 项目的深入准备阶段，在深入准备的基础之上开始项目采购，才进入了 PPP 项目的实施阶段。项目采购阶段以采购公告的发布为开始，以财务收尾为结束。在这一阶段，政府选择合格的公司或合营企业，即最终决定实施该 PPP 项目的私营机构，同时，也通过这一阶段的工作，找出达到该项目目标的最有效的方式。通常这一阶段的工作可分为四个步骤，即：

（1）确定 PPP 项目采购方案。该方案包括竞标者资格、竞标过程、与竞标者谈判以及评标标准。

（2）发布项目公告与资格审核。发布项目公告，按照标准对提出申请的企业进行资格审核。

（3）竞标。主要包括准备并发布建议邀请书（RFP）、与竞标者沟通、评估竞标者并选出中标者。

（4）实现财务结算。执行 PPP 合同，确保各方面正常运转以达到合同效益，则可以进行财务结算。

（一）确定 PPP 项目采购方案

PPP 项目采购方案决定了选择私营合作方的方式，以能实现最为物有所值的方式来实施采购。采购主体需要在众多的采购方式中确定出最适合该项目的、能发挥所有相关主体积极性的一种方案。在确定 PPP 项目采购方案的过程中，有两个关键问题需要考虑：即资格条件和采购方式。在资格条件方面，需要考虑何时发布资格条件要求、选择资格预审还是设定最低通过标准、要求建议书的途径、竞标和评估的方法、是否允许谈判等。在采购方式方面，需要根据项目情况选择一种常见的采购方式：公开招标、竞争性谈判、邀请招标、竞争性磋商和单一来源采购。在解答这两个关键问题的基础之上，采购主体才能制定出 PPP 项目采购方案，具体内容包括竞标者资格审核、竞标过程、与竞标者谈判、评标标准。

1. 竞标者资格审核

大多数竞标过程都为参与竞标的企业设定了必须具备的资格标准，以确保只有具备充足实力来执行和完成 PPP 项目的企业才能参与该项目竞标，这个过程称为资格审核，资格审核降低了废标的风险，提高了竞标的质量。

有的项目在竞标过程开始之前就确定有些企业合格，设定竞标者的数量上限，这通常称为资格预审。在实践中有一些国家和地区选择的是资格预审方式，例如智利、埃及、菲律宾、南非，资格预审的优点是可以限制竞标者的数量，提高竞标的成功率，能够激励合格的竞标者投放更多资源来开发项目、与实力相当的对手一起竞标，也减少政府评标所需资源；但资格预审的方式有可能导致共谋（collusive）行为，即投标企业在私底下达成共谋协议来瓜分该项目，同时制造出它们仍然积极竞争的假象，它们就能增加利润，而公共利益则有可能受到极大亏损。

有的项目则只是为投标者设定一个最低标准，凡是通过这一标准的投标者都可以参与竞标，这称为资格后审。对于那些刚刚开始实施 PPP 模式的国家和地区来说，它们面临的最大问题可能是竞标者数量不足，因此它们通常会选择资格后审方式。

《中华人民共和国政府采购法》第 26 条规定："政府采购采用以下方式：（一）公开招标；（二）邀请招标；（三）竞争性谈判；（四）单一来源采购；（五）询价；（六）国务院政府采购监督管理部门认定的其他采购方式。公开招标应作为政府采购的主要采购方式。"我国财政部发布的财金〔2014〕113 号文件规定"项目采购应根据《中华人民共和国政府采购法》及相关规章制度执行，采购方式包括公开招标、竞争性谈判、邀请招标、竞争性磋商和单一来源采购。项目实施机构应根据项目采购需求特点，依法选择适当采购方式。公开招标主要适用于核心边界条件和技术经济参数明确、完整、符合国家法律法规和政府采购政策，且采购中不作更改的项目"，该文件第 4 章首先对资格预审作出了进一步说明，第 13 条规定："项目实施机构应根据项目需要准备资格预审文件，发布资格预审公告，邀请社会资本和与其合作的金融机构参与资格预审，验证项目能否获得社会资本响应和实现充分竞争，并将资格预审的评审报告提交财政部门（政府和社会资本合作中心）备案。项目有 3 家以上社会资本通过资格预审的，项目实施机构可以继续开展采购文件准备工作；项目通过资格预审的社会资本不足 3 家的，项目实施机构应在实施方案调整后重新组织资格预审；项目经重新资格预审合格社会资本仍不够 3 家的，可依法调整实施方案选择的采购方式。"第 14 条规定：

"资格预审公告应在省级以上人民政府财政部门指定的媒体上发布。资格预审合格的社会资本在签订项目合同前资格发生变化的，应及时通知项目实施机构。资格预审公告应包括项目授权主体、项目实施机构和项目名称、采购需求、对社会资本的资格要求、是否允许联合体参与采购活动、拟确定参与竞争的合格社会资本的家数和确定方法，以及社会资本提交资格预审申请文件的时间和地点。提交资格预审申请文件的时间自公告发布之日起不得少于15个工作日。"

2. 竞标过程

竞标过程是指从提交投标文件到挑选出中标者的过程。各国的公共采购法中通常规定了标准的竞标过程，不同的采购方式所遵循的竞标过程也不同。

在单一来源采购方式下，政府通常直接同选定的供货商谈判，在保证采购项目质量和双方商定合理价格的基础上进行采购。但这种方式的公平性经常会受到质疑，如来自未能赢得投标的投标者的质疑，因此有很大的政治风险。

在竞争性谈判方式下，政府首先需要成立谈判小组，然后制定谈判文件、确定邀请参加谈判的供应商名单（至少3家），集中谈判小组所有成员与单一供应商分别进行谈判，最后确定成交供应商。这种方式比竞争性磋商的方式所需时间少、成本较低，也能得到很好的报价，但因为筛选投标者的过程并不透明，导致可能无法选出最好的投标者，同时，腐败风险也会上升。①

竞争性投标是较为常见的方式，多数政府都制定了针对采购私营部门商品与服务的竞争性投标法规，此外，多数国际贷款机构和援助组织也将竞争性投标作为相关贷款及技术援助的条件。这些政府、机构或组织希望竞争能够保证投标过程的透明，避免腐败，并提供一个能够根据既定标准选出最优

---

① 参见亚洲开发银行（2008）：《公私合作手册》，载亚洲开发银行网站：http：//www.adb.org/zh/documents/public‐private‐partnership‐ppp‐handbook，第65页，最后访问日期：2012年2月7日。

报价的机制。[1] 竞争性投标包括单阶段竞标，双阶段或多阶段竞标：单阶段竞标是指整个竞标过程只有一个阶段，投标者应当一次性提交技术标和财务标，然后由政府部门对所有投标者的标书进行审核，确定最终中标者。单阶段竞标的优点是省时省力，其缺点是不利于选出最合适的中标者；在大型项目中，双阶段或多阶段竞标可能更有优势，投标者分阶段、按要求多次提交标书，政府部门结果多次审核、协商，最终确定中标者。这种方式有利于投标者在竞标过程中不断革新、改进竞标方案，提高中标标书的质量，但这种方式时间更长，成本也更高。典型的竞争性投标流程包括以下几个步骤：公开发布投标通知——联系潜在投标者并向其发出邀请——资格预审——投标——与投标者互动——评标与选择——谈判与签订合同。

在我国，按照财政部《政府和社会资本合作模式操作指南（试行）》第17条的规定，竞争性磋商采购的基本程序是：采购公告发布及报名——资格审查及采购文件发售——采购文件的澄清或修改——响应文件评审。

3. 与竞标者谈判

各国在采购机制上的一个很大的差异体现在政府与竞标者谈判的范围上，谈判范围对采购过程中任何一个阶段的谈判都带来了很大的挑战性，甚至有可能降低竞标过程的透明度。在双阶段或多阶段竞标方式下，采购主体可能在两个阶段之间与两个及以上的竞标者同时展开谈判，以鼓励竞标者尽量发挥创新和创意，降低竞标者为了赢得项目而故意降低出价的可能性，同时也为采购主体自身创造了一个机会来在价格之外审视竞标者。采购主体还可能会在评出中标者之后与其开展谈判，通过谈判来解决在投标过程中遇到的众多问题，最后敲定 PPP 合同方案。谈判的内容应当包括合同生效的先决条件、过渡时间表、流程、保证金的支付等。由于政府的谈判经验往往不及承包商，因此适当的专业建议、清晰的谈判策略和后备方案对政府而言非常

---

[1] 参见亚洲开发银行（2008）：《公私合作手册》，载亚洲开发银行网站：http://www.adb.org/zh/documents/public - private - partnership - ppp - handbook，第 65 页，最后访问日期：2012 年 2 月 7 日。

重要。① 多数国家认为竞标后的谈判不利于确保实现物有所值和采购过程的透明度，因此或者对其谈判内容进行了严格的限定，或者完全禁止这样的谈判。在我国，财政部《政府和社会资本合作模式操作指南（试行）》对这一事项的规定是："评审小组可以与社会资本进行多轮谈判，谈判过程中可实质性修订采购文件的技术、服务要求以及合同草案条款，但不得修订采购文件中规定的不可谈判核心条件。实质性变动的内容，须经项目实施机构确认，并通知所有参与谈判的社会资本。具体程序按照《政府采购非招标方式管理办法》及有关规定执行。""项目实施机构应成立专门的采购结果确认谈判工作组。按照候选社会资本的排名，依次与候选社会资本及与其合作的金融机构就合同中可变的细节问题进行合同签署前的确认谈判，率先达成一致的即为中选者。确认谈判不得涉及合同中不可谈判的核心条款，不得与排序在前但已终止谈判的社会资本进行再次谈判。"

4. 评标标准

采购主体对所提交的标书应当进行严格的评估，以选出中标者。评标一般分为技术评标与商务评标两种，两种评标的相对重要性应当反映其在实现具体目标过程中的重要性，投标文件中的项目目标、设计和信息应与评标标准保持一致。采购主体首先需要确定技术评标按照通过/未通过来操作，然后将商务评标作为决定性因素，还要按照事先确定的权重对技术信息和财务信息进行评分，最后通过加权总分来决定。

通常采购主体会根据自身情况来选择合适的评标方式，以及根据项目本身的特性和要素来选择特定的技术和商务指标进行评标。

技术指标关注竞标者是否有能力履行其义务，一般从执行能力和商务能力两个方面进行评估，执行能力的评估重点是竞标者参与相似工程的经历、员工质量以及其他的一些资源，例如设备管理系统等；商务能力的评估主要集中在竞标者的资产负债表和利润、金融机构对其竞标提供的支持、以及该

---

① 参见亚洲开发银行（2008）：《公私合作手册》，载亚洲开发银行网站：http://www.adb.org/zh/documents/public–private–partnership–ppp–handbook，第70页，最后访问日期：2012年2月7日。

竞标者注资相似项目的业绩记录。此外，还有管理团队质量、营运资本计划、资本投资计划等。

商务指标关注竞标者的付费和收费情况，常见的商务指标有投标价格、预付金费用、特许权费用、可支付的管理费用等。①

（二）发布项目公告与资格审核

在 PPP 项目的初期阶段，为 PPP 项目做市场推广是非常重要的一项工作，政府通过这项工作来吸引竞标者的兴趣、提升竞标的竞争压力，主要包括发布项目公告与资格审核两方面的工作。

在启动竞标过程的时候，政府应当按照适用的采购规则发布公告，在本地、全国或国际范围内的印刷和电子媒体上发布正式的通知等，告知公众有机会参与该项目。但有些政府为了在正式的项目启动之前就引起投资者的关注，则采取了更为积极的方式来推广该项目：例如召开投资者会议，或称为竞标会议，在会议上政府介绍项目概要，应邀的投资者提出自己的意见和问题；或者在行业期刊上或者 PPP 项目开发平台上发布项目预告，例如在我国，北京中建政研信息咨询中心开发的"政府和社会资本合作（PPP）研究中心"网站上有一个栏目叫"项目信息"，又分为"招标速递信息"和"投标速递信息"，其中"招标速递信息"栏目下有全国各个省份 PPP 推介项目信息表。

收到公告或通知信息的公司可以应邀或申请领取资格预审文件，进一步了解信息，进入资格预审，以确保投标者具有不低于规定水平的专业和资金实力，资格预审文件通常包括：项目信息、预期的投标流程及评标标准说明书、潜在投标者展示其项目可持续性的文件、投标实体的法律地位、可比项目的相关经验（包括项目规模、所在区域及专门技能）、投标者财务（或资

---

① Public – Private Infrastructure Advisory Facility & the World Bank（2005）. Approaches to private partic-ipation in water services ： a toolkit, Retrieved September 3, 2012, from http：// siteresources. worldbank. org/INTINFNETWORK/Resources/ApproachestoPrivateParticipa-tionWaterServices. pdf. pp. 171 – 175.

源）状况、投标者融资能力、投标者计划用于投标项目的员工与资源。[①]

资格预审宜采用事先确定的评价矩阵。评价矩阵应设定评分标准、分值及各指标的权重。评价矩阵还包含特殊的评分标准，如对候选项目服务低收入客户的能力的评价，或在需要时优先选择本地投标者。设定评分标准时，应客观看待潜在投标者；应设定足够高的门槛，以淘汰不负责任和不合格的投标者，同时也应确保足够大的投标者规模，以促进有效竞争。经过资格预审后，只有少数受邀投标者会进入候选名单；通常，不少于 2 个公司，不多于 3~5 个公司。

在我国，财政部《政府和社会资本合作模式操作指南（试行）》规定，"项目实施机构应根据项目需要准备资格预审文件，发布资格预审公告，邀请社会资本和与其合作的金融机构参与资格预审，验证项目能否获得社会资本响应和实现充分竞争，并将资格预审的评审报告提交财政部门（政府和社会资本合作中心）备案"；"资格预审公告应在省级以上人民政府财政部门指定的媒体上发布。资格预审合格的社会资本在签订项目合同前资格发生变化的，应及时通知项目实施机构"；"竞争性磋商公告应在省级以上人民政府财政部门指定的媒体上发布。竞争性磋商公告应包括项目实施机构和项目名称、项目结构和核心边界条件、是否允许未进行资格预审的社会资本参与采购活动，以及审查原则、项目产出说明、对社会资本提供的响应文件要求、获取采购文件的时间、地点、方式及采购文件的售价、提交响应文件截止时间、开启时间及地点。提交响应文件的时间自公告发布之日起不得少于 10 日"。

（三）竞标

竞标是 PPP 项目采购过程的关键一环，其目的是为了选出中标者。竞标过程取决于竞标方案的内容。在竞标阶段，政府的工作主要包括准备并发布建议邀请书、竞标阶段与竞标者互动、接收投标书、评估投标书以选出中标

---

① 亚洲开发银行（2008）：《公私合作手册》，载亚洲开发银行网站：http://www.adb.org/zh/documents/public - private - partnership - ppp - handbook，最后访问日期：2012 年 2 月 7 日。

者、处理特殊情况（只接收到一份投标、或没有完全合格的投标书）、签订采购合同。

（1）准备并发布建议邀请书。正式的竞标过程开始于政府向潜在的竞标者发布建议邀请书，规定项目结构和要求，以及竞标过程。建议邀请书的质量在很大程度上决定了竞标过程的竞争性。建议邀请书通常包括基本信息备忘录、项目合同草案、项目所需批文的复印件、资料库保存的可供竞标者查询的项目详细信息、竞标过程的日程安排、竞标规则、投标保证金等方面的内容。《政府和社会资本合作模式操作指南（试行）》规定："项目采购文件应包括采购邀请、竞争者须知（包括密封、签署、盖章要求等）、竞争者应提供的资格、资信及业绩证明文件、采购方式、政府对项目实施机构的授权、实施方案的批复和项目相关审批文件、采购程序、响应文件编制要求、提交响应文件截止时间、开启时间及地点、强制担保的保证金交纳数额和形式、评审方法、评审标准、政府采购政策要求、项目合同草案及其他法律文本等。采用竞争性谈判或竞争性磋商采购方式的，项目采购文件除上款规定的内容外，还应明确评审小组根据与社会资本谈判情况可能实质性变动的内容，包括采购需求中的技术、服务要求以及合同草案条款。"

（2）竞标阶段与竞标者互动。在发出建议邀请书以后，政府至少应当为竞标者提供相关信息，同时回答它们关于建议邀请书的疑问，常见的沟通渠道有三种：设立资料室以供竞标者查询，以书面的形式进行答疑，以及召开竞标者答疑会议。《政府和社会资本合作模式操作指南（试行）》规定："评审小组可以与社会资本进行多轮谈判，谈判过程中可实质性修订采购文件的技术、服务要求以及合同草案条款，但不得修订采购文件中规定的不可谈判核心条件。实质性变动的内容，须经项目实施机构确认，并通知所有参与谈判的社会资本。具体程序按照《政府采购非招标方式管理办法》及有关规定执行"，"项目实施机构应组织社会资本进行现场考察或召开采购前答疑会，但不得单独或分别组织只有一个社会资本参加的现场考察和答疑会。"

（3）接收投标书。采购主体应当建立一个可信可靠的渠道，以确保所有投标书的接收都符合机密要求，防止篡改投标书的行为，保护投标书中的商业机密。《政府采购货物和服务招标投标管理办法》第 33 条规定："投标人应当在招标文件要求提交投标文件的截止时间前，将投标文件密封送达投标地点。采购人或者采购代理机构收到投标文件后，应当如实记载投标文件的送达时间和密封情况，签收保存，并向投标人出具签收回执。任何单位和个人不得在开标前开启投标文件。逾期送达或者未按照招标文件要求密封的投标文件，采购人、采购代理机构应当拒收。"《政府采购货物和服务招标投标管理办法》第 41 条第 1 款规定："开标时，应当由投标人或者其推选的代表检查投标文件的密封情况；经确认无误后，由采购人或者采购代理机构工作人员当众拆封，宣布投标人名称、投标价格和招标文件规定的需要宣布的其他内容。"

（4）评估投标书。对所收的标书，按照得标标准进行评估，并确定中标者。评估的内容应当包括：标书的完整性，是否达到投标的最低标准，是否符合项目的纲领性要求、投标书澄清、专家审查、起草评标报告。《政府和社会资本合作模式操作指南（试行）》规定："最终采购需求方案确定后，由评审小组对社会资本提交的最终响应文件进行综合评分，编写评审报告并向项目实施机构提交候选社会资本的排序名单。具体程序按照《政府采购货物和服务招标投标管理办法》及有关规定执行。""项目实施机构应成立专门的采购结果确认谈判工作组。按照候选社会资本的排名，依次与候选社会资本及与其合作的金融机构就合同中可变的细节问题进行合同签署前的确认谈判，率先达成一致的即为中选者。确认谈判不得涉及合同中不可谈判的核心条款，不得与排序在前但已终止谈判的社会资本进行再次谈判。"《政府采购货物和服务招标投标管理办法》第 50 条规定："评标委员会应当对符合资格的投标人的投标文件进行符合性审查，以确定其是否满足招标文件的实质性要求。"第 52 条规定："评标委员会应当按照招标文件中规定的评标方法和标准，对符合性审查合格的投标文件进行商务和技术评估，综合比较与评价。"

（5）处理特殊情况。有时因为建议邀请书的质量等方面的原因，导致出现采购主体虽然接收到了许多投标书，却挑不出一个中标者的情况，因为所有的投标书都不符合要求，或者不符合要求的投标书比符合要求的投标书更能实现物有所值。为了处理这种特殊情况，有的国家允许在竞标过程中更改建议邀请书，有的国家则直接建议重新进行采购，还有的会延长采购时间，与符合要求的竞标者谈判要求它们对投标书进行更改。财政部《政府和社会资本合作模式操作指南（试行）》规定："提交首次响应文件截止之日前，项目实施机构可以对已发出的采购文件进行必要的澄清或修改，澄清或修改的内容应作为采购文件的组成部分。澄清或修改的内容可能影响响应文件编制的，项目实施机构应在提交首次响应文件截止时间至少5日前，以书面形式通知所有获取采购文件的社会资本；不足5日的，项目实施机构应顺延提交响应文件的截止时间。"《政府采购货物和服务招标投标管理办法》第43条规定："公开招标数额标准以上的采购项目，投标截止后投标人不足3家或者通过资格审查或符合性审查的投标人不足3家的，除采购任务取消情形外，按照以下方式处理：（一）招标文件存在不合理条款或者招标程序不符合规定的，采购人、采购代理机构改正后依法重新招标；（二）招标文件没有不合理条款、招标程序符合规定，需要采用其他采购方式采购的，采购人应当依法报财政部门批准。"

（6）签订采购合同。一旦中标者得以确定，采购主体就会与它进行进一步的谈判，以签订采购合同。由于PPP项目本身的复杂性，在这一阶段，政府与中标者除了签署PPP合同以外，双方还必须完成一系列附加工作：中标者与其他机构签订的相关协议（承包合同、融资合同、工程施工合同、保险合同等）；制定项目合同管理的操作性文件、达成PPP合同生效的前提条件等。《政府和社会资本合作模式操作指南（试行）》第21条规定："确认谈判完成后，项目实施机构应与中选社会资本签署确认谈判备忘录，并将采购结果和根据采购文件、响应文件、补遗文件和确认谈判备忘录拟定的合同文本进行公示，公示期不得少于5个工作日。合同文本应将中选社会资本响应文件中的重要承诺和技术文件等作为附件。合同文本中涉及国家秘密、商业秘密的内容可以不公示。公示期满无异议的项目合同，应在政府审核同意后，由项目实施机构与中选社会资本签署。需要为项目设立专门项目公司的，待项目公司成立后，由项目公司与项目实施机构重新签署项目合同，或签署关于承继项目合同的补充合同。项目实施机构应在项目合同签订之日起2个工作日内，将项目合同在省级以上人民政府财政部门指定的媒体上公告，但合同中涉及国家秘密、商业秘密的内容除外。"《政府采购货物和服务招标投标管理办法》第71条规定："采购人应当自中标通知书发出之日起30日内，按照招标文件和中标人投标文件的规定，与中标人签订书面合同。所签订的合同不得对招标文件确定的事项和中标人投标文件作实质性修改。采购人不得向中标人提出任何不合理的要求作为签订合同的条件。"

（四）实现财务结算

财务结算是指在经济活动中使用转帐支票、本票、汇票、汇兑、现金等结算方式进行的资金给付的行为。在 PPP 项目中，财务结算意味着所有的财务文件得以签署，以及融资有效性的所有先期条件都得以满足。财务结算在不同国家的市场实践中有着很大的差异，有的国家对时间做出了规定，有的国家对过程做出了限定，这些差异带来的结果，就是实现财务结算所需的时间在各国大不相同。通常各国都需要首先对采购过程的合法性进行审查，批准标准合同条款之外的"例外条款"，再审批物有所值状况以及政府的财政承受能力。

合同签署之后，PPP 项目公司和采购主体需要进行一系列的工作来实现财务结算，实现财务结算要求主管机构对所有的财务文件进行确认，而且确保它们与合同的条款不相抵触、不会带来任何直接风险或额外责任。常见的做法是将合同进行公证，从而对合同中所规定的贷方权利进行专门确认，提高贷方对采购主体的信任程度，以确保在这一阶段双方都有主动的意愿快速实现财务结算，开始项目的正式实施。

《政府和社会资本合作模式操作指南（试行）》第23条规定："社会资本可依法设立项目公司。政府可指定相关机构依法参股项目公司。项目实施机构和财政部门（政府和社会资本合作中心）应监督社会资本按照采购文件和项目合同约定，按时足额出资设立项目公司。"

五、PPP 项目合同管理

PPP 项目合同管理阶段始于财务结算，结束于 PPP 合同失效。一个 PPP 项目是否成功，是否能够实现物有所值、且持续地交付高质量的服务，归根到底取决于签约各方对合同的履行程度。因此，在 PPP 合同签订以后，围绕着合同履行展开项目的实施，以合同为依据对其进行科学、合理的管理，避免或降低风险的影响，应对不断变化的外部和内部环境，对 PPP 项目的全生命周期具有至关重要的作用。具体来说，这一阶段的工作有以下五个方面的内容：

（1）设定合同管理框架。即建立合同管理的架构，并任命合同管理人员，对 PPP 合同的履行进行监管，以确保合同目标的实现。

（2）监控项目产出。即监控项目绩效、监督项目实施机构履约。

（3）合同修订。即按照规定提出修订合同的要求，遵循规定的流程进行修订。

（4）解决争议。即界定争议的性质，根据项目的状况和争议的性质选择合适的争议解决机制。

（5）合同到期管理。即按照合同规定的条件对到期的合同进行管理。

（一）设定合同管理框架

在 PPP 合同签订之后，政府需要设定合同管理的结构，这需要从两个方面来着手进行：第一，设立合同管理团队；第二，明确各方职责和相互关系。

在设立合同管理团队之前，政府需要厘清以下一些问题：以什么方式来设立合同管理团队？设立一个独立的合同管理团队还是从现有人员中挑选出一些合适的人来组成这个团队？进入该团队的人需要具备什么知识、技能和能力？合同管理需要特定的技能，在执行合同前这些技能就必须到位。理想的合同管理团队应由参与形成项目方案、投标和评估全过程的人员组成，因为他们精通合同并且曾与私营合作方关键人员建立起了工作关系。[1] 此外，按照南非政府 PPP 手册的观点，合同管理团队中的负责人即合同管理经理最好本身已经占据了政府内的高级职位，这样其才可以对实施机构以及其他政府机构的高级职员施加正常的影响，以解决各种紧急重大事件。设立合同管理团队的方式可能是委派，也有可能是指定，还有可能是选任。

在设立了合同管理团队之后，政府需要清晰界定该团队的工作职责，授予履职所必须的权限，为团队成员制定职位说明书，确定该团队的报告关系和监督关系，通常政府不倾向于设立独立的合同管理机构，而是在 PPP 项目管理团队之外，在政府内部再设立一个合同管理团队，该团队可以隶属于已有的行业部委、财政部、或规划部门等。

合同管理涉及到经济、商业、行政、投资、财政各个方面，因此在合同管理的过程中，该合同管理团队并非单一的主体，其他许多相关部门或机构都参与了合同管理的过程。例如在合同的变更涉及到财政问题的时候，财政部可以介入；在合同履行的过程中，例如涉及到建筑标准的时候，建筑主管部门可以介入；在服务或产品收费的问题上，规划部门和税务部门也都涉及到了。此外，政府外的一些独立监管机构、仲裁机构、法院、私营合作方以及使用者也都参与了合同管理的过程。既然有这么多的参与主体，那么政府需要设定明确的框架，使每个主体在合同管理的过程中明确自身所承担的职责，例如合同管理团队负责合同管理的日常工作、定期向主管机构报告，相关职能部门负责监督合同履行中与其职能相关的内容，专门的 PPP 部门以及其他政府机构为 PPP 合同管理团队提供支持。

根据《政府和社会资本合作模式操作指南（试行）》的内容，我国 PPP 项目的合同管理中的主体包括项目实施机构、财政部门（政府和社会资本合作中心）、政府、政府相关职能部门、债权人、社会资本或项目公司、社会公众及项目利益相关方。具体的职责分配如下：

190

---

[1] 参见［英］达霖·格里姆赛（Darrin Grimsey）、［澳］莫文·K. 刘易斯（Mervyn K. Lewis）：《PPP 革命：公共服务中的政府和社会资本合作》，济邦咨询公司译，中国人民大学出版社 2016 年版，第 224 页。

·项目实施机构："项目实施机构和财政部门（政府和社会资本合作中心）应监督社会资本按照采购文件和项目合同约定，按时足额出资设立项目公司"；"应做好监督管理工作，防止企业债务向政府转移"；"应根据项目合同约定，监督社会资本或项目公司履行合同义务，定期监测项目产出绩效指标，编制季报和年报，并报财政部门（政府和社会资本合作中心）备案"；"政府有支付义务的，项目实施机构应根据项目合同约定的产出说明，按照实际绩效直接或通知财政部门向社会资本或项目公司及时足额支付"；"项目实际绩效优于约定标准的，项目实施机构应执行项目合同约定的奖励条款，并可将其作为项目期满合同能否展期的依据；未达到约定标准的，项目实施机构应执行项目合同约定的惩处条款或救济措施"；"在项目合同执行和管理过程中，项目实施机构应重点关注合同修订、违约责任和争议解决等工作"；"应每3－5年对项目进行中期评估，重点分析项目运行状况和项目合同的合规性、适应性和合理性；及时评估已发现问题的风险，制订应对措施，并报财政部门（政府和社会资本合作中心）备案"。

·财政部门（政府和社会资本合作中心）："和项目实施机构财应监督社会资本按照采购文件和项目合同约定，按时足额出资设立项目公司"；"和项目实施机构应做好监督管理工作，防止企业债务向政府转移"；"项目合同中涉及的政府支付义务，财政部门应结合中长期财政规划统筹考虑，纳入同级政府预算，按照预算管理相关规定执行。财政部门（政府和社会资本合作中心）和项目实施机构应建立政府和社会资本合作项目政府支付台账，严格控制政府财政风险。在政府综合财务报告制度建立后，政府和社会资本合作项目中的政府支付义务应纳入政府综合财务报告"。

·政府："社会资本或项目公司未按照项目合同约定完成融资的，政府可提取履约保函直至终止项目合同；遇系统性金融风险或不可抗力的，政府、社会资本或项目公司可根据项目合同约定协商修订合同中相关融资条款"；"社会资本或项目公司违反项目合同约定，威胁公共产品和服务持续稳定安全供给，或危及国家安全和重大公共利益的，政府有权临时接管项目，直至启动项目提前终止程序。政府可指定合格机构实施临时接管。"

·政府相关职能部门："政府相关职能部门应根据国家相关法律法规对项目履行行政监管职责，重点关注公共产品和服务质量、价格和收费机制、安全生产、环境保护和劳动者权益等。"

·债权人："当项目出现重大经营或财务风险，威胁或侵害债权人利益时，债权人可依据与政府、社会资本或项目公司签订的直接介入协议或条款，要求社会资本或项目公司改善管理等。在直接介入协议或条款约定期限内，重大风险已解除的，债权人应停止介入。"

·社会资本或项目公司："项目融资由社会资本或项目公司负责。社会资本或项目公司应及时开展融资方案设计、机构接洽、合同签订和融资交割等工作"；"遇系统性金融风险或不可抗力的，政府、社会资本或项目公司可根据项目合同约定协商修订合同中相关融资条款"；"政府、社会资本或项目公司应依法公开披露项目相关信息，保障公众知情权，接受社会监督。"

·社会公众及项目利益相关方："社会公众及项目利益相关方发现项目存在违法、违约情形或公共产品和服务不达标准的，可向政府职能部门提请监督检查。"

（二）监控项目产出

规范的 PPP 合同中应当清晰明确地阐述项目公司的权利义务、产品或服务特征、项目产出和质量标准等内容，通过对合同的管理，对 PPP 项目产出进行监控，可以有效地确保 PPP 项目实现物有所值。该工作包括两个内容：监控项目绩效、监督项目实施机构履约。

监控项目产出的过程主要是根据合同的约定来监督项目公司是否履行了其义务、实现了合同规定的产出、且满足了服务标准。通常合同中会规定合同管理团队可以定期召集项目公司相关人员和政府方代表人员，召开项目管理会议，可以在任何合理的时间进入在建项目的实体工程，可以查阅项目的账目及其他相关文件，可以要求项目公司展开用户满意度调查，可以要求定期公布项目绩效报告，可以委任审计人员或其他机构对项目进行独立审查或独立审计。此外，根据项目的支付机制，在项目绩效和产出没有达到要求的时候，项目实施机构可以根据合同的规定要求项目公司缴纳罚款。

项目产出和绩效不是项目公司单方面的职责，签订合同的另外一方，即项目实施机构也同样有责任履行合同义务，监控项目实施中的风险，以确保项目的正常、持续进行，最终实现项目目标。在项目的准备阶段，项目实施机构通常已制定了较为完整的 PPP 项目风险管理计划，而在项目实施阶段，合同管理团队需要按照该计划来执行项目的风险管理：监控风险矩阵所列出的风险指标，识别即将产生的风险，按照计划采取措施来应对已经发生的风险，向项目实施机构报告从私营合作方收集到的风险监控信息以及在项目实施中产生的意外风险，制定应急计划。

在我国，《政府和社会资本合作模式操作指南（试行）》对此也作出了规定，"项目实施机构应根据项目合同约定，监督社会资本或项目公司履行合同义务，定期监测项目产出绩效指标，编制季报和年报，并报财政部门（政府和社会资本合作中心）备案。政府有支付义务的，项目实施机构应根据项目合同约定的产出说明，按照实际绩效直接或通知财政部门向社会资本或项目公司及时足额支付。设置超额收益分享机制的，社会资本或项目公司应根据项目合同约定向政府及时足额支付应享有的超额收益。项目实际绩效优于约定标准的，项目实施机构应执行项目合同约定的奖励条款，并可将其作为项目期满合同能否展期的依据；未达到约定标准的，项目实施机构应执行项目合同约定的惩处条款或救济措施"；"项目实施机构应每3 – 5 年对项目进行中期评估，重点分析项目运行状况和项目合同的合规性、适应性和合理性；及时评估已发现问题的风险，制订应对措施，并报财政部门（政府和社会资本合作中心）备案"。

（三）合同修订

如前所述，PPP 合同具有长期性和复杂性的特点，合同期限通常为10 ~ 30 年。在 PPP 合同签订的时候，合同双方都无法预见将来环境的变化，或者即使预见这样的变化，也无法对其进行定量分析，此外，即使在合同中就相关事项提前作出了非常详细的规定，但到了具体实施阶段，仍有可能对条款内容产生不同的解读，影响双方对合同的履行。

结构良好的 PPP 合同从一开始就会为变化预留空间，内置合同调整机制，对合同修订的前提条件和流程作出规定。常见的在合同中作出了明确规定、可以修订合同的条件包括项目产出规定的变化、再融资、相关法律法规变化等情况。在项目实施过程中，合同管理团队在清晰掌握合同内容的基础之上，随时关注环境变化，若条件变化导致的结果在合同规定的范围内，可以按照规定提出修订合同的要求，遵循规定的流程进行修订。例如我国《PPP 项目合同指南（试行）》规定，"在建设期间，如果因发生政府方可控的法律变更导致项目发生额外费用或工期延误，项目公司有权向政府方索赔额外费用或要求延长工期（如果是采用政府付费机制的项目，还可以要求认定"视为已开始运营"）"。

然而，无论结构多么良好的 PPP 合同也同样无法预见合同生效期间所有可能发生的变化，因此当合同中没有规定的变化发生时，可以采用预先规定的方式和程序来应对未预见的变化，例如重开谈判或者变更合同。然而，重开谈判可能会在很大程度上降低 PPP 项目带来的收益，而且几乎一定会导致

项目延期，因此一般情况下，贷方机构会根据合同反对重开谈判来变更 PPP 合同。

在我国，《政府和社会资本合作模式操作指南（试行）》规定，"按照项目合同约定的条件和程序，项目实施机构和社会资本或项目公司可根据社会经济环境、公共产品和服务的需求量及结构等条件的变化，提出修订项目合同申请，待政府审核同意后执行"。

（四）解决争议

通常各方在起草 PPP 合同的过程中，希望使合同规定尽量清晰、客观、详尽，以尽可能地降低发生争议的几率。然而，由于 PPP 合同期限长且情况复杂，有很多意外的情况会发生，项目实际的实施过程比合同规定要复杂得多，合同各方都可能按照自己的理解来解读合同条款，因此，合同履行过程中发生争议的状况在所难免。当争议产生以后，合同管理团队需要尽快地对争议的性质进行界定，根据项目的状况和争议的性质选择合适的争议解决机制，常见的争议解决机制有：友好协商、专家裁决、调解、仲裁、诉讼。

（1）友好协商。为了尽快解决争议，确保项目正常实施，大多数 PPP 项

目合同都会约定在发生争议后首先选择友好协商的方式来解决纠纷，尽量避免进入法律程序。根据我国《PPP 项目合同指南（试行）》的规定，协商的具体约定方式包括："1. 协商前置。即发生争议后，双方必须在一段特定期限内进行协商，在该期限届满前双方均不能提起进一步的法律程序。2. 选择协商。即将协商作为一个可以选择的争议解决程序，无论是否已进入协商程序，各方均可在任何时候启动诉讼或仲裁等其他程序。3. 协商委员会。即在合同中明确约定由政府方和项目公司的代表组成协商委员会，双方一旦发生争议应当首先提交协商委员会协商解决。如果在约定时间内协商委员会无法就有关争议达成一致，则会进入下一阶段的争议解决程序。"

（2）专家裁决。这通常适用于特定的争议事项，例如技术类的或财务类的、且双方对事实无异议、仅需要进行专业评估的情况，由双方共同指定的独立专家来对争议事项进行裁决，给出初步意见，对该意见不服的可以上诉或提起仲裁。

（3）调解。调解通常由某个第三方的调解委员会来实施，以中立的身份帮助争议双方了解争议焦点，探讨双方的利益和需要，寻求共同接受的解决方案，提出调解意见，该调解意见本身并不具有法律约束力，但如果调解委员会协助双方草拟协议书，双方达成协议、在协议书上签署作实，该协议书则具有法律约束力。

（4）仲裁。仲裁是当事人合意选择的替代性争议解决方式的一种，当事人选择并授权非司法机构或个人对其提交的争议作出具有约束力的裁判。仲裁较为灵活高效，在商事领域应用广泛。依照我国法律，仲裁裁决与民事判决一样，具有终局性和法律约束力，除基于法律明确规定的事由，法院不能对仲裁的裁决程序和裁决结果进行干预。

（5）诉讼。诉讼通常是最终的争议解决方式，PPP 合同履行过程中可能发生的诉讼通常属于民事诉讼，由一方起诉到法院，法院按照法定程序、适用民事法律，对当事人争议的问题进行审理和裁判。法院裁判具有强制力。

政府及其合同管理团队可以采取一些措施来降低围绕争议以及争议解决所产生的支出，例如当问题发生的时候就快速作出反应，控制其发生发展，或者安排有相关知识及能力的专家与能够作出决定的政府权威一起来解决问题，遵循合同规定的流程，寻求双赢的解决方式，充分考虑公共利益以及私营合作方的利益，尽量在争议发生的初期解决问题。[1]

（五）合同到期管理

PPP合同内包含了合同终止的详细条款，政府应当依据PPP合同规定、在合同到期之前作好相应的准备，以平稳度过PPP项目移交之前的过渡时期，政府通常需要提前至少3年时间来考量和评估项目的实施是否达到了合同规定的条件、政府是否可以在终止前依约支付给项目公司、以及评估和测试将要移交的资产或设备状况。如果项目的实施没有达到合同规定的条件，或者将要移交的资产或设备状况不理想、不利于移交后的运营，那么可以为项目公司规定出一段时间对移交资产或设备进行整改。

我国财政部《政府与社会资本合作模式操作指南（试行）》与《PPP项目合同指南（试行）》在项目移交的范围、条件和标准、程序、风险转移等各方面做出了较为完善的规定。

项目移交实施主体。"项目移交时，项目实施机构或政府指定的其他机构代表政府收回项目合同约定的项目资产"。

项目移交程序。组建项目移交工作组——确认移交情形和补偿方式，制定资产评估和性能测试方案——评估和测试——项目公司将相关内容移交项目实施机构或政府指定的其他机构——财政部门组织绩效评价，公开评价结果。

移交范围。"移交内容包括项目资产、人员、文档和知识产权等"，"移交的范围通常包括：（一）项目设施；（二）项目土地使用权及项目用地相关的其他权利；（三）与项目设施相关的设备、机器、装辂、零部件、备品备件以及其他动产；（四）项目实施相关人员；（五）运营维护项目设施所

---

[1] See World Bank, Asian Development Bank, Inter – American Development Bank (2014). Public – Private Partnerships: Reference Guide, Version 2.0. World Bank, Washington, DC; Asian Development Bank, Mandaluyong City, Philippines; Inter – American Development Bank, Washington, DC. Retrieved September 2, 2014, from http://hdl.handle.net/10986/20118. p. 213.

要求的技术和技术信息；（六）与项目设施有关的手册、图纸、文件和资料（书面文件和电子文档）；（七）移交项目所需的其他文件"。

项目移交标准。"移交标准包括设备完好率和最短可使用年限等指标"，"项目移交工作组应严格按照性能测试方案和移交标准对移交资产进行性能测试。性能测试结果不达标的，移交工作组应要求社会资本或项目公司进行恢复性修理、更新重置或提取移交维修保函"。

移交过程中的风险转移。"在移交日前，由项目公司承担项目设施的全部或部分损失或损坏的风险，除非该损失或损坏是由政府方的过错或违约所致；在移交日及其后，由政府承担项目设施的全部或部分损失或损坏的风险。"

CHAPTER

第三部分

政府与社会资本合作
（PPP）展望

第六章　PPP 展望——善治

内容摘要

　　第三部分对政府与社会资本合作（PPP）的未来发展进行了展望，认为PPP模式本身也是实现善治的路径和手段，各个国家采用和发展PPP模式的最终目的正是通过实现物有所值来为公民提供更好的公共服务，提升公共利益，而这正是善治的本质属性。因此，PPP模式与善治有着密不可分的关系，善治为PPP模式的发展提供了一条完整的路线指南，也为PPP模式的发展设定了终极目标。第六章论证了PPP善治的必要性，分析了PPP善治的内涵，从善治的三个主体以及PPP自身的内部和外部框架出发阐释了PPP善治的实现路径，并对PPP模式中的政府能力建设进行了解析。

第六章 ▌ PPP 展望——善治

与 PPP 的背景相似,"善治"理念也同样兴起于 20 世纪 80 年代的改革浪潮中,世界各国普遍认为只有基于市场和私有产权的价值和准则对政府与社会的关系进行再造,才能终结当时各国尤其是发展中国家所面临的经济低迷、腐败盛行以及专断统治的难题。在这样的背景下,一些国际组织提倡并推广用治理与善治的理念来取代权威的理念,以实现奥尔森所说的保护市场免受政府寻租的"分配联盟(distributional coalitions)"的危害。诺斯关于君主或国家对个人财产安全构成威胁的讨论也同样影响了善治的推广进程,他强调制度的重要性,可以检验国家内部各种组织的力量、平衡各方力量,从而得到一个稳定的、可预测的、不专制的国家,这正是经济发展和繁荣的基本要素。

"善治"既是手段、又是目标,如果所有的关键要素都实施得当,则"善治"最终就成为了目标。[①] 对于 PPP 模式来说,善治同样是其成功的先决条件,善治所包含的参与、透明度、协商等要素都是 PPP 项目取得成功所必须具备的条件,PPP 模式所遵循的准则及其关键领域可以通过善治的方式得以实现,同时,PPP 模式本身也是为了实现善治而采取的一种具体路径和手段,各个国家采用和发展 PPP 模式的最终目的正是通过实现物有所值来为公民提供更好的公共服务,提升公共利益,而这正是善治的本质属性和内在要求。因此,PPP 模式与善治有着密不可分的关系,善治为 PPP 模式的发展提供了一条完整的路线指南,也为 PPP 模式的发展设定了终极目标。

一、PPP 善治的必要性和内涵

治理是一个动态性的过程,善治有利于提升公众信任和公共参与,进而

---

① See Sam Agere, Promoting good governance: Principles, Practices and Perspectives, Commonwealth Secretariat, 2000. p. 5.

促进公共部门的发展，而劣治则会导致士气低落和关系对立，导致绩效不佳、组织失调。不同政治制度下的政府都希望有更高的行政效率，更低的行政成本，更好的公共服务，更多的公民支持……可以说，追求善治是各国政府的共同目标。[①]

（一）PPP 善治的必要性

PPP 项目的计划和实施是一个实施治理的具体过程，同时也处于整个的国家治理体系之中，所以，治理水平的高低直接影响到 PPP 模式的推广和 PPP 项目的实施水平及绩效。现实案例不止一次地证明，劣政会给 PPP 项目以及经济、环境、社会发展带来危害。显而易见，对于每一个正在实施或者即将实施 PPP 模式的国家来说，都有必要在善治的框架下发展 PPP 模式、计划和实施 PPP 项目，以最终实现善治的目标。

PPP 是一剂良药。首先，对大多数国家来说，PPP 模式代表着一种创新，是一种公共部门与私营部门订约的新的方法，私营部门带来了资本以及按时完成项目和预算要求的能力，而公共部门承担着使公共服务以一种有利于公众的方式被提供和促进经济发展、提高公民生活水平的责任。而且，这个责任并未因采取 PPP 模式而转移，在 PPP 模式下，这一责任仍由公共部门负担，公共资产的所有权没有发生转移。其次，对很多国家来说，PPP 是处于财政困难的它们弥补"基础设施赤字"的重要工具。事实上，世界上的许多民众尤其是转轨经济背景下的民众面临着"基础设施赤字"的问题。那些年久失修的基础设施，比如拥挤的道路、运营不良的公共交通系统和休闲设施、设施陈旧的学校和医院、自来水和污水净化系统，都在证明着这一现象的存在。这些基础设施方面的问题使得社会生产力和竞争力下降，事故数量上升，健康问题迭发，民众对生活的期待下降，这一系列后果反过来增加了极大的社会成本。许多政府注意到：只依靠税收难以支撑基础设施方面的巨大需求。一些国家迫切需要恢复重建那些几十年前建设的基础设施，而且，政府在为那些所谓"新建项目"（尤其是迅速增长的经济和老龄人口要求的

202

---

① 俞可平：《敬畏民意：中国的民主治理与政治改革》，中央编译出版社 2012 年版，第 187 页。

巨大社会项目）筹资的环节中面临着极大的挑战和压力。PPP 模式的出现为它们应对这一挑战提供了一个新的选择和路径。再次，对于公众而言，PPP也为他们带来了许多特殊的益处：通常来说，政府通过 PPP 模式提供的公共服务与之前的公共服务相比成本更低、质量更高，而且 PPP 项目公司运营公共资产或设施的过程中，可能具有更好的回应性、更重视顾客满意度，PPP模式本身的特性也为公众提供了更多了解项目详细情况和进展的机会。

　　然而，良药并不等于能解决一切问题的灵丹妙药，所以 PPP 模式并不总是成功，在很多国家的很多案例中，我们看到了许多失败的 PPP 项目。在决定 PPP 项目成功的因素中，制度因素至关重要，私营机构需要对制度有相当程度的确信才会愿意去竞标、与公共机构合作来实施某个公共项目，制度框架的不完善会导致私营机构对意外风险的担忧，为了避免这样的风险所带来的不可预料的损失，私营机构甚至可能放弃这看起来可以盈利的商业机会。这里所说的制度包括两种：一种是"正式的"，也就是法律和规范的框架，它们是 PPP 模式的使能制度（enabling institutions）；另外一种是"非正式的"，是指与法律等正式制度相对的概念，包括价值、习惯和意识形态等。对于大多数国家来说，非正式制度很难改变，那么为了推动 PPP 模式的发展，需要在正式制度方面作出改变，为其创造合理的规则框架，这个过程正是实现"善治"的过程。①

　　事实上，制度建设方面的差异导致了不同国家 PPP 模式的发展程度大相径庭。德勤会计师事务所对全球 PPP 市场进行了综合全面的分析之后，绘制出了 PPP 市场成熟曲线图（图 6.1）。

---

①　UN. ECE（2008）. Guidebook on promoting good governance in public – private partnerships. New York；Geneva ：UN. pp. 8 – 9.

图 6.1 PPP 市场成熟曲线（来源：德勤会计事务所美国）

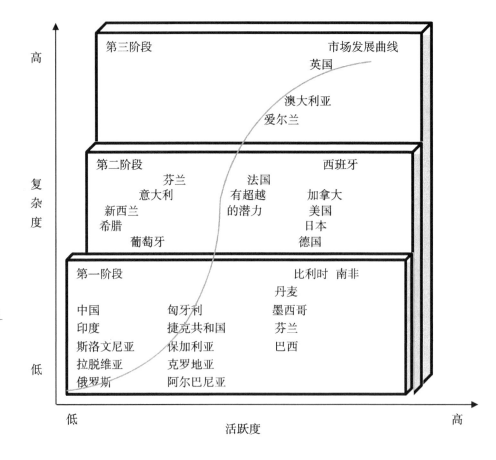

图 6.1 显示出，目前绝大多数国家还处于 PPP 发展的第一阶段，PPP 项目的实际数量非常小，一部分国家正在转型，只有少数几个国家进入了第三阶段，PPP 项目数量和规模都非常突出，这几个国家也的确被看作是 PPP 模式的"领头羊"。联合国在 PPP 善治指南中指出，大多数国家 PPP 模式的发展需要经历三个阶段（见表1）：

表 6.1　PPP 模式发展的三个阶段[①]

第一阶段	第二阶段	第三阶段
界定政策框架； 测试法律可行性； 识别项目库； 确定基础概念； 在其他行业应用早期交易的经验教训； 初步建立市场	实施立法改革； 发布政策和实践指南； 建立专门的 PPP 工作组； 改进 PPP 交付模式； 继续培育市场； 扩大项目库，延伸到更多行业； 平衡新的资金来源	建立了界限清晰、完整的体系； 扫除了法律障碍； 改进和复制 PPP 模式； 进行复杂的风险分配； 负责的交易； 长期的政治共识； 利用全方位的资金来源； 利用退休基金和私募股权基金发展基础设施投资市场； 训练有素的公共部门使用 PPP 项目经验

可见，PPP 模式的发展是一个渐进的过程，不能一蹴而就，也无法实现生来就有、自然成熟。因此各个国家的相关机构有责任根据自身情况以及需要来逐渐提升市场成熟度，从一个阶段进入到下一个阶段。只有通过正确的规划和谨慎的实施，PPP 模式才可能带来收益，但同时它也会带来巨大的挑战：例如过快地将公共资产托付给私营机构、而公共部门又不能提供必要的安全保障则可能会将重要的公共服务置于危险境地。政府应当注意不要轻率地在缺乏足够信息的陌生领域开始实施一些项目，这会使它们重复之前发生在其他国家的错误。

因此，PPP 模式的发展对政府的治理能力提出了巨大的挑战，政府不仅要建立可适应的制度框架，还需要开发能够成功实施 PPP 项目的公共部门专业技能。PPP 模式的实施需要强有力的公共部门，它不仅是管制机构，更是合作伙伴政府必须具备新的能力来适应新的角色，能够选择合适的合作伙伴（善于管理合同、规避风险、降低成本），而且能够在新的模式中始终保持对公民负责。

---

① UN. ECE（2008）. Guidebook on promoting good governance in public – private partnerships. New York；Geneva：UN. p. 7.

（二）PPP 善治的内涵

如上所述，政府应当能够在新的模式中始终确保对公民负责，然而，在规划和实施 PPP 项目的实践中，利益相关者的权益似乎并没有得到充分的重视。如果政府想要在图 6.1 所示的成熟曲线上向前发展的话，实现善治非常关键。善治要求政府落实与 PPP 模式相关的所有使能制度、流程和程序，从而充分、完整地发挥 PPP 模式的优势。在这个过程中，政府发挥主要的作用，相关的公众以及其他利益相关者也都各自发挥自身作用，政府需要重新认识治理、善治在经济和社会发展中的重要性。

1. 治理与善治的内涵

治理，就是政治、经济和行政的权力在国家公共事务的管理过程中的行使，治理是一个包括了复杂的机制、过程、关系和制度的体系，公民和利益集团通过这一体系表达自身利益、行使权利并履行义务、解决他们之间的分歧。治理包括国家，但又不限于国家，而是引入了私营部门和公民社会，在可持续的人类发展过程中，这三个主体都至为关键。然而每个主体都有其优势与劣势，善治的目标之一就是促进这三个主体之间可能的最为积极的互动，以消解个体的劣势、最大化利用其优势。它们两两之间或者三者之间的错综复杂的关系显示出每个国家的经济和社会发展路径的方向，这三者越整合、越平衡、越彼此依赖，就越有利于社会经济的发展。

在治理的框架下，三个主体各司其职：

国家/政府。供应公平、公正与和平的基础，通过维护法治、规定社会经济准则、发展社会和物质基础设施、以及维持社会治安和民防的途径来创造一个有利于发展的政治法律环境。

公民社会。通过组织社群、教育社群、动员利益团体参与城市的经济社会事务、提倡政治和社会上的互动、支持互助行动、发挥监察作用、以及培育文化的途径来提供自由、公平、责任和自我表达的基础。

私营部门。通过创造就业和收入、生产与贸易、人力资源发展、服务交付、以及制定且不断更新企业标准的途径来提供经济增长与发展的基础。①

这三者构成了一个治理体系，这个治理体系通过各种机制、机构、程序、关系、甚至是伙伴关系来实现，公民每天都会用到其中的一种或多种来表达问题、需求和渴望、行使其权利和义务、获得救济或者出路，以及维持法律、秩序和正义。实施善治的结果就会达到一种发展状态，在这种发展状态下，穷人被优先考虑，妇女权益得到保障，环境可持续发展……正如我国学者俞可平所解读的那样，善治超越了传统的政治理想——善政或仁政，善治是基于公民社会之上的治理，它不仅要求有好的政府治理，而且要求有好的社会治理；善治也超越了民主，虽然善治包含了民主的多数要素，但是善治还包含了效率、稳定、公正、廉洁这些通常被认为是民主制度所不包含的、甚至被一些人视为反民主的要素。善治并不等于民主，"一个威权政体有可能实现善治，而一个民主国家也有可能管理不善"，② 善治是民主政治所要达到的一种理想政治状态；③ 善治是福利和民生的必要条件，也是福利和民生的最终结果，在发展经济和改善民生的同时，必须促进社会的公平正义，扩大公民的政治参与，增加政府的透明和责任，而这正是善治的基本要素和目标；善治具有超越性，无论是东方国家还是西方国家，社会主义国家抑或资本主义国家，发展中国家还是发达国家，各国政府都希望有更好的治理，追求善治是各国政府的共同目标；善治也代表着人类政治发展的方向，鼓励和要求政府不断地从统治走向治理，从统治走向服务，既能降低政府成本，又能提高政府管理效率。④

然而，如何衡量一个治理是善治（good governance）还是恶治（bad gov-

---

① TUGI, 1999. Urban Governance：A Sourcebook on Indicators, The Urban Governance Initiative, Kuala Lumpur. www. tugi. adip. net/indicators.

② Fukuyama, Francis, What is Governance?（January 25, 2013）. Center for Global Development Working Paper No. 314. Available at SSRN：https：//ssrn. com/abstract = 2226592 or http：//dx. doi. org/10. 2139/ssrn. 2226592.

③ 参见俞可平：《敬畏民意：中国的民主治理与政治改革》，中央编译出版社 2012 年版，第 185～186 页。

④ 参见俞可平：《敬畏民意：中国的民主治理与政治改革》，中央编译出版社 2012 年版，第 186～188 页。

ernance）？显然我们不能采用伦理道德上的"善"和"恶"作为标准进行划分，那么，在治理中衡量"善"和"恶"的标准是什么？如何判断治理的绩效，肯定治理的成绩，发现治理的问题，比较治理的优劣，进而不断地对治理进行改进，最终实现善治呢？关于这个问题，很多国际组织和跨国公司都进行了相关研究，并确立了一些治理标准体系。据世界银行有关部门统计，目前经常使用的治理评估指标体系大概有 140 种，其中有自由之家（Freedom House）与政体指数（Polity IV）的测量体系，以及麦克·柯本基（Michael Coppedge）、约翰·格林（John Gerring）等人设计的非常复杂的民主变量项目（Varieties of Democracy project），罗森斯坦的哥德堡治理质量研究所根据全球 136 个国家的情况而设计的"治理质量指标"（measures of quality of governance），世界银行于 1996 年所设计的覆盖了 200 个国家和地区的"全球治理指标"（Worldwide Governance Indicators，WGI），独立智囊机构"海外发展研究中心"（Overseas Development Institute，ODI）于 2000 年设计的"世界治理评估体系"（World Governance Assessment，WGA），Mahbubul-Haq 人类发展中心（MahbubulHaq Human Development Centre）于 1999 年基于 58 个发达国家和发展中国家的可用数据而建立的"人道治理指数"（Humane Governance Index，HGI）等等。弗朗西斯·福山认为大多数治理指标体系的实际关注点都是民主或民主转型的问题，即对研究权力受限或制衡的政治机制感兴趣，比如民主责任或法治政府，但几乎没人关注集聚和行使权力的机构——国家。[①] 例如 MahbubulHaq 人类发展中心把 HGI 看成是衡量经济发展的一种新的指标体系，取代了之前的人类发展指数（Human Development Index，HDI），认为善治等同于人道治理，善治水平取决于公民治理、政治治理和经济治理的水平，具体的指标有通货膨胀、腐败、民主责任性、法治等；世界银行的 WGI 从六个维度对治理水平进行评价：话语权和问责制（Voice and Accountability）、政治稳定及无暴力（Political Stability and Absence

① See Fukuyama, Francis, What is Governance? (January 25, 2013) . Center for Global Development Working Paper No. 314. Available at SSRN: https: //ssrn. com/abstract = 2226592 or http: //dx. doi. org/10. 2139/ssrn. 2226592.

of Violence）、政府效能（Government Effectiveness）、监管质量（Regulatory Quality）、法治（Rule of Law）、腐败防控（Control of Corruption）；WGA 的框架体系则包括了治理活动的 6 个领域和评估治理的 6 项准则，6 个领域分别是：公民社会、政治社会、政府、官僚体系、经济社会、司法系统，6 项准则分别是：参与、公平、正直、责任、透明、效益。

在"善治"的概念上，应用得较为广泛的是联合国亚太经济社会委员会所提出的框架，即善治包括以下要素：

（1）参与。所有利益相关者的参与；

（2）法治。要求有一个公正的法律框架且该框架可以得到公正的执行；

（3）透明。要求决策制定清晰和开放。

（4）回应性。是指制度及过程应在合理的时间框架内努力为所有的利益相关者服务。

（5）共识取向。要求考量社会中的各种利益集团，从而在什么是全社群的最佳利益以及如何实现这些利益的问题上达成广泛的共识。这种共识的达成需要对社会的历史、文化、以及社会背景的理解。

（6）公正。所有的社会成员平等地适用规则，没有人被排除在外。

（7）效率。以一种没有浪费、拖延、腐败，也不会给后代带来过度负担的方式使用资源。

（8）问责。政治部门对自己的行为向社会负责。①

总的来说，这些指标体系都是试图用一套普适性的评价框架来评价世界各国的治理状况，然而，各国在经济政治发展水平以及历史文化等方面都存在着巨大的差异，用一个统一的标准来进行衡量是否合理，在这个问题上始终存在着较大的争议。而且这些评价体系的设计者大部分都是来自西方的学者，因此，这些评价体系在合理性、公正性和权威性方面都一直受到质疑，其评估结果和年度报告也未必被各国接受。此外，最根本的概念的界定上也

---

① See UNESCAP（2009），*What is Good Governance?* Retrieved September 1, 2012, from http：//www. unescap. org/pdd/prs/ProjectActivities/Ongoing/gg/governance. asp.

没有达成共识，比如什么是法治、什么是公正、什么是正义、什么是善治，都有许多不同的解读和界定。因此，善治的内涵和外延、治理和善治的评价应当有基于国别的特定体系，既体现各国发展中的共性，也体现各国发展中的个性，既反映人类发展的普世价值，也反映各国自身的文化。

2. PPP 与善治

在治理和善治的框架内，三个主体缺一不可，即国家/政府、公民社会、私营部门。公私合作伙伴关系所寻求的正是促进治理模式中的三个主体之间有建设性的争论、共同的关注点以及富有意义的互动过程。三者之间这样的互动关系不仅可以加快发展进程，还可以保障高质高效地交付公共服务给公民，尤其是那些最为贫困、最为弱势的公民。在梳理 PPP 的缘起时，我们很清楚地看到，伙伴关系并不是一个新鲜事物，但长期以来，对于"伙伴关系"这个议题，人们总是在其本质上争论不休：对于经济发展和国家管理而言，伙伴关系的实质到底是什么？无论如何，伙伴关系总是在国家努力探索管理经济发展和提高公共服务交付的过程中出现，它常被看作是一种工具，用于实现变革或实现持续发展，提倡伙伴关系的人总是假设公共和私营部门分配合理的共生关系可以促进经济发展。而伙伴关系的内涵也包罗万象，总的来说，它是一个囊括了政策、实务、程序和责任的框架体系，这个框架体系为管理经济和促进发展过程提供指引。对伙伴关系有效性的考察之一就是公共和私营部门在经济中如何共同发挥各自优势，从经济增长和发展的角度来看，这种相辅相成的关系体现在两个方面：首先，市场友好型经济改革释放了私营部门的活力和动力，使得它们有能力对经济发展作出更大贡献；其次，政府和私营部门之间的协商对话机制赋予了私营部门更多的机会对政策过程进行有效输入，当然这样的协商对政府也很有价值，利益相关者参与到政策过程可以提高政府能力，以便在政策建议上达成一致认识，也可以提高政府对经济增长承诺的信用度，并进一步防止腐败现象。①

---

① See Asian Development Bank（1995）. Governance: Sound Development Management. Retrieved September 12, 2011, from http: //www. adb. org/sites/default/files/institutional – document/32027/govpolicy. pdf. pp. 35 – 37.

以伙伴关系为形式的协商合作机制不仅可以促进参与、提高责任性，还可以提升政策形成和执行过程中的透明度和可预测性，联系到上文所讨论的善治的内涵，很显然，这种开放式的关系和责任的分担有利于促进和提高善治，同时善治也指导并贯穿于伙伴关系建立及发展的全过程。

伙伴关系的建立应当遵循一些基本的准则：首先，本土化的伙伴关系更有吸引力，伙伴关系所涉及的问题与本地直接相关，直接受到当地社会需求的驱动，所以不能从外部或更高层次来强行安排一个伙伴关系；其次，在政府层面必须有强有力的领导和承诺，通常公共组织内部对变革存在着负面的态度，因此，需要有强有力的领导和承诺来确保即使遇到抵抗仍会有效地进行变革来适应伙伴关系；再次，应当在愿景和社会现实中寻求平衡，公众渴望的社会的愿景以及公共部门为了实现公众的愿景而产生的愿景应当清晰地表达出来，在实现这个愿景的过程中国家/政府应当扮演什么角色，是应当由各方来协商和讨论的主要议题；第四，考虑发展伙伴关系的时候也需要切实评估社会共识的状况，确保不会因为伙伴关系的建立而导致贫富差距增大；第五，可持续发展的伙伴关系中应当有参与机制，来整合不同利益团体的利益和认知，在伙伴关系的全过程中赋予人们机会充分发挥作用，会更容易建立起共识，实现变革；第六，伙伴关系中应当关注人力资源，应当确定组织使命和目标，确保所有相关人员参与到组织优势、劣势的分析当中，参与到政策决定、实施和评估过程中，要将培训整合进人力资源管理的全过程，以确保有合适的人来高效完成伙伴关系中通常被看作关键的框架、流程、规则、规章等。①

此外，伙伴关系的成功中有三个要素至关重要，即合作贡献（partner contribution）、人事和财务安排、以及互动。各方进入伙伴关系的前提条件和假设就是合作各方都会为伙伴关系增加价值，因此伙伴关系强调共同的贡献——包括经济上、组织上和智力上一起实现的共同目标、决策和利益，公共

———————————

① See Sam Agere, Promoting good governance: Principles, Practices and Perspectives, Commonwealth Secretariat, 2000. pp. 76 - 79.

部门和私营部门的伙伴关系是一种可以平衡公共利益和私人利益之间彼此竞争、大部分时候互不相容的目标的独特机制，这种伙伴关系有利于最大化地利用有限的资源，避免服务交付中的重复劳动，以减少纳税人的费用。伙伴关系一旦形成，参与双方或各方就应当对其组织进行重组，以确保伙伴关系的目标能够实现，因此，公共部门也必须重组，以发展相应的能力和技能来与私营部门一起促进经济发展。在实质性的伙伴关系中，公共部门和私营部门都应当立志提高生产率，对于公共部门而言，就意味着它们应当采取商业路径，公共部门的绩效应当服从与私营部门一样的管理准则，例如应当改进服务质量、考核绩效、强调结果。此外，公共部门还需要发展更有指导意义的组织文化，例如制订使命宣言、核心价值观和组织信条，强调公共部门需要像私营部门一样为顾客和利益相关者创造价值，清晰界定组织目标，需要将整体规划和合作文化植入公共部门中。此外，还需要有合理的人力资源管理，应当像私营部门一样，对员工的奖励与对绩效的奖励直接相关。公共部门和私营部门应当利用伙伴关系进行更加积极的互动，加强平等的协商交流，还应当充分发挥各方优势，弥补劣势，实现优势互补，全面提高各方实力，以实现利用伙伴关系更好地为公众提供服务的目标。

　　伴随着善治在全球范围内得到广泛认同，PPP模式在全球范围也得以迅速发展，可以说PPP包含在善治之内，是善治的一种表现形式，也是善治的一个重要部分，还是实现善治的一个重要途径和手段，是各国为了实现善治目标而进行的一种尝试和努力。治理与善治对政府提出了更高的要求，它要求政府不仅要做正确的事，还需要正确地做事。因此，它既关注政府行为的过程和方式，也关注政府行为的结果，具体来说，这些关注针对的是所有的治理主体，如政府——执行系统的整体管理工作，公共行政——实施政策，法院——解决争端，经济社会——国家与社会，公共与私营部门，政治社会——聚集社会利益，公民社会——公民知晓和处理政治问题，可持续发展——关注环境状况……这些主体也正是PPP模式中的主体，善治为PPP模式的发展在程序、输入、输出等方面设定了框架，PPP执行着善治所赋予的特定职能，时时与善治进行能量、材料和信息的交换，影响着善治的最终产出。综合 PPP 与善治两者的内涵及其相互关系，PPP 善治的内涵大致应当包括以下内容：

（1）PPP 中的多元主体参与。要求在 PPP 项目的决策制定和实施过程中，有合理的参与通道开放给所有的利益相关者，利益相关者能够完整地表达利益诉求，各方利益得到最大程度的尊重，通过协商、谈判等多种方式在何为最佳利益以及如何实现最佳利益的路径等关键问题上达成广泛的共识，调节利益冲突、整合各方利益。

（2）PPP 中的法治。要求确保 PPP 的每一个方面都在清晰的法治框架之内，PPP 项目可依照法律法规的规定有序、规范地实施，该法治框架可以得到公正、有效的遵守和执行。

（3）PPP 中的社会公正。要求社会成员平等地适用相关规则，没有人被排除在外；要求对所有参与者公平激励，给予承担风险的一方公平的回报，实现商业上的成功；要求在 PPP 模式下对基本公共服务实施公平供给，并合理关注、保护弱势群体。

（4）PPP 中的透明度。要求 PPP 项目中的程序、制度和信息可获得，决策、实施过程的公开透明，有合理恰当的传播渠道。

（5）PPP 中的责任性。要求政府在 PPP 项目中对公共利益负责，积极与公民沟通、倾听公民声音，迅速回应公民诉求并采取相应行动，建立对 PPP 项目实施监控的合理渠道，腐败得到有效遏制，官员对自身行为负责。

（6）PPP 中的效能。要求在实施 PPP 的过程中，资源得到了最高效的利用，投入产出符合效益原则，实现物有所值；实施战略人力资源管理，参与人员明确知道项目的使命和目标，以及自身职责和绩效标准，实施全过程的绩效管理，通过培训确保项目参与人员的知识、技能和能力持续得到改进和提高，能更好地实施项目；对项目进行定期和不定期的绩效评估，确保项目实施状况符合计划要求和预定目标，并根据环境变化适当调整；主动积极使用新的科学技术、新的管理工具提高效率；通过 PPP 模式实现公共服务的持续提供，实现公共服务质量的不断提高。

（7）PPP 中的政府能力。要求政府能够根据环境的变化进行及时、合理地变革，既提高组织整体的能力，也发展其中每个个体的能力和技术，提高政策制定和执行的质量，提高政府信用度，确保政策的稳定性和延续性。

二、PPP 善治的实现

善治的实现并非必然或者偶然，相反，善治的实现需要审慎的战略规划、有效的资源分配、合理的决策和高效的执行，在测量治理和善治水平的时候，各个指标体系无论是对其进行程序性测量、还是对其输入、产出的测量，都是围绕着善治的三个主体而展开的，同样，PPP 善治的实现，也同样需要围绕善治的三个主体展开，同时兼顾 PPP 的内部和外部要素。

（一）国家/政府中的善治

按照弗朗西斯·福山的观点，在治理的过程中，政府的角色和职责是主要的，他将治理定义为"政府制定或执行规则、提供服务的能力"，追求善治是各国政府的共同目标，为了促进善治的实现，政府/公共部门应当确保政府行为达到既定的产出，实现公共利益最大化。关于政府/公共部门的善治，许多国家根据其自身情况，制定出一些基本准则和实践指南，例如加拿大的英属哥伦比亚省审计长办公室制定了《公共部门治理：良好实践准则指南》（Public Sector Governance：A Guide to the Principles of Good Practice），指出公共部门善治需要从 8 个方面着手：领导力、伦理和公共部门善治文化，内外部利益相关者关系，风险管理，内部合规与问责，规划与绩效监控，外部合规与问责，信息决策支持系统，治理体系审查与评估；荷兰财政部发布了关于政府治理的文件，指出政府治理的目标就是为实现政策目标提供保障，在政府各个层级治理的计划和实施都非常重要，中央政府主要关注议会设定的政策目标，各部部长担负着达成这些目标的责任，因此从部长级职责的视角来看，善治的关键就是有足够的保障来授权给部长们以承担部长级责任，这些保障措施应当存在于政策领域之内，通过合理设计的管理、控制、监督和问责循环覆盖了整个政策链，因此它们将政府治理定义为对保障政府组织之间管理、控制和监督的相互关系，旨在高效地实现政策目标，公开沟通，对利益相关者负责。①

事实上，大部分国家在追求善治的过程中都进行了一定程度的公共部门改革，或局部或整体。弗朗西斯·福山选取了几个代表性国家的改革路径进行了研究，将改革路径划分为两种，另一种是以提高政府能力，尤其是公共部门的职业化水平为主，例如新加坡和德国，一种是以提高自主性为主要方式，例如中国和尼日利亚。② 这与我国学者王沪宁的观点不谋而合。王沪宁教授认为，行政发展包括两种基本方式，一是基于行政主体的行政发展，二是基于行政系统的组织结构的行政发展，前者重点在于改变行政主体的行政行为、行政态度，通过行政主体的精神面貌、思想观念的变化实现行政发展的目标；后者侧重于通过改变组织结构、政策和程序来影响行政主体，这种行政发展涉及到行政组织的各个方面。③ 但无论改革和发展的路径如何，各方在政府善治的目标和要素方面都有大致相同的认识，即都应当以实现公共利益为主要职责，恪守公正正直的伦理价值观，坚持法治、公开和广泛的公众参与，依据经济、社会、环境可持续发展来界定产出，只实施必要的干预手段，提高自身能力、领导能力和公务员个体能力，通过内部控制和公共财政管理对风险和绩效实施管理，实施政务公开，对政府行为负责等。

在实现政府善治的手段和方法上，各国看似大不相同，但究其本质，都包括以下几个方面：

第一，确定战略。善治为政府提出了新的要求，要求政府将战略的思维融入到政府施政的全过程当中，因为在治理理论看来，组织没有战略就等于没有方向，要实现善治，理想的情况是政府日复一日的活动都有助于特定目标的实现，且最终会超越组织的整体目标。战略通过可指导战略行为的计

---

① See the Netherlands Ministry of Finance, Government Audit Policy Directorate (2000). Government Governance: Corporate Governance in the Public Sector, Why and How. Retrieved September 24, 2012, from http://www.ecgi.org/codes/documents/public_ sector.pdf.

② See Fukuyama, Francis, What is Governance? (January 25, 2013). Center for Global Development Working Paper No. 314. Available at SSRN: https://ssrn.com/abstract = 2226592 or http://dx.doi.org/10.2139/ssrn.2226592.

③ 参见王沪宁：《行政生态分析》，复旦大学出版社1989年版，第305~306页。

划、策略、模式、立场和洞察力，来造就政府的重心、连贯性和目标。善治也为政府确定了使命，在这个使命的指导下，政府分析其外部环境和内部运作状况，制定战略议题，根据选择方案来确定优先考虑和优先发展的议题，最终制定出相应的战略，并制定出实现战略目标的具体操作计划以及执行框架。

第二，变革政府组织。阿利森认为一般管理的第二个重要职能就是管理内部构成要素，其中第一项就是对组织结构的管理，包括组织的纵向层级结构和横向部门结构，以及整个公共组织内部的纵横结构。在政府善治的战略指导下，减少或增加横向职能部门的数量，调整组织内部职权和职责范围，调整直线部门与职能部门的关系，调整权力结构，对中央与地方政府的权力进行合理分配，以实现提高政府及其各职能部门对环境的适应性、提高政府整体效能的目的。

第三，改革人事制度。对于任何组织来说，人事管理职能都是其核心职能，政府尤其如此，因为政府提供服务的水平和质量最终取决于从事这些工作的公务员，政府实现其战略目标的行动能力和对具体的管理事项进行反应的能力也同样取决于公务员。传统的人事管理制度使得公务员专注于自己所从事的特定事务上而缺少使命和战略目标的意识，使得他们对外界环境的变化不甚敏感，对组织的变革持恐惧甚至抗拒的态度，在王沪宁教授的《行政生态分析》一书中，他分析了行政发展的障碍，其中大部分的障碍都来自于行政主体。英国、加拿大、新西兰、澳大利亚的改革实践也表明，改革的动力主要来自于政治领导而不是公务员本身。而善治对人事管理和公务员系统提出了挑战，同时也为其发展提供了很大的空间和机遇，善治要求政府以战略的思维和视角来看待人事管理，要求公平、公开、公正地甄选和对待公务员，要求公务员的工作更注重结果、灵活性，要求政府采取更多的激励因素提高公务员绩效、促进个人发展，要求政府建设学习型公务员系统，以确保公务员具备合理的知识、技能和能力来高效地处理日常工作、实现个人工作目标、最终实现政府整体目标。

第四，重塑外部关系。外部沟通有利于确保政府的责任性，建立良好的外部关系是提升公民对政府信任度的一个关键路径，信任、透明、尊重与合作是公民积极参与的基石。善治要求政府重视外部关系，保持开放的态度，制定并完善政务信息公开的正式制度，以确保外部主体清楚知道政府的决策、行动、计划、资源配置、展望、输出、产出等各方面的信息，积极寻求协商、合作、共赢，提供全面开放的渠道与所有的利益相关者进行双向沟通；强调公民参与、建立健全外部监督渠道和机制，确保公民或公共服务使用者清楚了解可以参与协商的事务类别，以保障公共服务的提供实现预计的产出；充分利用现代化信息技术收集和吸取民意，了解民众对政府的意见和态度，增强公共服务的针对性和回应性，提高公众满意度。

第五，强化行政伦理。行政伦理植根于组织文化之中，它主要关注行政活动对与错的判断过程以及判断的理由，这涉及到行政主体行动的正当性与合理性，既包括政府本身在行政活动中所应遵循的价值规范，也包括公务员个体在行政过程中的道德规范，甚至包括公务员个体在社会生活中的道德规范。在任何一个国家，公民对公务员都有着一种期望，即希望公务员能够诚实工作、拥有高标准的道德操守，能够作出合理的决策，保障公众对政府的信心和信任，德怀特·沃尔多提过一个"在林线之上"的比喻，意指公共部门的高级管理人员必须在严寒的道德气候中运作并面临危险，恰好对这一期望进行了阐释。因此，在组织文化中要求严格的伦理规范和个人品德是政府治理框架中的一个重要内容，对政府绩效的实现有着不可忽视的作用，善治要求政府以公共利益最大化为价值基础来构建政府的组织文化，政府的核心价值观与行为准则都能反映出这一价值基础，回应公众对政府行为的期望，政府活动和行为的全部过程中都应当持守客观、公正、诚实等通用准则；善治要求公务员本身应当成为道德的楷模，言行能体现出高于社会普遍水平的道德水平，政府应当制定清晰的公务员行为准则和职业规范，要求公务员的行为符合行为准则和职业规范并对其进行合理有效的评估；善治要求政府及其公务员尊重宪法和法律的权威，政府及其公务员的行为与活动应当严格遵循法律规定的内容和程序，切实保护公民权益。

在实践中，各国政府都会根据系统环境的变化和善治的要求而进行变革和发展，但由于世界各国的行政生态环境都各不相同，因此，其路径和方式呈现出多样化的态势。以我国为例，改革开放四十年来，为适应经济体制改革的深入开展，我国政府围绕着政府职能转变推行了政企分开、行政审批制度创新、政府机构改革、科学民主决策机制建设、国有经济布局和结构战略调整、行政法制建设及大部制等一系列改革，实现了政府行政管理体制的重大转变。党的十八届五中全会公报指出，要实现"各方面制度更加成熟更加定型，国家治理体系和治理能力现代化取得重大进展"，要"深化行政管理体制改革，进一步转变政府职能，持续推进简政放权、放管结合、优化服务，提高政府效能"。2017年3月的《政府工作报告》中指出要全面加强政府自身建设：在指导思想上"要坚持党的领导，牢固树立'四个意识'，坚决维护以习近平同志为核心的党中央权威，自觉在思想上政治上行动上同党中央保持高度一致，加快转变政府职能、提高行政效能，更好为人民服务"；在施政方式上"坚持依法全面履职。各级政府及其工作人员要深入贯彻全面依法治国要求，严格遵守宪法，尊崇法治、敬畏法律、依法行政，建设法治政府。加大政务公开力度。坚持科学决策、民主决策、依法决策，广泛听取各方面意见包括批评意见。各级政府要依法接受同级人大及其常委会的监督，自觉接受人民政协的民主监督，主动接受社会和舆论监督，认真听取人大代表、政协委员、民主党派、工商联、无党派人士和各人民团体的意见。作为人民政府，所有工作都要体现人民意愿、维护人民利益、接受人民监督"；在行政伦理上要"始终保持廉洁本色。要认真落实全面从严治党要求，把党风廉政建设和反腐败工作不断引向深入。坚决贯彻落实党中央八项规定精神，一以贯之纠正'四风'。加强行政监察和审计监督。保持惩治腐败高压态势，聚焦重点领域，严肃查处侵害群众利益的不正之风和腐败问题。广大公务员要持廉守正，干干净净为人民做事"；在行政组织和人员上要"勤勉尽责干事创业。中国改革发展的巨大成就是广大干部群众实干出来的，再创新业绩还得靠实干。各级政府及其工作人员要干字当头，真抓实干、埋头苦干、结合实际创造性地干，不能简单以会议贯彻会议、以文件落实文件，不能纸上谈兵、光说不练。要充分发挥中央和地方两个积极性，鼓励地方因

218

地制宜、大胆探索，竞相推动科学发展。严格执行工作责任制，特别是对重点任务，要铆紧各方责任、层层传导压力，确保不折不扣落实到位。强化督查问责，严厉整肃庸政懒政怠政行为，坚决治理政务失信。健全激励机制和容错纠错机制，给干事者鼓劲，为担当者撑腰。广大干部要主动作为、动真碰硬，与人民群众同心协力，以实干推动发展，以实干赢得未来"。

此外，在 2007 年，国务院机构改革办公室与联合国开发计划署联合开始了 "以善治为目标的中国公共部门改革（Innovation in China's Public Sector for Good Governance）" 项目，项目目的是 "通过为国务院机构改革办公室创造一个公共部门改革的国际化对话空间，实施有计划的试点改革，并促进各方面对成功的公共部门改革与善治理念以及有效服务交付的重要性的认识，并提高国务院机构改革办公室在中央和地方层面制定和实施政策措施以促进善治的能力"，项目聚焦于 5 个方面：以人民为中心的政府；高效负责的政府组织结构；善治的能力建设；回应性的地方政府；贯彻执行事业单位改革。

我国的政府改革实效显而易见，虽然全球治理指数中对中国的排名（2010 年）较低，尤其是在言论表达、责任政府、以及法治方面，但正如弗朗西斯·福山所说，"单纯依据我的主观估计，在过去的三十年中，鉴于中国政府除了管理一个现存的机构体系以外，还要推动它们向市场友好方向转型的现状，中国中央政府在高度复杂的现代化进程中对宏观经济管理的效能堪称奇迹"。[①]

（二）公民社会中的善治

公民社会的定义有很多种，黑格尔认为公民社会是由私人生活领域及其外部障碍构成的整体，帕森斯认为公民社会是一个社会子系统，其主要功能是将文化价值加以制度化以达到社会整合的目的，葛兰西认为公民社会是制定和传播意识形态特别是统治阶级意识形态的各种私人的或民间的机构总

---

① See Fukuyama, Francis, What is Governance? (January 25, 2013). Center for Global Development Working Paper No. 314. Available at SSRN: https://ssrn.com/abstract = 2226592 or http://dx.doi.org/10.2139/ssrn.2226592.

称，包括教会、学校、新闻舆论机关、文化学术团体、工会、政党等。事实上，由于每个国家的历史背景和文化的差异，根植于文化中的公民权利和政治权利得到怎样的行使、它与对于国家和共同体的责任有何联系等等问题的回答也是大相径庭，因此，在考虑公民社会中的善治时，我们需要基于各国的现实情况来分析公民社会的普遍内涵。

从公民社会自身的内涵来看，它有三个主要的功能，即促进志愿精神，建立社会资本，以及为政策输入创造有利的环境。志愿精神是指个体自发决定与其他人联合或与其他人合作来实现一个特定的目标，托克维尔认为志愿行动和志愿协会是美国民主政体运作的基石，志愿部门使社会避免了多数人的暴政，在其他的一些国家，志愿精神主要强调服务于公益的共同服务；志愿组织依赖于信任和互惠，按照帕特南的观点，这属于社会资本的内容，是通过公民社会得以建立和实现的，社会资本的存在使一个地区的公民组成紧密的公民参与网络，这一网络通过各种方式对破坏人们信任的人或行为进行惩罚而得到加强，这种公民精神及公民参与所体现的就是社会资本；然而，不同社会的社会资本也不相同，社群生活也不相同，这种差异就凸显出公民社会的第三种功能——创造有利的环境的重要性了。参与活动带来的以影响政府政策为焦点的宽容度以及行动主义的程度大相径庭，信任和互惠——任何形式社会资本的主要构成要素——可能在有的组织或团体内部非常深入，但在与外部其他组织或团体的关系上却显得单薄。人们在公民社会中首先表达利益和需求，但是公民社会有效服务于这个目的的能力却存在差异，公民社会未必参与国家生活，反之亦然，例如在有的国家，政府视自己为发展国家的主体，而在另外一些国家，公民对政府的失望导致他们把公民社会看作是政府的替代性选择。①

通常认为公民社会在三个方面对善治作出贡献：开发、形成、提高并支持个体自治的能力，可称为个体发展效应；构成公共领域的社会基础，提供

① See Goran Hyden, Julius Court, Kenneth Mease (2004). Making Sense of Governance: Empirical Evidence from Sixteen Developing Countries. Lynne Rienner Publishers, Inc. pp. 60 – 63.

信息、开发议题、意见测试、表现差异、表达意见，可称为公共领域效应；通过组织政治演说、促成压力和阻力、组织集体行动、以及作为治理的可替代场域来支持和提升民主治理制度，可称为制度效应。① 这正是公民社会的两个主体发挥公民社会的这三个功能的过程。治理的内涵是公民社会组织对社会公共事务的独立管理或与政府的合作管理，善治的前提和特征之一就是公民社会的发展，没有健全的公民社会，就不可能实现善治。从世界各国的实践来看，公民社会中的善治主要围绕其两个主体而展开——即非营利组织和公民。

（1）完善非营利组织参与机制。在新公共管理理论看来，随着"政府失灵"和"市场失灵"，非营利组织在公共服务和公共管理中扮演着十分重要的角色，为公共服务和公共管理提供了不同于传统的新途径。非营利组织在现代国家的出现，被喻为"影子政府"，它的出现不仅是对政府与市场失灵的反映，而且是一种提供集体财货和服务的优先机制，有的学者将之称为"第三部门"，是指针对现代政府行动的转变与多样性，在公共服务的提供上，必须依赖于许多非营利组织之意。也有学者指出，"政治文明实际上就是政府、市场和大量非营利组织为主的社会力量三者互动、协商与合作的网络化治理过程。也就是说，现代政治文明是社会力量对政治领域的渗透，或政治力量的收缩和社会力量的崛起，因而大力培育以非政府组织和非营利组织为核心的多元化公民社会，是现代政治文明发展的重要组成部分和物质基础。"② 1998 年，英国政府首先签署"COMPACT"（The Compact on Relations between Government and the Voluntary and Community Sector），将政府与非营利组织的伙伴关系作为国家政策提出，并在英联邦不同地区、不同层次的政府中得以实践。"COMPACT"是英国政府与志愿及社区组织之间确立合作伙伴关系的法律协议，用以指导英国政府各部门及各级地方政府在制定和实施公

---

① See Mark E. Warren (2011). "Civil Society and the Deepening of Democracy." In The Oxford Handbook of Civil Society. Edited by Michael Edwards. Oxford University Press, 377–90. September 2011.
② 张明军、吴新叶、李俊等：《当代中国政治社会分析》，中央编译出版社 2008 年版，第 155 页。

共政策过程中与民间公益组织之间确立合作伙伴关系。① 它的基本原则是：一个健康的志愿与社区组织是民主社会的必要组成部分；与志愿和社区组织发展伙伴关系将有利于制定更好的政策、提供更好的服务以及取得更好的社区治理效果；合作伙伴关系需要较强的关系纽带，例如整合和开放的关系；政府可在志愿与社区组织面前扮演资助者的角色；充分尊重志愿和社区组织的独立性。② 在治理工具层面，英国政府采取委托、授权、淡出等多种灵活方式，与非营利组织形成合作伙伴关系，以实现公共利益的最大化。

（2）完善公民参与机制。参与是 20 世纪 90 年代的主要政治议题之一。比尔·克林顿通过到镇公所与群众会面和乘车到全国各地访谈获得了相当多的政治支持，英国首相约翰·梅杰现在发现只有深入到人民中才能制定出合理的政策，这才应该是他们在政治上的追求，而不应该总是去征询有关政策应该是什么的建议。协商和公民参与决策已成为加拿大政府的中心工作，包括预算过程也需要协商和公民参与。这些例子都清楚地显示，在这样一个时代里，如果没有公众的积极参与，政府很难使其行动合法化。③ 健全的公众参与机制可划分为预案参与、过程参与、行为参与和结果参与这四种：公民或公民代表应当就政府未来的政策方向以及政府的预案充分地表达自己的意见，这些代表的意见有利于更有效地明确问题，有利于获得科学领域之外的信息和知识，有利于寻找能为社会所接受的其他方法，有利于为规划或解决方案创造一种主人翁意识以推动其实施；公民应当积极参与项目实施过程，通过用脚投票、听证会、环境诉讼等方式来增强对项目实施状况和途径的监督作用；行为参与是一种自觉性参与，是指公民采取自我行动参与到治理过程中来；结果参与是指公民利用司法渠道积极解决在信息渠道和参与渠道实施中的争议。

222

---

① 参见王名、李勇、黄浩明编著：《英国非营利组织》，社会科学文献出版社 2009 年版，第 56 ~ 57 页。
② 参见王名、李勇、黄浩明编著：《英国非营利组织》，社会科学文献出版社 2009 年版，第 56 ~ 57、120 ~ 142 页。
③ ［美］B·盖伊·彼得斯：《政府未来的治理模式》，吴爱明、夏宏图译，中国人民大学出版社 2001 年版，第 59 页。

（3）构建公民文化。"如果民主社会中的人民打算对付经由时间形成的问题，那么他们需要达到一定水平的知识和文明，在那里他们能将困难作为问题处理，并构想解决那些问题的替代性方式"。① 公民文化是政治文化的核心，或称公民意识，它既不是传统文化也不是现代文化，而是传统文化和现代文化的结合；它是一种建立在沟通和说服基础上的多元文化，是一致性和多样性共存的文化，它是允许变革、但必须有节制地进行的文化。随着这种公民文化的巩固确立，工人阶级得以进入政治领域。在不断尝试和失败的过程中，他们找到了表达自己要求的语言和使之生效的手段。② 公民文化既不是传统的文化，也不是纯理性的工业文化，而是一种将传统与现代完全融合的文化。这种文化的特质是：公民均有参与政治的愿望；参与政治是一种合理的行为；公民有较强的政治效能感，自信可以成功地进行政治决策；公民有较强的输入功能取向；公民的政治活动频率特别高。③ 公民文化的形成不是一蹴而就的，需要大力推行公民教育、提高公民素质、践行公民活动：只有通过公民教育促使民众建立浓厚的公民意识，并内化成一种理性积极的公民行为，公民才会崇尚民主、自由和法制，积极而有序地参与社会公共事务；才会尊重差异，倾向宽容、协商和妥协……所以，公民教育的推行是构建公民文化的前提条件之一；④ 提高公民素质要求提高公民认知，增强公民理性，完善公民人格，从而主动自愿参与政治性或自愿性的组织，对自己的政治行为、经济行为、生活行为负责。践行公民活动一方面要求政府积极扩展渠道鼓励、吸纳公民参与，对公民进行有效的民主训练，例如在农村实行村民自治，城市实行居民自治，培养公民的民主习惯，久而久之，民主就会固化为他们日常的生活方式和习惯，进而内化为公民文化；另一方面要求公民主动自觉参与各项公民活动，包括公众听证、公民或消费者问卷、公民咨

223

---

① ［美］文森特·奥斯特罗姆：《美国联邦主义》，王建勋译，上海三联书店 2003 年版，第 224 页。
② 参见［美］加布里埃尔·A. 阿尔蒙德、西德尼·维巴：《公民文化——五国的政治态度和民主》，马殿军、阎华江等译，浙江人民出版社 1989 年版，第 8 页。
③ 参见［美］加布里埃尔·A. 阿尔蒙德、西德尼·维巴：《公民文化——五国的政治态度和民主》，马殿军、阎华江等译，浙江人民出版社 1989 年版，第 525～540 页。
④ 参见张华青：《论社会转型期的公民文化培育》，载《当代世界社会主义问题》2004 年第 4 期。

询委员会、公民论坛等等，积极参与社会组织，维护自身权利和利益。

（三）私营部门中的善治

在政治学、经济学、社会学等学科领域中，学者们对公共部门和私营部门之间的差异进行了一系列的研究，旨在找出将公共部门和私营部门区分开来的要素，波兹曼认为公共性是理解组织行为的关键，因为公共权威对任何组织的行动都有影响，这种观点使学者们关注公共权威的作用，但是它模糊了部门之间的界限。通常认为在环境、交易和程序三个方面存在的差异使社会可以划分为两大部门——公共部门和私营部门，私营部门的特点是：

（1）在环境方面，人们的购买行为决定了市场；为提供某项服务相互竞争；资金来源依赖于收费；数据充分可用；市场信号清晰；其自主性和灵活性只受到法律和内部多数人意见的限制；政治影响是间接的。

（2）在交易方面，消费是自愿的，依据使用情况付费；具有较小社会影响，关注者范围小；可以隐蔽地制定计划并将其保密；所有权清晰，利益相关者少而集中。

（3）在程序方面，组织目标清楚，认同度高；执行者得到的授权充分；由相对独立的机构行使权力；绩效清晰，在长时间内稳定不变，容易使人产生紧迫感；主要通过利益进行激励。

作为善治的主体之一，私营部门自身的治理和善治是提高经济效率、促进经济增长和增强投资者信心的一个关键因素，私营部门的治理涉及到企业组织方式、控制机制、利益分配的一系列法律、机构、文化和制度安排，包括了企业与其所有利益相关者之间的关系，包括内部治理和外部治理，"善"的私营部门治理能够对公司内部形成适当的激励机制以实现既符合组织利益、又符合股东利益的目标，并促进有效监督，有助于增加组织内部、外部投资者、整个国家经济、乃至全球经济的信心。善治要求私营部门有一整套规则、关系、制度和程序，使得私营机构对内可以维护利益相关者的利益，对外可以对整个社会的利益同共体负责，实现诚实、信任、正直、开放、表现导向、责任感及可靠性、互相尊重及对组织有承诺等原则。在私营部门中实现善治的过程中，无论在理论研究还是实践领域，世界各国大多遵循以下

224

的内容：

（1）高效的私营机构治理框架。要求建立私营机构治理框架的时候需要考虑它对整体经济绩效的影响，市场的信誉度以及由它而产生的对市场参与者的激励机制，对市场透明度和效率的促进；要求影响私营机构治理实践的法律及监管方面的要求应符合法治原则，透明、可执行；要求各管理部门间责任的划分明确、可衔接，保证公共利益得到有效的保障；要求政府相关部门应当拥有相关的权力、操守和资源，以专业、客观的方式行使职责。

（2）保护和促进股东权益。应当确保在影响股东权利的一些基本事项上，例如选举董事会成员、修订组织文件、批准特别交易、以及其他事项，股东有权参与决定并获得充分的信息，为股东行使权利创造有利条件，允许股东就股东基本权利有关事宜进行协商。股东应受到平等对待，当股东权利受到侵害时，应该能够获得有效赔偿。严禁内部人员交易和滥用权力的自我交易，董事及主要执行人员应当主动报告其与第三方之间的直接、间接的实质性利益。

（3）利益相关者参与。私营部门的治理也同样要求多元主体的参与，应当承认利益相关者的各项合法权利，鼓励利益相关者参与治理过程，允许员工参与，定期及时地向利益相关者披露、报告私营部门相关信息，有权自由表达意见和观点，采取措施保障利益相关者权利不受侵害，若其权利受到侵害，能够获得有效赔偿。

（4）公开透明。私营机构的治理框架应当确保其及时准确地披露有关所有重要事务的信息，包括财务状况、绩效、所有权和组织治理，应当披露的实质性信息至少包括机构财务和经营成果、机构目标、主要股份的所有权和投票权、董事会成员和主要执行人员的薪酬政策、关联方交易、可预见风险因素、有关员工及其他利益相关者的重要问题、治理结构和政策。

（5）责任制度。私营机构的治理框架应确保董事会对机构的战略指导和管理层的有效监督，确保董事会对公司和股东负责，董事会成员应在全面了解情况的基础上，诚实、尽职地开展工作，尽最大努力维护机构和股东的利益；董事会在道德方面应遵循高标准，考虑利益相关者以及整个经济体的利益；董事会应当可以有效履行其主要职能，包括审议和指导战略、设立绩效目标、监控计划实施、监督资本运转，选择主要执行人员等；董事会应能够在机构事务中作出客观独立的判断，并有效承担其责任。

（6）治理文化。建立自上而下的治理文化，投资者、董事会及其他高级管理层应当加强私营部门治理意识，通过不断的培训和开发来了解治理和善治相关概念、理论和实践内容，并在机构内部将这些理论和原则实践出来；应当将治理的要求落实到机构内部控制、全面风险管理等各个流程中，建立相应的监督机制，确保治理在各个内部环节中有效地运行；在机构内部建立并大力推行治理和善治的文化教育，使治理和善治的意识深入到内部运行的各个方面，成为机构内部文化的重要组成部分。

（四）PPP外部框架的善治

在从善治的三个主体着手实施善治的同时，也同样需要关注PPP模式的外部框架的善治，从而为PPP模式内部运行的善治创造有利的环境和条件。

1. PPP政策领域的善治

我国财政部在《PPP项目合同指南（试行）》的编制说明中提到，"PPP从行为性质上属于政府向社会资本采购公共服务的民事法律行为，构成民事主体之间的民事法律关系"。如前所述，大多数国家并没有发展出完善的PPP法律法规体系，因此，在实践中，合同的签订在很大程度上以政府的PPP政策作为依据，PPP政策理应为整个PPP模式的发展设定了方向、准则和实施框架，如果政策模糊不清，给PPP项目实施带来的后果可能是灾难性的，很多PPP项目的失败经历正好证明了这一点。

将善治应用于PPP政策领域，则要求PPP政策连贯一致、目标清晰、符合公共服务的价值、能应对变化、帮助各方达成共识、确保识别正确的项目、目标可达成、能获取公众的支持。

（1）PPP政策应当设定清晰的经济与社会目标。政府在制定PPP政策时候，应当有清晰的目标和方向，但是目标应当是什么呢？是创新投资融资机制，增强经济增长内生动力？还是理顺政府与市场关系，充分发挥市场配置资源的决定性作用？这类目标并不能使PPP政策得到公众和其他利益相关者的支持，他们不会因此就相信PPP模式是提供基本公共服务最合适的方式，尤其是在电力、供暖、照明、健康和教育等基础领域。商业标准不能代替根植于公共服务中的公共利益目标。这些公共利益目标包括：社会公平、包容性、可获得性、透明性和责任性。这些目标对于想要提高服务效率以及基础公共服务的普率的那些低收入国家显得尤为重要。框6.1列出了一些实现PPP政策目标的过程中可以考虑的因素。

框 6.1　实现 PPP 政策目标的过程中可以考虑的因素。

目标一旦被设定，政府就需要探讨如何实施政策以实现目标，通常政府会考虑以下一些因素：

- PPP 的类型；
- 政府准备承担的风险的程度；
- 政府如何管控风险；
- 不可预料的风险；
- 判断 PPP 是否是公共服务提供的可行方法的标准；
- 利益相关者参与的政策。

（2）PPP 政策应当与核心价值观及原则相关。在实行西方文官制度的行政国家中，公共行政官员通常被看作是"护卫者"，护卫公共行政的核心价值和原则，免受某些政治官员的侵害。在发展 PPP 模式的过程中，这些核心价值观和原则同样应该得到保障，政府官员应该问自己一些关键问题：什么是政府需要保护的核心价值？公共官员应当如何维护这些价值的完整性？PPP 模式如何以公平且可持续的方式服务于公共利益？对这些问题的回答涉及到对许多方面的认识，如服务的可获得性、公民的花费、公平公正问题、利益冲突、财政的责任性、服务的稳定性和质量等。

（3）PPP 政策应当包含变更机制。没有完美的政策，任何的政策都可能需要修订，正确的态度应当是在政策中本身就包含变更机制，当环境发生了变化，或者当实践证明了 PPP 政策中存在错误，甚至对 PPP 的实施形成了阻碍的时候，需要适时对政策进行修订。

（4）PPP 政策应当基于共识。PPP 政策的制定过程中应该有相关各方的参与，私营机构、金融机构、公众、非盈利组织、咨询机构、立法机构以及政府内部其他职能部门都应当参与到 PPP 政策的制定中来，在平等对话、协商的基础之上达成共识，最终形成 PPP 政策，为 PPP 模式的推行奠定良好的合作基础，减少 PPP 政策执行的阻力。

2. PPP 法律框架的善治

为了实现 PPP 的繁荣发展，各个国家应当设置和维护安全、可预测、稳定、一致、商业导向的法律法规框架，而实际上，很多国家的法律程序都不完善，甚至可能过于复杂，以致无法为 PPP 项目的投资者提供充足的保障和激励。对于 PPP 项目的投资者来说，他们需要从法律框架的可预见性和安全性中得到保障，法律规范少一点、简单一点、好一点，他们就可以更好地预测如果进入某个 PPP 项目他们将要承担的风险和义务有哪些，进而作出决定是否接下该项目。此外，PPP 的法律框架也应当为公众和利益相关者提供更好的保护，以确保他们的权益不因 PPP 项目的实施受到侵害。大体而言，善治对 PPP 的法律框架提出以下几个方面要求：

（1）PPP 法律框架应当有其基本准则。PPP 法律框架应当与其他法律一样，首要的价值是保障和实现自由、秩序和正义；PPP 法律框架应当可以保障投资者生命财产权利不受侵犯；PPP 法律框架应该为 PPP 项目的实施提供快速、高效的法律保障；PPP 法律框架应当为公民参与设置合理路径；PPP 法律框架应当包括对弱势群体的特殊保护。

（2）PPP 法律框架应当尽量精简。PPP 法律法规不应该是指令性的，而应当是聚焦于实现项目产出的许可性规定，只需要为伙伴关系的参与各方设定一个规划和实施项目的广泛参数。想要对 PPP 过程实施微观管理的密集型法律法规只会减少潜在的投资者。应当将重点放在灵活性上，尽量移除施加给投资者使用公共资产时的繁重的法律约束；如果私营合作方使用资产的行为可能受到宪法条款的约束，若情况允许，应尽快对这些条款进行修正；移除、简化项目建设和土地使用方面不必要的审批程序；增加对投资者使用投资收益的权利的法律约束，例如约束投资者在项目公司以市场价格处置他们的股权投资以及在将国外利润调回国内（repatriate the profits out of the country）。①

（3）PPP 法律框架应该可知且稳定。PPP 法律应当能够使投资者在进入市场前计划好投资决策并且采取一种长远（而非短视）视角，这可以为 PPP 吸引更高质量的投资。在 PPP 项目中，法律可知且稳定对投资者有特殊的意义，可以帮助他们更好地对风险进行量化评估，以提前采取措施缓解风险所带来的后果。各个国家的投资法、税收法、公司法、合同法、争议解决法等法律法规为贷方和投资者提供了一个较为清晰的 PPP 法律框架，在作出投资决定之前，他们需要在法律框架下找到合理的依据，来保护其权益，保障其长期利益。PPP 法律还应当对 PPP 项目中的权利义务进行清晰的界定，最好是以普通法律法规而非特别法、部门法的形式进行规定。

（4）PPP 法律框架的内容应尽量简单。简单的法律框架带来简单的 PPP 项目流程，可以有效地加快并促进竞争，拓宽政府选择合作伙伴的范围，避免有时候一些潜在的投资者会因为流程太过复杂、大量增加了时间经济成本而选择不参与某个 PPP 项目。为了提高 PPP 项目法律流程的效率，应当通过制定法律法规的方式实现 PPP 合同的标准化，这种方法能够实现各方对主要风险的共识，帮助他们采用一致的方法来开发一系列相似的项目，降低各方为额外的协商所花费的时间和经济成本。

（5）PPP 法律框架中应包括合理的仲裁规则。PPP 案件中的诉讼非常昂贵且繁重，当然政府可以改进解决争议的法律框架，然而从整体上看，投资者需要相信司法部门有能力强制执行法律和合同。此外，通常投资者对仲裁的担忧是当地法庭会支持当地的公共机构，而如果仲裁发生在国外又会担心当地的司法机构不会执行判决。因此，应该在法律框架中对仲裁规则进行调整和修改，以确保仲裁规则可以适用且得到有效执行，以增强投资者的信心，提高 PPP 项目争议解决的效率。

---

① UN. ECE（2008）. Guidebook on promoting good governance in public – private partnerships. New York；Geneva ：UN. pp. 29 – 30.

（6）PPP 法律框架应当保障公众的参与权。PPP 法律框架应当包括保障公众参与权的规定，确保公众在项目初期就可以参与，就项目规划和实施提出自己的意见，保护自己的权益不受侵害，在项目实施中随时有权要求获取信息公开目录中的信息，了解项目进展，若在项目服务交付后对其质量不满意，有完善的法律途径使其可以表达和反馈意见并得到合理的回应。此外，PPP 法律框架应当尽可能实现对所有主体的权益的保护，尤其是社会中的弱势群体。

（7）PPP 法律框架应当能得到切实地执行。善治所要求的法治包括有公正的法律框架以及该框架可以得到公正的执行。PPP 项目的利益相关者、尤其是投资者需要相信法院、仲裁庭可以公正、独立地裁决，相信在判决、仲裁决定生效之后，相关机构会协同助力该判决、仲裁决定的执行，因此 PPP 法律框架除了条款制定的完善，还需要相应的授权，建立有力的执法机关，增强投资者和公众的信心。除此之外，还有一种方式是授权和鼓励公民执法人。联合国欧洲经济委员会制定的奥尔胡斯公约为公民执法提供了一个范例和借鉴，该公约促进了善治原则和法律的发展，使公共部门能够更积极地回应公众的需求和关切，也为那些知情权与参与权受损的公民们提供了一种在法庭或其他依法设立的独立公正的机构之外的救济程序。

3. PPP 模式中的环境善治

2002 年，南非可持续发展世界首脑会议发布的《约翰内斯堡宣言》中就强调"良好的管治对实现可持续发展目标至关重要"。[①] 环境善治的主要思想是指"要在环境保护中充分发挥相关各方的作用，并充分利用法律、行政、经济和社会手段，改变环境保护仅由政府（特别是由环境保护部门）独立举办并过分依赖行政手段的局面。环境善治倡导的标准主要包括：有效的法律、有权威和有效率的政府、政府与企业的伙伴关系、政府问责制、下放权力、发挥社会机构的作用、公众参与环境管理、环境信息公开化等"。[②] 可

---

① 参见夏光：《建立中国式的"环境善治"——2006 年中国环境保护评述及 2007 年展望》，载《中国经济时报》2007 年 1 月 14 日。

② 夏光：《建立中国式的"环境善治"——2006 年中国环境保护评述及 2007 年展望》，载《中国经济时报》2007 年 1 月 14 日。

见，一方面伙伴关系本身就包括在环境善治的内涵之中，另一方面环境善治也对伙伴关系提出了要求。具体到 PPP 项目的背景下，环境善治要求 PPP 项目必须有利于可持续发展和环境保护，事实上这需要管理者有效平衡眼前的经济社会发展要求与未来的经济社会发展要求二者之间的关系，即实现可持续发展。

（1）在环境善治的框架下发展 PPP 项目。PPP 项目规划中应当加入可持续发展原则，在项目目标中体现出对环境问题的考量，为符合环保标准的竞标者设置明确的规范和奖励项目。实际上，PPP 项目中的环保与私人融资并不互相排斥。将环保方面的考量嵌入项目不仅能达到环境方面的目标，还能为私人合同方降低项目成本。举个例子，要求材料（比如木料）来自合法的和可持续管理的渠道本身是一个好的目标，一个有效率的办公楼供暖系统可以减少二氧化碳的排放和能源的使用量并且降低订约者的生活成本。

（2）PPP 模式应当能够激励私营机构追求环境善治。PPP 模式应当激发私营机构以更环保的方式提供服务的动机，为私营机构设置较高的环境质量标准和移交标准，帮助私营机构从 PPP 项目的全生命周期制定方案来设计、维护和运营，且最终顺利移交，实现物有所值，通常从全生命周期来看，那些目前看来非常昂贵、会大幅增加成本的环保型设计和技术在后期会为私营机构减少维护和运营成本，降低因环境因素无法达标而被罚款或激起公众反对的风险的可能性。将企业社会责任发展指数作为评标以及项目绩效管理中的重要考量因素，全方位考察企业是否承担着完整的环境责任，环境保护的观念是否已经深深植根于其组织文化中，是否大力支持预防性方法来应对环境挑战，采取主动行动承担更多的环保责任，以及是否鼓励开发与传播环境友好型的技术，是否推行环境管理的国际以及国内标准，例如 SA8000 认证，是否主动披露环境信息等等。

（3）政府应当扮演主要角色。在决定实施项目之前，公共部门需要评估环境和健康因素并将它们纳入考量。在一些情况下，政府会在项目阶段进行环境影响评价并以此作为诸如计划、政策、立法程序等会对环境产生重大影响的环节的准备部分。为实现该目的，通常会使用战略环境影响评价的方法。作为订约主体，政府担负着确保 PPP 项目遵守环境标准的责任，它们必须在合同中确立清晰的目标和规范，将一些环境因素作为关键绩效指标，识别环境风险并选择管控风险的部门。公共机构的行为受到环保部门、利益相关者、非营利组织及公众越来越严格的监督，以确保政府的政策符合环境标准，参与到 PPP 项目中的政府机构因而要依据政府环境政策衡量自己的发展策略。为了达到环境目标，项目有时会带有明确的目的而被加以执行。例如，在加拿大，温哥华垃圾填埋发电厂以 PPP 方式运营，它的设计中明确要求减少碳排放，从而得以与加拿大政府签署的《京都议定书》保持一致。

政府应当邀请可持续发展顾问参与咨询过程，来帮助政府确保订约主体对可持续发展目标和指标的切实重视，此外，由于 PPP 项目的特殊性要求政府依据项目全生命周期的成本对其实现"物有所值"的情况进行持续的评估，这可能也需要借助可持续发展顾问的专业知识与能力来有效实现。

此外，在考虑实施 PPP 项目时，政府应该探索在目前的情况下，是否能找到一个或者更多的环境友好型方式来达到相同的目标。比如，对于一个组织而言，在本地化的办事处（localised satellite offices，例如各省驻京办、各公司的 XX 办事处）采用办公桌轮用制度和远程办公模式比在城市中心购买或租用一个大办公室可能更加划算、环保且社会效益更高。再比如，一些 PPP 项目的实施目的是寻求机会减少空间浪费并且使政府部门土地中的"棕色地带"（指城中旧房被清除后可盖新房的区域）得到充分利用，如果计划建楼或重新安置旧房居民，应该优先选择那些已经有公共交通设施的地点以减少交通拥堵，以更好地实现节能环保的目标。

（4）PPP 项目中的环境监控。PPP 项目的绿色化（greening）目标并未随着合同的签署而终止，相反，政府主管部门应当与订约各方合作，正确实施监控，以确保整个项目周期的环保绩效。在行政命令、发挥市场机制的作用以外，可以采用在互相信任、合作的基础之上与企业签订环境自愿性协议的方式，因为 PPP 不是数次政府采购的叠加，而是订约者之间基于合同体系而建立的真实伙伴关系。出于这一考虑，应当建立有效的偿付机制以确保项目符合环保标准。环境标准不应只被视作合同的政治正确附加条款，如果只将它视作附加条款，将来它会由于误解而被舍弃。出于这一考虑，应当确保订约者知道环境规范背后的要求，增加企业主动参与的意识和实施环境保护的能动性以及责任感。此外，还应审查 PPP 合同中的环保条款执行状况，应该在规定的一段时间后进行科学的绩效评价。

4. PPP 模式中的公共利益

尽管各国实施 PPP 模式的初衷是为公民提供更好的公共产品和服务，然而常见的情形却是，公民无法或不想积极地参与到 PPP 过程中去，他们的利益和需求并没有得到重视，透明性和责任性的缺失使政府在推进 PPP 时面对着新的治理挑战。

要实现 PPP 模式的最终目标，就应当回到其初衷，要以公民为先，全方位提高责任性和项目透明度以提高公民、尤其是社会和经济上处于弱势的公民的生活水平。

（1）PPP 项目应当确保增进公共利益。最初，PPP 是一种使政府支出成为平衡预算表外项目的财政机制，虽然它被证明是一种有效的财政策略，但是它在使公民相信自己作为主要的受益人处于 PPP 项目的核心地位方面是失败的。例如，人们会担心政府部门使用 PPP 方式会使其在提供重要的公共服务方面（如医疗、供水、教育）失去控制权。为了处理这些疑虑，政府需要建立一个机制来确保公众是项目的主要受益人。就这一方面来讲，政府要阐明 PPP 途径如何能增进公共利益以及这在 PPP 中意味着什么，这一点可以通过决定哪些核心公共服务无论如何都不能由私营部门来提供来实现。通常，公立医院中的医生和护士、公立学校中的教师、法庭上的法官等提供的服务被认为是应该由政府提供的核心公共服务，而这些核心服务的支持性的基础设施与辅助服务可以由私营部门提供。

（2）PPP 项目中应当保证公民参与。对政府来说，与关键的利益相关者就政策展开咨询是非常有意义的，利益相关者较早且持续的参与能够有助于营造开放、透明的 PPP 过程，此外，通过引入终端用户和那些与服务提供相关的人，他们的目标、需求和忧虑可以在 PPP 过程中被识别并且被处理。在爱尔兰，发起 PPP 立法程序之前，政府会与社会伙伴充分讨论，这有助于达成一致意见并使项目执行获得成功。在所有国家，咨询程序还需要关于 PPP 是什么的充分信息，因为许多人不了解 PPP 以至于认为 PPP 是另一种形式的私有化。

（3）PPP 项目中的信息公开。政府要确保公民享有知情权，尽管合同对普通公民来讲有些复杂也不那么容易理解，但政府可以提供一份强有力的说明来履行其职责，尤其是在项目目标和绩效指标被清晰界定和理解的情况下。然而，私营机构可能认为其中一些运营内容涉及商业机密而对这些信息的公开加以限制。面对这种情况，政府可以指定一个客观的第三方进行监督。在合同中明确绩效监管标准是确保服务责任性的主要任务，这一任务需要公共服务的良好的绩效评价标准和评价措施、并且最好由一个独立的机构来完成。这个机构在特定的部门之中具有将他们的发现付诸公众视野并且使公众较为容易地获取信息的责任。这些信息也会有助于公众在使用公共服务时改进他们的选择。

（4）PPP 项目应当确保对公民持续负责。PPP 的一个特征是公共部门与私营部门在和长时期内保持合约关系，通常是 25 年或更久，这可能成为下一代纳税人的负担，例如，他们可能会为一家设计给上一代人使用的医院付费。随着时间推移，合同可能出现变化并且因此带来新的成本和花费，这一问题给监管者带来的挑战是他们不知道长期的合同是否能带来长期的"物有所值"。因此，监管者必须尽量预测这些可能逐渐浮现的问题并且在它们成为纳税人的负担之前解决。随着服务提供者（公共的和私人的）的增加，他们必须考虑受益人的想法和需求；随着政府（对合作伙伴）选择的增加，它要为服务提供者创造更多激励来改进服务质量和绩效，因为投资会随受益者的选择而来。这一政策反过来会增加服务提供者对客户服务及咨询的使用频率，这些手段有助于评价公共服务在多大程度上满足了顾客需求。例如，英国地方政府出版了一些表格用来展示在医疗和教育领域服务提供者的绩效，除了自上而下的考核还有使用者对服务的评价。通过将这些机制应用于 PPP 服务的提供者并确保他们以这种方式向顾客咨询，公众对 PPP 的接受度逐渐增加。

（5）PPP 项目应当保障公众的健康和安全。政府应该采取保障措施来确保公众的健康和安全不因 PPP 模式的实施而受到侵害。PPP 项目中的关键问题不在于私营部门为了节约成本而不去支付那些确保安全性的额外费用，而在于私营部门能否遵守在合同条款中确立的健康和安全标准。若私营部门不能遵守健康和安全要求会导致一系列处罚，包括费用的减少、罚款、PPP 合同终止、以及可能的法庭诉讼。人们对 PPP 模式的一个忧虑是，将公共资产转交给私营部门会损害公共服务的精神，解决之道在于通过 PPP 模式来精准地选择出能够有助于提升服务安全性的私营机构，例如一些率先采用新科技、新发明的企业，例如在加拿大安大略省，地方政府采用了信佳公司（英国的一家专业的驾驶员考试服务企业）的双重驾驶检测系统，使得新建道路上发生的死亡事故数量下降了 70%。

（6）PPP 项目应当实现对弱势群体的保护。另一个关于将公共服务的管理权转移给私营部门的忧虑是这会带来税收增加的风险并且使社会上和经济上处于弱势的群体被排除在外。但政府可以介入以保护那些无法负担高额收费的人，例如政府可以通过增加对项目的补贴来确保项目持续提供服务，使在社会和经济上处于弱势的群体也能够获得新的服务，避免他们的权益受到损害。

（五）PPP 内部运行的善治

在实现了三个主体善治以及 PPP 外部框架善治的基础之上，PPP 内部运行也应当依照善治标准进行规范，才能真正实现 PPP 模式在整体意义上的善治，进而实现公共利益的最大化。

1. PPP 项目采购的善治

在 PPP 项目的采购过程中，政府通常会面临各方面的挑战，例如对 PPP 项目采购竞争性、公平性、公开性的质疑，许多政府尤其是刚刚开始实施 PPP 模式的政府，缺少吸引和组织有竞争力的竞标者的能力，从而导致采购过程无法按照计划进行，也影响项目的正常进展。按照善治的要求，PPP 采购的整个过程应当是透明、中立、竞争的，整个过程遵循与采购相关的法律法规，相关群体可以自由且直接地获取到相关信息，按照规定具备了相应资格的所有主体都会得到了邀请。

（1）PPP 项目采购应当透明。PPP 项目采购的透明性意味着有关 PPP 项目采购、合同管理机构以及单个的 PPP 项目机会的所有信息都向相关利益群体公开，尤其是对那些潜在的竞标者公开，他们可以按照规定获取相关信息。透明性还要求采购政策和实践实现全方位的公平，信息完全公开。透明性提倡公开、竞争的采购机制，以使得政府机构和私营机构都能实现经济效益。透明性要求所有竞标者都事先知道评标和中标的标准，在采购过程中有任何的变化都应当及时通知所有的参与方。

（2）PPP 项目采购应当公正。PPP 项目采购过程中，政府应当给予所有潜在竞标者足够的时间来准备和提交标书，评标和中标的标准应当公正、不偏不倚。

（3）PPP 项目采购应当设置合理的投诉机制。如果潜在的竞标者认为该PPP 项目采购过程中没有遵循相关法律法规，存在不公正、不透明的现象，则它们应当有权向独立的裁判机构提起申诉，若查明事实与申诉一致，则应当责令改正，并向该竞标者进行赔偿。

2. 风险管理的善治

PPP 项目中存在着一种错误的认知，该认知主要来自公共机构这一方，即认为实施 PPP 项目的目的是为了将风险转移给私营部门，这样的错误认知导致了双方很难在风险分配问题上达成一致。从善治的视角来看，风险应当公平地分配给合同双方，而非由一方来独自承担，风险应当由最善于管理该类风险的机构来进行管理，以实现资源的有效利用。

（1）PPP 风险分配应当公平合理。很多 PPP 项目因为不合理的风险分配而无法实施，私营部门通常愿意承担风险，但不愿意承担那些他们无力承担的风险，也不愿意承担过大的风险，以至于无法通过该项目实现其经济效益，因此，在准备进入 PPP 项目之前，政府应当列出所有可能的风险，用科学的方法进行分析和评估，建立风险矩阵，找出其中理论上应当由政府承担的风险，常见的有政治风险、法律变更的风险、土地获取审批风险、项目审批风险等，应当制定完善的风险管理计划对这些风险进行管理，而非单方面地希望将所有风险都转移给私营机构。此外，善治中的共识取向要求政府和私营部门充分考虑并在什么是全社群的最佳利益以及如何实现这些利益的问题上达成广泛的共识，这要求政府和私营部门通过谈判来达成共识，制定出最优的风险分配方案。

（2）PPP 风险分配应当保证效率。在进行风险分配的协商过程中，政府和私营机构都应当在对项目风险矩阵达成一致的基础之上，根据各方的能力和经验，科学地分配风险，确保承担某风险的一方能够有效降低风险管理的成本，提高项目成功的几率。

（3）PPP 风险管理应当合作互助。虽然按照对风险最有控制力的一方承担相应的风险的原则，合同双方承担不同的风险，但这些风险都是发生在PPP 项目过程中的，为了保证项目的正常进行，公共部门和私营部门在采取有效措施管理自身所承担的风险之外，还应当尽可能地帮助对方管理风险，共同实现物有所值。例如政府可以在详细评估的基础之上，为私营机构提供一些公共贷款、贷款担保、资本参与、补贴、主权担保等。

3. 合同管理的善治

PPP 模式的复杂性对公共部门提出了较高的挑战，通常认为公共部门可能需要聘请费用高昂的外部咨询公司来进行处理，然而预算的紧缩或者是缺少这样的外部资源导致了公共部门不得不依靠自身的能力来处理这些复杂问题，其结果就是公共部门缺少经验的官员与经验丰富的私营合作方咨询专家面对面，在专业素养上的差距可能使得制订出来的合同条款高度有利于私营合作方，还可能导致含混不清的行为，或者将监管机制的设计置于危险的境地，产生未来的问责困境。此外，不加区别地聘请外部咨询机构可能会导致超支，外部咨询机构还有可能将相关的信息透露给竞标企业。

（1）减少合同规定中的错误。PPP 合同中的一个重要内容就是对项目产出的详细说明，公共部门为服务界定基本标准，而私营部门决定如何达到甚至提高这样的标准。这种模式为私营部门提供了宽阔的创新空间，充分利用其知识和能力来改进公共产品或服务，但同时为公共部门带来一个很大的风险，即有可能出现对合同规定的错误解读，如果在合同制定的时候对项目产出的说明不够详细、或者不可测量，这种情况发生的几率就会比较大。因此，公共部门应当对合同草案进行审慎的评价和审查，确保不会因为合同草案中的错误规定而导致后期需要付出高昂的代价。

（2）公开合同条款。在所有商业交易的治理中，对合同条款的公开要求是一个关键的治理工具，尤其是当这个合同涉及到公共资金的时候，公众或者公民组织对合同条款公开的要求就更为迫切。对合同条款的公开是政府作为委托代理人对公众应当承担的责任，同时也是防止腐败产生的一个重要途径，因此，一旦合同签订，就应当在合理界定保密和公开的范围的前提下，在相应的地点和时间通过合理的途径和方式来公开合同条款，接受公众的监督和审查。

（3）制度性的合同变更机制。在规制和制度框架下，合同实施和治理的质量直接影响到 PPP 项目的质量和结果，设计不够合理的制度和机制。如果不太适应变化的环境，政府就不能承诺不会因为一再发生的合同变更而重开谈判。在很多的发展中国家，地方的和国外的 PPP 投资者们很有兴趣完整了解制度性的条件和其将要投资的整体背景，以便其充分评估政治和商业风险、法律和规制风险、财务风险等等。因此，应当有针对性地制定合理的合同变更和争端解决机制，以便激励投资者投资的信心。

此外，在 PPP 内部运行过程中，合作各方的领袖和员工都对实现共同目标作出个人承诺、彼此理解和尊重不同组织文化和运作的差异、清楚知道伙伴关系的需求和驱动因素、建立清晰的愿景和战略、角色责任分配明确、人职匹配、风险共担、决策和问责结构及流程明晰、项目产出界定清晰、对项目目标和指标有一致认识、实施有效的绩效管理制度、监督伙伴关系运行过程中的预算和支出、通过资源共享实现效能、有促进伙伴关系的专用经费等准则，也有利于促进伙伴关系成功运行，实现 PPP 善治。

三、PPP 中的政府能力建设

在整个 PPP 善治的过程中，政府能力建设是重中之重，因为政府在其中扮演了多重角色，它不仅是善治的主体之一，也是 PPP 外部框架的重要组成部分，还是 PPP 内部运行的重要主体，因此，我们将 PPP 中的政府能力建设单列出来，作为一个独立的部分进行分析和阐释。

为了充分发挥 PPP 在各方面的优势，充分利用其作为一个有效的治理工具，公共部门自身需要完成很多的工作和任务，例如正确识别和选择 PPP 方式可行的项目、为 PPP 项目制定全面透明的财政会计与审计报告标准、建构合同来确保定价合理和对私营合作方的风险转移、制定法律规范和监督框架来确保合理定价和服务质量等等。换句话说，如果想要 PPP 模式成为一个有效的工具，政府本身应当拥有适当的制度能力去设计、管理、评估和监控 PPP。

（一）政府能力建设框架

在任何一个社会中，一个人要想完全生活在政府的影响之外是不太可能的，尽管如此，公众对政府运作的理论和规则也未必了解，对其态度可能也常常是含混不清，但人们总是要求政府做得更多、更好，包括提供各种公共物品、征税、财富转移、国际关系、执行法律和规则等，这些是政府的产出，而政府产出这些事物的能力就可以被理解为是政府能力，政府能力是决定制度绩效的关键因素，政府能力高，则可以为公民提供足够的公共产品，例如安全、卫生健康、社会保障、基础设施等，以提高公民生活质量，而能力低的政府则无力提供这些公共产品，从而导致了公众信任度较低，国家整体发展水平低，甚至政府失灵。

事实上，与善治相关的其他概念类似，政府能力这一概念本身也没有一个非常清晰的、得到广泛认同的定义。因此，虽然有一些国际组织和一些学者总是在试图建立一个理想的、能够衡量所有政府能力的指标，但迄今没有一个得到广泛认同的框架。常见的测量政府能力的指标是汲取能力，主要表现为政府征收到税收的能力和政府征收税收为政府其他领域的活动提供的支持，但弗朗西斯·福山认为征税是一般治理能力的有效代表之一，但以征税作为测量能力的指标存在着明显的局限，更不能将其作为衡量政府能力的唯一指标，福山认为事实上很难就政府能力建立一套理性选择的理论，因为任何组织的能力都受到规范、组织文化、领导以及其他因素的影响，在不同职能、不同政府层级、不同区域，政府能力都有实习性的差异。① 本文认为，政府能力是指政府运用其工具有效实施政府职能、实现政府目标的能力。因此，要考察政府能力，首先需要对政府工具、政府职能进行研究。

1. 政府工具

政府工具是指政府通过某种途径和手段进行干预、以使得政府活动和行为正当化的机制。通常认为政府工具有四种：供应、补贴、生产、管制。

（1）供应。是指政府通过财政预算直接提供商品或服务，是政府运行的主体部分。通过预算的方式，政府为公民提供非市场化的商品和服务，如道路、民防、教育、公共卫生等，同时政府也通过预算将经费从某一阶层转移至另一个阶层，此外政府还通过预算政策来提高整体经济水平。②

（2）补贴。范围广泛，包括对农民的补贴、对工业的补贴，对私人公共汽车公司的补贴或对私立学校的补贴等，政府也会对私营部门进行一定的补贴以使他们提供某些特定的商品或服务。

（3）生产。生产主要是指政府生产一些公共产品或服务，使用者需要为使用这些产品或服务而付费，例如电力、铁路等。

（4）管制。是指政府通过法律制度许可或禁止某些经济行为，管制可以是经济管制也可以是社会管制。新公共管理运动的一个重要内容是对政府管制进行改革。

2. 政府职能

政府的边界是什么？什么是政府该做的，什么是不该做的？这些问题是政治哲学中反复研究和讨论的话题。理论对实践的影响是巨大的，在不同理论的指导下，政府干预的程度总是发生变化，总的来说，政府干预大致经历过三个阶段。

---

① See Fukuyama, Francis, What is Governance? (January 25, 2013). Center for Global Development Working Paper No. 314. Available at SSRN: https://ssrn.com/abstract = 2226592 or http://dx.doi.org/10.2139/ssrn.2226592.

② 参见［澳］欧文·E.休斯：《公共管理导论》（第二版），中国人民大学出版社2001年版，第99～103页。

首先是自由放任社会阶段。亚当·斯密认为政府应大幅度弱化其角色，主要职责应当是保护社会免受独立社会的暴力与侵犯，保护每一个社会成员免受社会中其他成员的压迫和不公，应当尽可能远离经济生活之外，政府仅仅是市场的促进者，不能轻易对市场进行干预。

其次是福利国家阶段。福利国家理论主张政府负有提供公民福利的责任，政府应当在稳定社会和缓解社会问题等方面扮演重要的角色，在福利国家内，政府为所有阶层提供了广泛的保障，作为回报，政府的规模和管辖范围也在持续稳定增长。

再次是新古典主义阶段。高昂的福利开支使得民众将目光转向了市场，认为市场可以实现自我调节，能够由市场提供的商品和服务应该由市场来提供，政府的干预应该最小化，建议缩减政府规模。然而，一些最小化政府的实验似乎并不成功，使得人们不再单纯地坚持最小的政府就是最好的政府的观点，而是将政府看作是一个重要的、必要的部门，可以与私营部门彼此扶助，实现公共利益。

在 1997 年的报告中，世界银行认为政府的核心使命有 5 个，即：建立法律基础；保持非扭曲性的政策环境，包括宏观经济的稳定；投资基本的社会服务和基础设施；保护承受力差的阶层；保护环境。[①] 党的十六大明确提出了社会主义市场经济条件下我国政府的四项基本职能，分别是"经济调节、市场监管、社会管理和公共服务"。

3. 政府能力建设的框架

作为一个处于社会超系统中的组织，政府必然地需要进行变革，因为它不断地与其环境进行能量的交换。无论促使其变革的动力来自外部或内部，其最基本的因素是系统界限的开放性，政府能力建设正是对这种变革的积极的回应。政府能力建设是基于对现实情况的深刻理解和对未来发展的理性预测基础之上而进行的一个持续性的自我提升、自我发展的过程，如果规划、

---

① 世界银行《1997 年世界发展报告》编写组：《1997 年世界发展报告：变革世界中的政府》，中国财政经济出版社 1997 年版，第 4 页。

实施得科学、合理，政府能力建设将有利于可持续发展，提升政府产品和服务质量。通常认为政府能力建设需要遵循一些基本的原则，例如需求驱动，广泛参与、基于具体背景、基于数据、结果导向、信息共享等等，根据这些原则，政府能力建设需要在充分了解具体背景的前提下，有计划地从内部和外部两个方面同时进行。

第一步是了解背景。包括政治经济社会文化各方面的要素，例如国际国内的局势、当前的主要矛盾和重大问题、科学技术的现状与革新、法律状况、生态条件、重要的利益相关者等等。了解背景有利于政府确定清晰的使命和战略。

第二步是自我分析，以确保政府能力建设是基于对自我充分认识的前提而展开的。为了了解政府目前的优势、劣势、机遇和挑战，政府可以采用一些科学的分析方法，例如 SWOT 工具或者哈佛政策模型。

第三步是设定能力建设的目标。将战略与自我分析的结果进行比较，明确差距，分析为了实现特定的战略目标，政府能力建设的目标有哪些、各项目标的实现如何衡量。

第四步是制定行动方案并有效实施。包括能力建设的具体内容、可用资源、可用资源与目标、指标以及目标值之间的关系、时间表等。通常能力建设包括三个方面的内容：结构和流程再造、人员革新、以及外部关系优化。

第五步是评估和循环。利用评估指标和目标值对能力建设进行评估，进行合理调整，之后进入新的能力建设循环。

在政府能力建设的全过程中，有几个关键性因素会直接影响其是否能取得成功：

首先是清晰的使命。政府的使命恒久不变，政府能力建设的使命也一样，清晰的使命能吸引、激励和留住杰出的公务员，也能够使公众更了解政府能力建设的出发点和落脚点。

其次是强有力的领导，能够认识到能力建设的战略重要性，能够聚集拥有足够权力的团队对能力建设实施领导。正如世界银行在其 1997 年发展报告中所指出的那样，在能力建设中政治家们形成一些设想并确定目标，但是要实现这些目标必须将其转化为战略重点。①

再次是内部和外部的广泛参与。通过广泛的参与机制，扫除一些障碍，为能力建设创造良好的内部和外部环境，在内部达成广泛共识，得到公务员支持并让他们承诺在其中全力以赴，在外部得到立法机构、监督机构、私营部门和公民社会的支持和理解。

（二）PPP 模式中的政府能力建设

政府能力建设框架为 PPP 模式下的政府能力建设提供了总体的框架和系统的原则，在实践中，各国政府大多将能力建设框架与 PPP 模式的要素和特征相结合，从 PPP 项目本身和政府机构自身两个方面来开展能力建设，回应 PPP 模式提出的挑战，使政府能够在 PPP 模式中发挥更加积极有效的作用。

1. PPP 项目能力建设

PPP 模式包含着复杂的结构，发展 PPP 模式需要一系列新技能，例如谈判、订约和财务技能、确定私营部门必须达到的标准和目标以确保项目能够获得回报、监管合作伙伴的绩效并且预见任何可能威胁项目的风险。公务员还需要对政府可能从其中寻找合作伙伴的那些产业有所了解。总之，PPP 模式对政府能力提出了巨大的挑战，政府需要按照 PPP 项目流程来设定能力建设的清单，指导其能力建设。

（1）界定 PPP 项目。在执行 PPP 项目的过程开始之前，首要的任务应当是界定一个优先由公共部门投资的项目。PPP 是一种提供公共投资的方式，进一步说，它是一种很长时期内被锁在项目说明书中的方式。潜在的 PPP 项目脱胎于一个更广泛的公共投资计划与项目选择过程中。有些时候，在这一过程中，一些或所有被推荐的公共投资项目可能被筛选掉，来决定如果他们被以 PPP 的方式执行是否会提供更多的经济价值。

（2）建构和评估 PPP 项目。一旦一个优先的公共投资项目被识别并且首先被批准作为一个 PPP 项目来发展，那么下一步就是准备 PPP 结构，或者可

---

① 世界银行《1997 年世界发展报告》编写组：《1997 年世界发展报告：变革世界中的政府》，中国财政经济出版社 1997 年版，第 80 页。

以说是"关键的商业条款",包括被推荐的合同类别、风险分配和支付机制。若对其进行进一步评估,则评估的典型标准是:这一潜在项目的技术和经济可行性以及作为一个PPP项目的经济价值、可负担性和市场性。这种被推荐的PPP结构和评估研究通常被放在一起作为一种"商业模式"来发展,用来证明为什么采用公私伙伴关系形式是一个好的投资决策。

（3）设计和管理合同。在进入PPP项目的执行阶段之前,最后一个环节是草拟PPP合同和其他协议。这包括为订约环节制定一些原则,同时为合同的变更及管理制定规则（如冲突解决机制）。通常草拟合同在整个程序的较早阶段完成以方便潜在投标者咨询。监控项目绩效和管理合同通常始于订约主体。从道路桥梁到供水和医疗服务,直线部门和机构通常具有监控服务提供所需的技术知识和政策注意力。一些国家通过将监控功能外包给诸如工程公司、研究机构等专业从事监控活动的可靠的外部主体来减少合同管理中的冲突。

（4）PPP项目采购。在项目采购阶段,政府选择将要执行PPP项目的私营机构,这一环节通常包括准备并执行一个充分竞争的采购过程。投标者详细介绍他们的资质以及技术和融资计划的信息,政府依据确定好的评价标准进行评定来选择一个更优的竞标者。由于竞标环节通常会为合同建立一些关键参数（尤其是成本）,大多数程序在这一环节会进行最终审批。当项目资金到位,采购环节结束。

（5）PPP项目评价和审批。如前所述,PPP项目通常属于公共投资项目的一种,因此大多数政府采用评价和审批公共投资项目的系统来确保所有PPP项目有效、能实现物有所值并且与财政的优先性一致。合同签署前可能需要经过多次的审批过程,财政部门在这一过程中通常扮演主角,它们被赋予管理政府资源和经济、财政政策的责任。国际货币基金组织在《公共投资与公私伙伴关系》一书中强调了财政部门所扮演角色的重要性。

（6）协调。公共投资项目的投资决策会受到年度预算的审核,然而,由于PPP项目通常不会带来预算的变化,因此,政府应当建立一些特殊的协调机制,以确保评价和审批过程平稳推进,且不会影响项目的整体发展过程。

在一些情况下，PPP 工作组会具体负责实施协调的工作。

2. 项目管理机构建设

政府除了对现有的机构进行能力建设、以便其能够承担新的职能，对一些原有的机构进行改革、撤销或合并以便适应新的环境所提出的要求，同时还应该根据需要创建新的机构，例如：

（1）PPP 促进中心

PPP 促进中心的关键任务是实施帮助发展并且支持项目准备过程的管理工作。通常 PPP 促进中心承担以下职责：政策指导和能力建设功能，即界定 PPP 政策和程序，为执行机关培训遵循这些程序的能力，这些能力通常包括为 PPP 项目准备指南材料和标准文件；在政府内部或外部推进 PPP 项目的功能，即鼓励其他部门考虑使用 PPP 方式或者向潜在的投资者推广由 PPP 项目展示出来的机会；执行 PPP 项目时的技术支持功能，包括向部门或机构中的执行团队提供手把手的支持或者直接负责 PPP 项目执行的一些方面；"守门"功能，即为了保证 PPP 项目的效力和可支付性对 PPP 管理进行评价和监管，或者审批 PPP 项目，或者为审批程序提供建议；此外还有协调功能。PPP 促进中心在政府中的结构和位置通常取决于它们功能的结合以及政府中现存的制度性角色和经验。促进中心可能是部门或机构的一个部门，可能具有某些特别的地位但是要向政府部门负责，可能是自治的政府实体，或者甚至是政府所有的或公私合有的协调机构。担任"守门"功能的促进中心通常设在财政部门或在其他监管部门内；技术支持部门则可能被覆盖，有时伴随其他相关功能（如采购），有时被建立在具有一个正在实施重大 PPP 项目的地方政府或部门层面；以 PPP 推广为中心任务的促进中心可能是更广泛的投资推广核心（investment promotion focus）的一部分。

通常来讲，在比较大的国家，全国性的 PPP 促进中心不会执行具体的项目，而是向负有聚合项目责任的地方政府和政府部门提供政策上的、技术上的、法律上的或其他方面的支持机制。从实践角度来讲，这能帮助相关的采购部门（尤其是那些对 PPP 不熟悉的部门或项目十分陌生、复杂的情况下）更加自信地管理从重要项目设计到投标评估过程再到融资的 PPP 模式全过程。PPP 促进中心可以通过安排有经验的人士为单个项目提供决策咨询和在关键决策环节支持公共部门等途径达到上述结果。

全国性的 PPP 促进中心还应当在确保全国层面的一致性的基础上减少投标的时间和成本并通过标准化的合同与程序提高 PPP 采购程序质量。它可以与投资者以及政府部门就执行 PPP 项目的法律和制度性瓶颈进行沟通，以促进 PPP 市场的进一步发展；在更广泛的项目范围上提供一致的途径从而限制私营部门各自为政（例如，英国弱化私营部门各自的特殊标准，以实现合同标准化），此外，这种一致性也能够减少由私人投标者学习、接受每个不同的行政市场的规则所带来的时间成本和花费。

全国性的 PPP 促进中心需要引领项目的发展，同时还应该在项目管理方面有自己的思路。它应该发展出管理顾问的方式以及与订约者、服务提供者、长期债务和产权融资提供者合作共事的方式。为了确保能够具有这样的领导力，全国性的 PPP 促进中心有必要聘用高质量的员工并且采取必要措施留住他们。由于私营部门能够提供较高的工资，公共部门最好的员工容易流向私营部门，因此，政府需要设计出一个结构来降低内部智库流失的风险并确保 PPP 项目能够接收足够资源以正常运转。

PPP 促进中心还需要与市场上的所有参与者保持对话和联系，这种对话通常纯粹出于保持 PPP 的学术前瞻性和向私营部门提供信息的需要。这一角色的发展是由于促进中心需要向同事及部长们汇报私营部门的能力细节和评价结果，以及有关市场态度和企业对公共部门行动、态度的反应等。此外，PPP 促进中心应当定期为商业顾问举办法律、技术和财政方面的研讨会。顾问们扮演着中心的角色，既能够依据政府政策和技术指南促进公共部门和私人伙伴之间的对话，还能以非正式的方式给联合体富有价值的支持和建议。PPP 促进中心可能会被邀请到由多个市场主体（建设公司、银行等）发起的项目上发表谈话以提供信息，中心自身可能经常会邀请所有的市场主体参加日常会议来讨论他们的策略和计划。

然而，虽然 PPP 促进中心与商业共同体建立伙伴关系非常重要，但更重要的是 PPP 促进中心必须保持它的中立性和独立性以确保项目的设计符合公共利益、项目运营符合公共部门的价值观和原则。这一制度建构需要一个能够在项目签署后能独立地对项目运转进行审查的机构，以判断项目的目标是否得到了实现。

（2）PPP 独立审计机构

许多国家拥有独立的审计部门，作为公共支出决策链条上的重要连接。独立审计机构向议会和公众提供对政府财政和绩效的独立评价，在确保 PPP 项目善治中扮演重要角色。这些部门可能将 PPP 承诺看做常规审计责任的一部分，例如看做是审计政府财务报表的一部分；它们也可能评价 PPP 项目绩效或者调查一些公众或利益相关者特别关注的点，或者整体上评价 PPP 项目是否物有所值。这些评价有利于立法机构和公众检验 PPP 项目的绩效。对最高审计机构的授权由于管理权限的不同而有所差异，但是通常来讲有两种审计类型：第一种是常规审计，包括审计政府部门和政府整体的财务报表以及审计决策程序的回应性和正当性；第二种是绩效或经济价值审计，即评价政府的效率和效能。当然，其他机构有可能也会扮演类似角色，例如政府采购部门可能会检查以确保采购遵循了法定采购程序。

此外，独立审计机构在 PPP 项目的实施中也发挥着重要作用。在一些国家和地区，PPP 合同执行前要求审计机构签字核准，然后需要将 PPP 承诺和程序作为对订约主体和政府整体的常规审计的一部分来考虑。审计机构也可能会执行对 PPP 项目的绩效审计或者在整体上评价项目的经济价值，它们这些职能的实施有助于提高 PPP 项目的治理水平。当然，为了更加有效地发挥它们的积极作用，独立审计机构可能需要特殊的训练和支持，而不是成为导致项目延迟的原因，或者为 PPP 项目提出一些额外的、不符合 PPP 模式的特殊要求。

（3）PPP 立法机构

通常来说，立法机构通过以下几种形式参与 PPP 项目：第一，界定 PPP 框架，PPP 框架在各个国家通常经由特殊的立法程序建立起来，制定一部 PPP 法律的基本原理和初衷是由立法机构为 PPP 发展与实施的方式以及流程确立规则。第二，界定 PPP 承诺的边界，立法机构可能会通过立法手段来限制整体的 PPP 承诺抑或管控 PPP 可能产生的风险和代际不公问题。第三，审批 PPP 项目，在很多国家，PPP 项目需要得到立法机构的审批，不过有的时候这一要求被限定在一定规模以上的项目。例如匈牙利 PPP 法案（1992）规定多年支付义务在 23 亿美元以上的项目在签约前必须通过议会的审批；在危地马拉，所有的项目不需获得国会的审批；在美国，2010 年，九个州的一些项目需要州遵循立法程序得到审批。第四，接受且评价 PPP 项目报告，许多政府在预算文件和其他的财政报告中披露 PPP 项目的信息，这给了立法机构机会去仔细审查政府对 PPP 的承诺并且在这一过程后承担决策制定者的责任。当然，议会有时也会接收来自审计机构关于 PPP 项目和程序的审计报告。

（4）PPP 培训中心

为了推动 PPP 模式的发展，政府还应当建立 PPP 全国培训中心，制定和实施全国培训计划。通过建立 PPP 全国培训中心、开展全国性的培训计划来全面培养和提升政府部门以及政府公务员在 PPP 领域的专业能力。可以引入《公共行政教育和培训卓越标准》，确保该 PPP 培训中心符合卓越标准的要求，有清晰的战略规划流程、透明有效的财务预算体系、适当的质量保证系统、高效的人力资源管理系统，而且具有示范作用，且能实现标杆对比（即可以与其他高绩效组织进行定期比较），此外，也确保在项目开发、项目内容、项目管理和项目绩效等各方面全方位实现卓越标准。

此外，在 PPP 培训中还可以大力引入双边、多边合作，这种方式能够节约并有效整合资源，推动 PPP 项目之间经验教训的交流，减少不必要的浪费和损失。应当将各种有效的合作方式以制度的方式确定下来，实现相关机构定期、定点交流，通过定期举办论坛和学术会议、建立人才资源互换、定期访学、交换培训等各种机制来充分发挥双边、多边合作机制的作用。

参考文献

［1］高德步、王钰:《世界经济史》,中国人民大学出版社 2001 年版。

［2］刘德斌:《国际关系史》,高等教育出版社 2003 年版。

［3］［德］斯坦因·库勒:《福利社会与发展中的斯堪的纳维亚福利国家》,载《南京师大学报《社科版》》2007 年第 5 期。

［4］经济合作与发展组织秘书处:《危机中的福利国家》,华夏出版社 1990 年版。

［5］［英］贝弗里奇:《贝弗里奇报告》,中国劳动社会保障出版社 2008 年版。

［6］黄素阉:《西欧福利国家面面观》,世界知识出版社 1985 年版。

［7］杨伟民:《社会政策导论》,中国人民大学出版社 2004 年版。

［8］刘刚:《后福特制:当代资本主义经济新的发展阶段》,中国财政经济出版社 2010 年版。

［9］［澳］欧文·E. 休斯:《公共管理导论》,中国人民大学出版社 2007 年版。

［10］［美］E. S. 萨瓦斯:《民营化与公私部门的伙伴关系》,中国人民大学出版社 2002 年版。

［11］［美］保罗·萨缪尔森、威廉·诺德豪斯:《经济学(第十六版)》,华夏出版社 1999 年版。

［12］方福前:《公共选择理论:政治的经济学》,中国人民大学出版社 2000 年版。

［13］武康平：《高级宏观经济学》，清华大学出版社 2005 年版。

［14］俞可平：《中国公民社会的兴起及其对治理的意义》，载《中国公民社会的兴起与治理的变迁》，社会科学文献出版社 2002 年版。

［15］［法］皮埃尔·德·赛纳克伦斯：《治理与国际调节机制的危机》，载《国际社会科学》1998 年第 3 期。

［16］俞可平：《全球治理引论》，载《马克思主义与现实》2002 年第 1 期。

［17］［美］乔治·弗雷德里克森：《公共行政的精神》，中国人民大学出版社 2003 年版。

［18］［美］斯蒂芬·戈德史密斯、威廉·D. 埃格斯：《网络化治理：公共部门的新形态》，孙迎春译，北京大学出版社 2008 年版。

［19］俞可平：《全球化背景下的治理、善治和全球治理》，夏潮基金会网站，http：//www. chinatide. org/study/Report/03. pdf.

［20］［美］詹姆斯·N. 罗西瑙：《没有政府的治理》，江西人民出版社 2006 年版。

［21］［英］格里·斯托克：《作为理论的治理：五个论点》，社会科学文献出版社 2000 年版。

［22］［美］罗纳德·哈里·科斯：《企业、市场与法律》，三联书店 1990 年版。

［23］［英］达霖·格里姆赛（Darrin Grimsey）、［澳］莫文·K. 刘易斯（Mervyn K. Lewis）：《PPP 革命：公共服务中的政府和社会资本合作》，济邦咨询公司译，中国人民大学出版社 2016 年版。

［24］周溪舞：《深圳文史第八辑——七、沙角 B 电厂的建厂模式》，http：//www1. szzx. gov. cn/content/2013 - 04/23/content_ 8987013. htm.

［25］广西日报：《广西来宾 b 电厂项目融资案例》，中国 PPP 服务平台，［2016 - 8 - 20］. http：//www. chinappp. cn/News/NewsDetail/1216. html.

［26］余群舟：《基于风险分担的垃圾焚烧 BOT 项目特许期政府决策》，载《武汉华中科技大学》2012 年。

［27］刘省平：《BOT 项目融资理论与实务》，西安交通大学出版社 2002 年版。

［28］句华：《公共服务中的市场机制 理论、方式与技术》，北京大学出版社 2006 年版。

［29］戴晶斌：《现代城市公私伙伴关系概论》，上海交通大学出版社 2008 年版。

［30］赵福军、汪海：《中国 PPP 理论与实践研究》，中国财政经济出版社 2015 年版。

［31］詹国彬：《公共服务合同外包的理论逻辑与风险控制》，载《马克思主义与现实》2011 年第 5 期。

［32］宋世明：《美国政府公共服务市场化的基本经验教训》，载《国家行政学院学报》2016 年第 4 期。

［33］喻文光：《PPP 规制中的立法问题研究——基于法政策学的视角》，载《当代法学》2016 年第 2 期。

［34］亚洲开发银行：《公私合作手册》，载亚洲开发银行网站：http：// www. adb. org/zh/documents/public – private – partnership – ppp – handbook.

［35］刘新平、王守清：《试论 PPP 项目的风险分配原则和框架》，载《建筑经济》2006 年第 2 期。

［36］张立友：《项目管理核心教程与 PMP 实战》，清华大学出版社 2003 年版。

［37］周清松、张慧婷、苏新龙：《中国基础设施 PPP 项目风险管理分析—基于 COSO – ERM 框架》，载《社会科学前沿》2016 年第 3 期。

［38］柯永建、刘新平、王守清：《基础设施 PPP 项目的风险分担》，载《建筑经济》2008 年第 4 期。

［39］俞可平：《敬畏民意：中国的民主治理与政治改革》，中央编译出版社 2012 年版。

［40］王沪宁：《行政生态分析》，复旦大学出版社 1989 年版。

［41］张明军、吴新叶、李俊：《当代中国政治社会分析》，中央编译出

版社 2008 年版。

　　［42］王名、李勇、黄浩明：《英国非营利组织》，社会科学文献出版社
2009 年版。

　　［43］［美］B·盖伊·彼得斯：《政府未来的治理模式》，吴爱明、夏宏
图译，中国人民大学出版社 2001 年版。

　　［44］［美］文森特·奥斯特罗姆：《美国联邦主义》，王建勋译，上海
三联书店 2003 年版。

　　［45］［美］加布里埃尔·A. 阿尔蒙德，西德尼·维巴：《公民文化
——五国的政治态度和民主》，马殿军、阎华江等译，浙江人民出版社 1989
年版。

　　［46］张华青：《论社会转型期的公民文化培育》，载《当代世界社会主
义问题》2004 年第 4 期。

　　［47］夏光：《建立中国式的"环境善治"——2006 年中国环境保护评
述及 2007 年展望》，载《中国经济时报》2007 年 1 月 14 日。

　　［49］世界银行《1997 年世界发展报告》编写组：《1997 年世界发展报
告：变革世界中的政府》，中国财政经济出版社 1997 年版。

　　［50］Baldwin, P. The Politics of Social Solidarity ［M］. Class Bases of the
European Welfare States 1875—1975, 1990, Cambridge University Press, Cam-
bridge, c1990：51 – 52.

　　［51］Mark Elam. Puzzling out the Post – Fordist Debate：Technology, Mar-
kets and Institutions ［M］. Ash Amin（eds.）Post – Fordism：a reader, 1994,
Maiden：Blackwell Publishers, c1994：43 – 71.

　　［52］Christopher Pollitt. Managerialism and the Public Service：The Anglo
American Experience ［M］. Oxford：Basil Blackwell, 1990.

　　［53］Donald F. kettl. The Global Revolution in Public Management：Driving
themes, Missing links ［J］. Journal of Policy Analysis and Management, 1997, 16
（3）：446 – 462.

　　［54］Michael Keating. Public Management Reform and Economic and Social

Development. OECD Journal on Budgeting, Paris: OECD [EB/OL]. [2016 – 12 – 03]. https: //www. oecd. org/gov/budgeting/43515306. pdf.

[55] Alan Peacock. Public Choice Analysis in Historical Perspective [M]. Cambridge University Press, 1992: 13 – 16.

[56] Merriam – Webster's Learner's Dictionary [EB/OL]. [2010 – 6 – 6], http: //www. learnersdictionary. com/search/governance.

[57] World Bank. Governance and Development [EB/OL]. [2010 – 6 – 10]. From the electronic library of Victoria University of Wellington.

[58] United Nation Development Programme. [2010 – 6 – 10]. http: //ch. undp. org. cn/modules. php? op = modload&name = News&file = article&catid = 10&sid = 7.

[59] European PPP Expertise Centre. Role and Use of Advisers in preparing and implementing PPP projects [EB/OL]. (2014) [2015 – 6 – 1]. http: //www. eib. org/epec/resources/publications/role_ and_ use_ of_ advisers_ en: 14.

[60] Sam Agere. Promoting good governance: Principles, Practices and Perspectives [M]. Commonwealth Secretariat, 2000: 3 – 4, 5, 7 – 9, 76 – 79.

[61] UNESCAP. What is Good Governance? [EB/OL]. (2009) [2010 – 9 – 1] . http: //www. unescap. org/pdd/prs/ProjectActivities/Ongoing/gg/governance. asp.

[62] United States Department of Transportation. Report to Congress

[63] on Public – Private Partnerships? [EB/OL]. (2004) [2016 – 9 – 1]. http: //www. fhwa. dot. gov/reports/pppdec2004/pppdec2004. pdf.

[64] European PPP Expertise Centre. UK (England) – PPP Units and Related Institutional Framework [EB/OL]. [2016 – 9 – 1]. http: //www. eib. org/epec/resources/publications/epec_ uk_ england_ public_ en. pdf.

[65] Linda M English. Public Private Partnership in Australia: An Overview of Their Nature, Purpose, Incidence and Oversight [J]. UNSW Law Journal, Vol-

ume 29 (3) .

[66] The Canadian Council for Public – Private Partnerships (CCPPP) . Public – Private Partnerships – What the World can Learn from Canada [EB/OL]. (2015) [2016 – 9 – 2]. http：//www. pppcouncil. ca/web/pdf/canada_p3_ white_ paper_ swg. pdf.

[67] Carter Casady. PPP Procurement in Canada：An Analysis of Tendering Periods [EB/OL]. [2016 – 9 – 2]. https：//gpc. stanford. edu/sites/default/files/canadianppptenderingperiodsthesis – final. pdf.

[68] European Investment Bank. The EIB's role in Public – Private Partnerships (PPPs) [EB/OL]. (2004) [2016 – 6 – 4]. http：//www. eib. org/attachments/thematic/eib_ ppp_ en. pdf.

[69] Commission of the European Communities. Green Paper on Public – private Partnerships and Community Law on Public Contracts and Concessions [EB/OL]. (2004) [2016 – 6 – 4]. http：//www. uniroma2. it/didattica/linguaggiogiuridico/deposito/INGLESE_ lezione11. pdf.

[70] International Monetary Fund. Public – Private Partnerships [EB/OL]. (2004) [2016 – 6 – 4]. https：//www. imf. org/external/np/fad/2004/pifp/eng/031204. pdf.

[71] OECD. From Lessons to Principles for the use of Public – Private Partnerships [EB/OL]. (2011) [2016 – 5 – 4]. http：//www. oecd. org/gov/budgeting/48144872. pdf.

[72] PPPIRC. What are Public Private Partnerships? [EB/OL]. [2016 – 5 – 2]. http：//ppp. worldbank. org/public – private – partnership/overview/what – are – public – private – partnerships.

[73] John. D. Finnerty. Project Financing：Asset – Based Financial Engineering [M]. Wiley & Sons, Inc. , Hoboken, New Jersey, 2006：281.

[74] National Treasury. South African Regulations for PPPs [EB/OL]. (2004) [2015 – 5 – 2]. http：//www. ppp. gov. za/Legal% 20Aspects/PPP%

20Manual/Module%2001. pdf.

[75] OECD. Public – Private Partnerships: In Pursuit of Risk Sharing and Value for Money [M]. OECD Publishing, 2008: 17.

[76] Merrill Lynch. US Toll Road Privatization: Uncovering Investment Opportunities in the Tax – exempt Market. New York: Merrill Lynch, 2006: 3.

[77] California Debt & Investment Advisory Commission. Issue Brief Privatization vs. Public – Private Partnerships: A Comparative Analysis [EB/OL]. (2007) [2015 – 3 – 18]. http://www. treasurer. ca. gov/cdiac/publications/privatization. pdf.

[78] Wikipedia. Public sector comparator [EB/OL]. [2014 – 6 – 5]. http://en. wikipedia. org/wiki/Public_ sector_ comparator.

[79] G. W. E. B. van Herpen. Public Private Partnerships, the Advantages and Disadvantages Examined [EB/OL]. (2002) [2016 – 3 – 16]. http://abstracts. aetransport. org/conference/index/id/8.

[80] Pricewaterhouse Coopers. Delivering the PPP Promise: A Review of PPP Issues and Activity [R]. (2005) [2016 – 3 – 16]. http://www. pwc. com/gx/en/government – infrastructure/pdf/promisereport. pdf.

[81] OECD. Contracting out Government Functions and Services in Post – conflict and Fragile Situations [R]. (2012) [2014 – 9 – 1]. from http://www. oecd – ilibrary. org/docserver/download/0310061e. pdf?: 16, 35.

[82] Kevin Lavery. Smart Contracting for Local Government Services [M]. Praeger Publishers, 1999: 11 – 13.

[83] Ministry of Finance, Singapore. Public Private Partnership Handbook (Version 2) [EB/OL]. (2012) [2014 – 9 – 2]. http://app. mof. gov. sg/Portals/0/Policies/ProcurementProcess/PPPHandbook2012. pdf: 6 – 7.

[84] Minnesota Department of Transportation. Advancing Public Interest in Public – Private Partnership of State Highway Development [R]. (2011) [2014 – 6 – 14]. http://www. pwfinance. net/document/research_ reports/Research%

20Misc%20Advancing. pdf: 1.

[85] World Bank, Asian Development Bank, Inter – American Development Bank. Public – Private Partnerships: Reference Guide, Version 2.0 [EB/OL]. World Bank, Washington, DC; Asian Development Bank, Mandaluyong City, Philippines; Inter – American Development Bank, Washington, DC. (2014) [2014 – 9 – 2]. http: //hdl. handle. net/10986/20118: 82, 87, 100, 101 – 108, 162, 163, 213.

[86] http: //www. eib. org/epec/resources/publications/role_ and_ use_ of_ advisers_ en: 14, 62, 65, 70.

[87] Public – Private Infrastructure Advisory Facility & the World Bank. Approaches to private participation in water services: a toolkit [EB/OL]. (2005) [2012 – 9 – 3]. http: //siteresources. worldbank. org/INTINFNETWORK/Resources/ApproachestoPrivateParticipationWaterServices. pdf: 171 – 175.

[88] UN. ECE. Guidebook on promoting good governance in public – private partnerships [R]. New York; Geneva : UN, 2008: 7, 8 –9, 29 –30.

[89] TUGI. Urban Governance: A Sourcebook on Indicators, The Urban Governance Initiative [EB/OL]. Kuala Lumpur. (1999) [2014 – 9 – 20]. www. tugi. adip. net/indicators.

[90] Fukuyama, Francis. What is Governance? [EB/OL]. (January 25, 2013) . Center for Global Development Working Paper No. 314. Available at SSRN: https: //ssrn. com/abstract = 2226592 or http: //dx. doi. org/10. 2139/ssrn. 2226592.

[91] UNESCAP. What is Good Governance? [EB/OL]. (2009) [2012 –9 – 1]. http: //www. unescap. org/pdd/prs/ProjectActivities/Ongoing/gg/governance. asp.

[92] Asian Development Bank Governance: Sound Development Management [EB/OL]. (1995) [2011 –9 – 12]. http: //www. adb. org/sites/default/files/institutional – document/32027/govpolicy. pdf: 35 – 37.

［93］Netherlands Ministry of Finance, Government Audit Policy Directorate. Government Governance: Corporate Governance in the Public Sector, Why and How ［EB/OL］. (2000) ［2012 - 9 - 24］. http: //www. ecgi. org/codes/documents/public_ sector. pdf.

［94］Goran Hyden, Julius Court, Kenneth Mease. Making Sense of Governance: Empirical Evidence from Sixteen Developing Countries ［M］. Lynne Rienner Publishers, Inc. 2004: 60 - 63.

［95］Mark E. Warren. Civil Society and the Deepening of Democracy ［J］. In The Oxford Handbook of Civil Society. Edited by Michael Edwards. Oxford University Press, 2011: 377 - 390.

图书在版编目（CIP）数据

政府与社会资本合作：PPP：理论、实务与展望／
欧阳帆著．—北京：中国法制出版社，2018.8
（PPP理论、实务与法律制度丛书／程天权主编）
ISBN 978 - 7 - 5093 - 9718 - 3

Ⅰ.①政… Ⅱ.①欧… Ⅲ.①政府投资 - 合作 - 社会
资本 - 研究 Ⅳ.①F830.59②F014.39

中国版本图书馆CIP数据核字（2018）第202673号

责任编辑 马金风   封面设计 杨泽江

政府与社会资本合作（PPP）：理论、实务与展望
ZHENGFU YU SHEHUI ZIBEN HEZUO（PPP）：LILUN、SHIWU YU ZHANWANG

著者／欧阳帆
经销／新华书店
印刷／北京京华虎彩印刷有限公司
开本／710毫米×1000毫米 16开   印张／16.5 字数／206千
版次／2018年9月第1版   2018年9月第1次印刷

中国法制出版社出版

书号 ISBN 978 - 7 - 5093 - 9718 - 3   定价：65.00元

北京西单横二条2号
邮政编码 100031   传真：010 - 66031119
网址：http://www.zgfzs.com   编辑部电话：010 - 66070046
市场营销部电话：010 - 66033393   邮购部电话：010 - 66033288

（如有印装质量问题，请与本社印务部联系调换。电话：010 - 66032926）